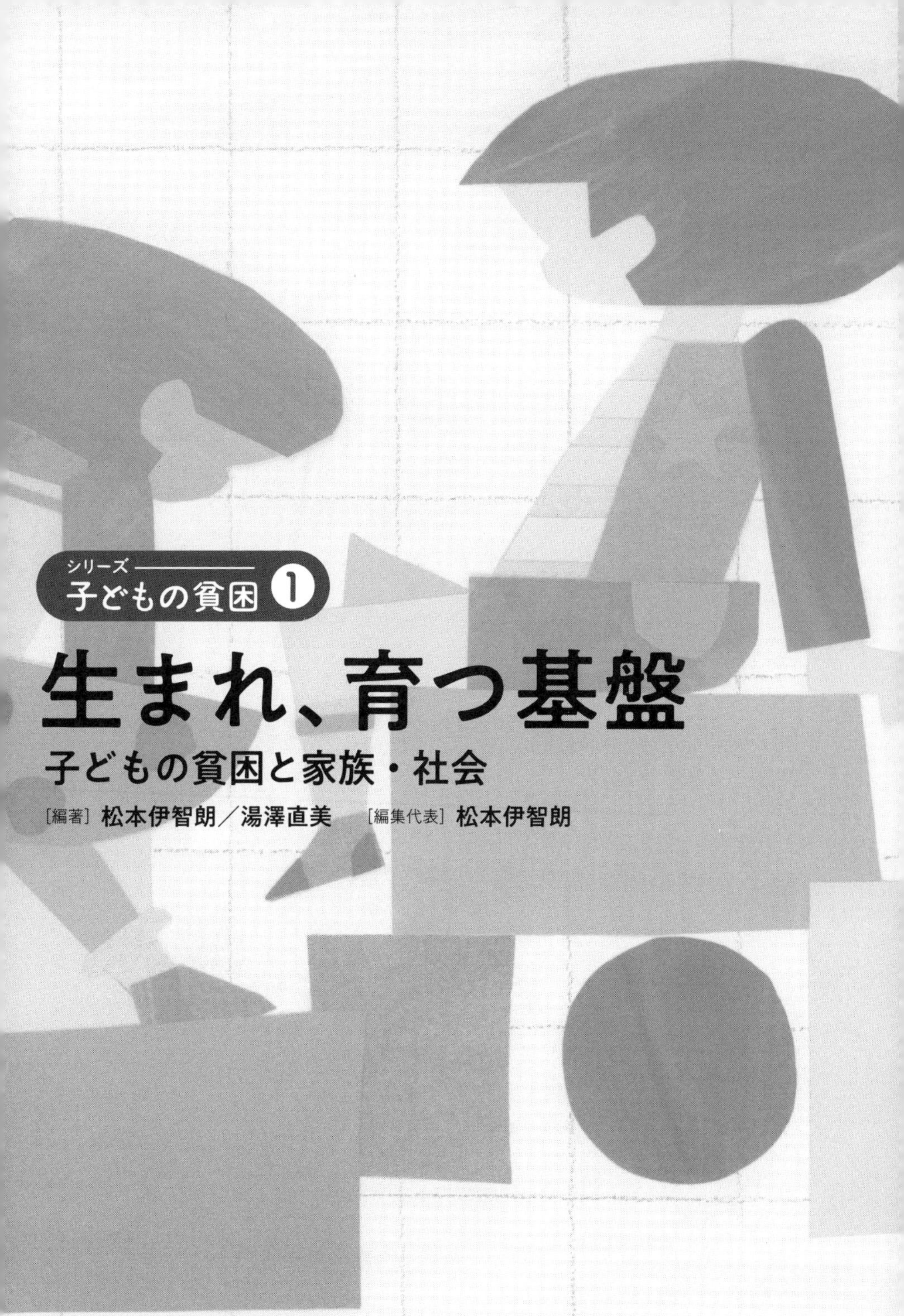

シリーズ
子どもの貧困 1

生まれ、育つ基盤

子どもの貧困と家族・社会

［編著］松本伊智朗／湯澤直美　［編集代表］松本伊智朗

明石書店

シリーズ
子どもの貧困【全5巻】

編集委員（＊本巻担当編集）

松本伊智朗（北海道大学／編集代表）＊
小西　祐馬（長崎大学）
川田　　学（北海道大学）
佐々木　宏（広島大学）
鳥山まどか（北海道大学）
杉田　真衣（首都大学東京）
谷口由希子（名古屋市立大学）
山野　良一（沖縄大学）
湯澤　直美（立教大学）＊

「シリーズ・子どもの貧困」刊行にあたって

「子どもの貧困」が社会問題化して、約10年になる。換言すれば、子どもの貧困問題が再発見されて約10年になる。この間、貧困率・子どもの貧困率の公表、法律の制定などに見られるように政策課題として認識されるようになった。また自治体での調査、計画策定などの動きも広がっている。この問題を主題にした多くの書籍が出版され、社会的関心は確実に高まっている。学習支援や子ども食堂など、市民レベルでの取り組みも多く見られるようになり、支援の経験が蓄積され始めている。

一方で貧困の議論が常にそうであるように、子どもの貧困を論じる際にも、問題を個人主義的に理解し個人・親・家族の責任を強化するような言説、あるいは「子どもの貧困」と「貧困」を切り分け、問題を分断、矮小化する言説が見られる。また政策動向もそうした観点から、批判的に検討される必要がある。

子どもの貧困の再発見から10年の現時点で、なされるべきことのひとつは、「議論の枠組み」を提供すべきことだろう。貧困と不利に関わる個々のエピソードの集合として、この問題が語られるべきではない。特に子どもの貧困は、貧困問題の一部であると同時に、その具体的な姿は「子ども」という社会的区分の特徴と関係して現象する。したがって、貧困研究の枠組みを子ども研究の視点から豊富化する必要がある。あるいは、子ども研究に貧困の視点を組み込んでいく必要がある。

こうした観点を意識した研究は、少ない。この「シリーズ・子どもの貧困」は、この10年の議論の蓄積を踏まえて、子どもの貧困を議論する枠組みを提供する試みである。共有されるべき視点を、以下にあげる。

- 経済的問題から離れない。経済的困窮を基底において貧困を把握する。
- 社会問題としての貧困という観点をとる。個人的問題にしない。
- 貧困問題を分断しない。子どもの貧困は、貧困の理解と対策を広げることばである。
- 反貧困としての「脱市場」と「脱家族」の観点をとる。
- 子ども期の特徴と関係させて構成する。
- 政策と実践を批判的に検討する。
- 全体として、「子どもの貧困を議論する枠組み」を提供する。

各巻の主題と位置づけは、以下の通りである。

第1巻『生まれ、育つ基盤』の主題は、主に貧困とケアの観点から、現在の社会と家族の特徴を描くことである。子どもが生をうけたこの社会は、そもそも生活の安定的基盤が確保されている社会なのか。子育て・ケアの主体として期待されてきた家族という単位は、どのように理解されるべきなのか。これらに関わる議論を通して、子どもの貧困を生み出す構造を把握し、第2巻以降の議論の前提を示したい。

第2巻から第4巻は、子ども期の社会的特徴と関わらせて、子どもの貧困の議論を展開する。このシリーズでは、子ども期の社会的特徴を「育てる／育つこと・遊ぶこと」「学ぶこと」「大人になりゆくこと」に整理し、それぞれ2巻から4巻が対応する。

第2巻『遊び・育ち・経験』では、特に子どもの貧困の議論を構成するうえで「遊び」を位置づける、野心的な試みを行う。子どもの発達にとって、「遊び」は重要な要素である。しかし、子どもの発達の制約を関心事のひとつとしているはずの子どもの貧困の議論において、正面から取り上げられることはほとんどなかった。第2巻ではこの間隙を埋めながら、育つ／育てる営みを総体として理解し、子どもの貧困の議論を豊富化する。

第3巻『教える・学ぶ』では、子どもの貧困への政策的対応で大きな役割を与えられている「教育」について批判的に検討し、同時にその可能性について議論を行う。近代の公教育は、社会的不利の緩和と固定化という両義的な側面をもつが、現下の子どもの貧困対策の文脈では、その点に無自覚な議論が多い。第3巻は、この点を克服する試みでもある。

第4巻『大人になる・社会をつくる』では、「子どもの貧困」と「若者の貧困」のそれぞれの議論の架橋を試みる。単に子ども期の不利が移行を困難にするという点のみならず、今日の若年層が直面する構造的不利が子どもの貧困とどう関係するのか、若者が自己の人生と社会をつくる主体として生きることをどう保障するのか、議論がなされる。

第5巻『支える・つながる』では、政策・実践課題としての子どもの貧困に対する対応策の全体像が、ナショナルミニマムの確保とソーシャルワークの展開という観点から示される。子どもの貧困への対応策の議論は、個別的、事後的対応のみに矮小化される危険をもつが、ここでは全体の枠組みを示したうえで、自治体レベルでの対応の可能性を検討する。

全5巻からなる本シリーズは、約60名の執筆者の共同により成り立っている。各巻の編者で構成された編集委員会で議論を重ね、シリーズの趣旨を執筆者間で共有するための覚書を作成した。この「刊行にあたって」は、その再録である。読者と共に、改めて出発点を確認したい。基盤を共有することが、個々の議論や批判をより生産的にすると考えるからである。

2018年10月

シリーズ編集代表　松本　伊智朗

シリーズ 子どもの貧困 1

生まれ、育つ基盤——子どもの貧困と家族・社会

目次

はじめに——本書の構成

本書をお読みいただくにあたって、あらかじめ全体の構成を示しておきたい。本巻の目的は、子どもの貧困の議論をする際の前提として、主に貧困とケアの観点から現在の社会と家族の特徴を描くことである。子どもは社会的存在である。同時に多くの場合、家族・親に生と生活を依存するところから人生を始める。従って社会と家族の双方の理解は、子どもの貧困を考えるときに重要な前提となる。

序章「なぜ、どのように、子どもの貧困を問題にするのか」では、多くの部分が「貧困」に関わる議論に費やされる。子どもの貧困は貧困問題の一部なので、貧困と貧困研究に関する基礎理解を欠く「子どもの貧困研究」はあり得ないからである。貧困に関わる研究史、社会史の簡単な紹介と、概念の理解、政策の検討に関する今日的論点のいくつかが紹介される。そののちに、貧困を子どもと家族に焦点を当てて議論することの意味と留意点が示される。

第Ⅰ部「子どもが生まれてくる社会」の主題は、人が生きていくための生活基盤からみた社会である。賃金、社会保障、現物の社会サービス、時間を基盤の構成要素として、議論が構成される。賃金（稼働所得）、社会保障給付、現物の社会サービスは、のちに序章で紹介される相対的な観点から貧困を定義する際にピーター・タウンゼントが用いた「生活資源」の構成要素である。時間はそうした生活資源を行使する際に必要な資源で、同様に序章で紹介するサンドラ・ウォルマンが、家族を資源系として分析する際に「編成資源」としたものに含まれる。川村雅則（第1章「生活の基盤は安定しているか（1）――雇用・労働、賃金」）は労働の不安定化と賃金（所得の当初分配）の低下、山内太郎（第2章「生活の基盤は安定しているか（2）――所得・社会保障」）は所得格差と社会保障（所得の再分配）の機能不全、小尾晴美（第3章「子どもの育ちを支える保育士の現状――保育労働の変容がもたらすもの」）は保育労働の分析を通して「子育て支援（現物の社会サービス）」の不安定化・市場化について検討する。総じて、家族にお金がない状態で、公的な育児支援が後退し家族に子育てを任している社会であることが示される。それに続いて、大石亜希子（第4章「子どもをケアする時間の格差」）がケア時間の格差・不足について検討を行う。

第Ⅱ部「子育ての場としての家族」では、家族を相対化することが主題である。丸山里美（第5章「近代家族の特質と女性の隠れた貧困」）、鳥山まどか（第6章「ひとり親世帯の貧困――所得と時間」）の論考は、家族の中の個人（女性）に焦点を当てつつ、家族内部の資源配分のあり方を検討する。丸山は理論枠組みを中心に問題を提起し、鳥山はひとり親世帯調査結果の分析から実証的に論ずる。鈴木佳代（第7章「妊娠・出産と貧困」）は妊娠・出産・子育てに関する資源行使の制約と困難を、現実の事例を基に具体的に描く。杉山春（第8章「貧困と虐待・ネグレクト――国家と家族と子育てと」）も同様であるが、異なるのは鈴木が比較的所得が安定的であり、かつ資源の編成・管理能力があると思われる事例を素材にしていることに対して、杉山が素材にするのはその逆の事例群である。しかしいずれも、所得等の資源の制約と「家族規範」がどのように関係しながら今日の子育ての困難の形を作っているか、を描いている点で対となる。辻智子（第9章「『家庭教育』の意味すること――個人／家族／国家の関係を考える」）の論考は「家庭教育」の歴史的分析を踏まえて、国家の政策としての家庭教育と個人、家族の関係を論じている点で、第Ⅱ部の総括的な位置となる。

第Ⅲ部「子どもの貧困対策と社会」は、政策と実践の視座に関する論考で構成される。阿部彩（第10章「指標から見る子どもの貧困」）は、測定指標の検討を通して貧困測定と政策形成に対する問題提起を行う。中塚久美子（第11章「子どもの貧困をめぐる報道と社会意識」）は、これまでの子どもの貧困報道の総括と今後の課題を提示する。長瀬正子（第12章「子どもの『声』と子どもの貧困——子どもの権利の視点から」）は、「恩恵」ではなく権利の観点からの理解の重要性とその中核としての「声」について検討する。すなわち、貧困測定と政策形成、貧困報道と社会意識、子どもの権利（声）という、それぞれ広い範囲に関わる、かつ極めて実践的な課題を議論することになる。また最後の長瀬の論考は、第1巻の広い議論を「子ども」に焦点化し、子ども・若者の貧困の具体的な問題に踏み込む第2巻以降の議論と接続させている。

執筆にあたり、執筆者による研究会や意見交換の機会を何回も持った。こうした場は、常に有益かつ不可欠である。ただお読みいただければわかるように、執筆者全員の統一見解があって、それを分担して書いているというわけではない。それぞれの議論の構成や重点の置き方は、かなり異なる。それは貧困問題の多面的、論争的な性格の反映である。貧困のこうした性格を理解したうえで、子どもの貧困について議論を進めることが必要である。本書と本シリーズがその一助になれば幸いである。

２０１９年2月

松本伊智朗・湯澤直美

序章 なぜ、どのように、子どもの貧困を問題にするのか

…松本伊智朗

1　貧困問題と民主主義

（1）自由・平等の前提として

戦後日本の貧困研究をリードしてきた江口英一は、１９８１年の編著『社会福祉と貧困』の序章「社会福祉研究の視角」の冒頭で、以下のように述べる。

本書では、以下に展開されているように、「貧困」という言葉が多用されている。それは、短刀直入にいえば「社会保障・社会福祉における、したがって広く国民生活における民主主義的状況」を実現するために、それには何が必要であり、何によって得られるべきかを考察するために「貧困」という概念が用いられる。「貧困」をそれ自身のために研究しようとするのではない。—中略—「機会」の平等・均等と「自由」＝民主主義の実現は、生活保障のための「最低限」の上に、つまり国民的「最低限」の保障の前提の上に、はじめて成り立つのである（江口 1981)。

この5巻からなる「シリーズ・子どもの貧困」の構想を議論し、また編集作業を行いながら、私は学生だったころに接したこの一節を、幾度となく読み返していた。それから40年近くたった２０１９年の現時点で、江口のいう「国民生活における民主主義的状況」は実現されているか、人々が貧困から守られ、だれもが平等に「自由」である社会に近づいているか、心もとなかったからである。

40年前と比べれば、貧困をテーマとする書物や論文、報道は格段に増えている。社会的関心は高まった。ではこの関心の高まりを受けて、貧困問題は解決・緩和の方向に向かっているだろうか。不安定化する雇用と一方での長時間・過密労働、ゆとりを奪われ健康を害する日々の生活、社会福祉や保育、教育、医療など生活基盤を構成する公共サービスの市場化と公的責任の実質的な後退、強い選別性とスティグマを伴ったままの生活保護制度、そして「国民的最低限―ナショナルミニマム」として機能するはずの生活保護基準の切り下げ、こうした諸点を考えると、私にはそう思えない。

少し注意深くまわりを見渡せば、具体例を挙げることには事欠かない。例えば40年前、経済的な理由で進学をあきらめる子どもは少なからず存在したし、今日も同様である。つまり40年たっても私たちは、貧困に起因する学びの制約・不自由を解決し得ていない。高等教育の学費の高騰を考えると、より深刻になっているかもしれない。また医療へのアクセス、つまり健康の維持は、この40年の公的健康保険の自己負担割合の増加、保険料の高騰・支払い不能による無保険者の発生を考えると、経済格差をより反映させるようになっているかもしれない。

貧困は、人の日々の生活と人生における現実的な選択可能性の幅を大きく制約する。つまり自由を奪う。貧困は、社会的に絶えず作り出されている不平等の産物である。自由と平等は、長い歴史の中で人類が獲得してきた、共通の価値である。民主主義という仕組みはこの価値に裏付けられ、不自由と不平等に対する闘いの過程として、理解されるべきだろう。不平等が社会的に生み出されているとすれば、それは社会的に緩和・解決できるはずである。ただしそれは簡単なことではなく、現実に貧困は存在し続けている。そしてその渦中で健康を害し、選択肢を奪われ、希望を失っている人がいるとすれば、その状態は自由と平等という価値に照らして容認できるだろうか。見過ごし放置することが、許されるだろうか。貧困に取り組むということは、私たちがどのような社会をつくりたいかという問いと深くかかわる。冒頭にあげた江口の指摘を、議論の出発点として共有しておきたい。

（2）低所得・貧困層の存在

ところで貧困の議論に関してこの40年の大きな変化のひとつは、２００９年から開始された政府による相対的貧困率・子どもの相対的貧困率の公表である。貧困率は貧困の量的な大きさ、時系列的変化、国際比較、属する社会集団や年齢・家族形態、就労状況などの属性による貧困リスクの高低、政策の介入効果等を議論する際の有用な道具である。例えば日本の子どもの貧困の特徴を貧困率からみると、以下のような諸点が確認できる▼1。①日本の貧困率、子どもの貧困率は国際的にみても高く、かつ上昇傾向にある。②母子世帯に貧困リスクが高い。③母親の就労・非就労別にみても、母子世帯の貧困率はほぼ同じである。これはＯＥＣＤ諸国では例外的で、就労が貧困脱出の手段になりえていない。母親の低賃金が深刻な問題である、④税と社会保障の介入前後で、子どもの貧困率は大きな変化がない。これはやはり、ＯＥＣＤ諸国では例外的である。通常、税と社会保障による所得再分配によって貧困率は低下する。しかし日本の場合再分配機能が弱く、子どもの貧困を削減しうる税と社会保障の仕組みになっていない。

ところで、第二次世界大戦後日本政府は、厚生行政基礎調査（現在の国民生活基礎調査）において低消費水準世帯の推計を行っていた。これは生活保護基準と同程度以下の消費水準の世帯数と比率を推計するもので、実質的には生活保護基準を貧困線とする貧困率の推計である。ところがこれは１９６５年を最後に打ち切られ、２００９年まで類似の公的統計の公表はない。貧困率の推計と公表がないことは、貧困の削減が政策目標として意識されていないことの反映である。つまりこの時期の日本社会は、貧困への政策的、社会的関心を低下させていた。戦後復興と高度経済成長をへて貧困は過去の問題になり、社会福祉の対象は貧困ではなく、個別化、高度化した「非貨幣的ニーズ」である、そうした論調が主流であった。子ども・子育て家族の諸困難も、豊かさゆえのひずみ、規範からの逸脱、社会への不適応の結果として説明され、貧困と関連付けて理解し対策を考えることは、むしろ避けるべきことだと認識されていた。

冒頭に引用した1981年の江口の問題提起は、こうした風潮に対する強い危惧を背景にしている。私は当時大学生だったが、貧困の測定を欠いたまま「豊かさとそのひずみ」が論じられていること、社会福祉や社会科学の研究者ですらその多くが貧困に関心を失っていることに強い疑問を感じたことを、昨日のことのように思い出せる。

しかし貧困がなかったわけではなく、大量の低所得・貧困層の存在を示す研究結果もあった。例えば江口の東京都中野区における1972年の推計によると（江口 1979）、生活保護基準の最大限を貧困線として測定した場合29・2％、控除・加算等を考慮しない「圧縮された基準」を貧困線とした場合17・5％の人口が貧困線以下の所得であった。また、高山武志の札幌市における1973年の調査においては、生活保護基準を貧困線とした場合9・9％、実質的に同程度の消費水準である生活保護基準の1・4倍を貧困線とした場合は30・8％の世帯が貧困線以下の所得であった。（高山 1976）。これらの貴重な結果に、少数の研究者を除いて関心が寄せられることはなかった。貧困への関心を欠く社会に、その存在は見えないのである。結果として貧困は放置され、深刻化する。

（3）権利としての「健康で文化的な最低限度の生活」

ところで、江口と高山の研究は、それぞれ生活保護基準を貧困線として用いている。その国の公的扶助基準、すなわち公的責任において設定されているナショナルミニマムの基準を貧困線として使用することは、イギリスの研究でも早い段階から行われていた。付言すれば、貧困の測定基準として使用される貧困線は、いくつかの設定方法がある。日本政府が貧困線として用いる「相対的貧困線（等価可処分所得の中央値の50％）」はＯＥＣＤ等で多用される一つの方法であり、他にもいくつかの方法がある。それぞれに一長一短があり、それぞれの特徴を理解して使用し、総合的に議論を進めることが重要である[2]。

1972年の生活保護率は1・27％であるので、江口と高山の研究は単に低所得・貧困層の比率を示したということにとどまらず、生活保護制度の網の目から漏れて、生活保護基準と同程度かそれ以下の水準で暮らす人々が大量に存在することを示したことになる。この点が意味することは、重要である。ナショナルミニマムを保障する諸制度が有効に機能していないことを示すからである。さらに言えば、日本国憲法第25条においてすべての国民が有するものとして定められている「健康で文化的な最低限度の生活を営む権利」が、侵害されていることを示すからである。

考えてみよう。今日の貧困の最大の特徴の一つはなにか。それは、貧困を防ぐための広範な社会保障があり、それは権利として保障されることが承認されているはずの社会における貧困だ、という点にある[3]。この点が、社会保障制度が成立する以前の歴史段階における貧困と決定的に異なる。つまり貧困は経済機構の問題であると同時に、社会政策のあり方の問題でもあり、権利侵害の問題でもあることになる。

人類はその歴史において、すべての人間が尊厳をもって生きることを共有すべき価値とする思想を獲得してきた。そのために貧困を解決すべき問題としてとらえ、予防と対応の仕組みを構想してきた。その具体的なかたちが、労働条件の社会的規制であり、医療、教育、住宅等の公共的な提供であり、失業や老齢、子どもの養育など貧困と結びつきやすい出来事への対応と金銭給付であり、これらで貧困を予防できなかった場合のセーフティネットとしての公的扶助である。これらの諸制度が総体として機能することで、「すべての人に保障されるべき水準」としてのナショナルミニマムを保障することが、基本にある考え方である。イギリスのベバリッジ報告とそれに基づいて戦後形成された広範な社会保障制度は、その一つの典型例であろう。日本の制度体系においては、生活保護基準が公的責任において設定された、「すべての人に保障されるべき水準」である。生活保護法第1条には、憲法第25条の理念に基づくことが、明確に述べられている。もちろん現実は紆余曲折を経るが、ここでは原則を確認しておきたい。

ある制度が本来カバーすべき対象の人々が、現実にどの程度カバーされているかを表す割合を捕捉率(take up rate)という。先に紹介した江口と高山の推計は、生活保護に漏給がみられ、捕捉率が低いことを示している。江口は冒頭に引用した1981年の論考においてナショナルミニマムの保障が形骸化し、民主主義社会として「容認できない不平等」としてこの問題を論じている。

その後今日に至るまで、政府による生活保護制度の捕捉率の推計と公表はない。ただし、いくつかの研究者による推計は、1980年代以降も生活保護基準以下の世帯が多く存在し、捕捉率は一貫して低いことを示している▼4。公的なものとしては、厚生労働省が省内の有識者会議であるナショナルミニマム研究会(第8回2010年)に提出した2007年時点の「生活保護基準以下の低所得世帯数に対する被保護世帯数の割合」、および2018年5月の参議院厚生労働委員会に提出した2016年時点の同様の資料があり、これが実質的な捕捉率の推計である▼5。これによれば、所得のみによる推計では2007年が15・3%、2016年が22・6%で、資産を考慮するとそれぞれ32・1%、43・3%である。2007年から2016年にかけて捕捉率は上昇しているが、その評価は生活保護基準自体の切り下げを合わせて考慮すべきだろう。むしろ政府の推計によっても、多くの人々がセーフティネットの網の目から漏らされており、ナショナルミニマムが守られていないことが示されていることを確認しておきたい。
繰り返しになるが、この事実が示していることは、「健康で文化的な最低限度の生活」を営む権利が侵害されている問題として、つまり民主主義社会のあり方の問題として、今日の貧困を理解する視点の重要性である。江口のいう「国民生活における民主主義的状況」の達成は、依然として課題であり続けている。

2 貧困の理解と発見・再発見

（1）選別、スティグマ、自己責任

ここまで民主主義という言葉を手掛かりに、貧困を問題にする意味について論じてきた。ある意味当たり前で、また古臭いとも思われがちな観点から、なぜ改めて意味づけるのか。それは現実の社会では貧困問題に関して、非民主主義的な理解と対応がそこかしこに見られるからである。これは問題の解決に資することはなく、むしろ問題の一部になる。場合によって強化され、主流になる。

貧困対策の歴史が教えることを、資本主義の母国であるイギリスを例に、いくつか確認しておこう▼6。イギリスの絶対王政期末期に成立し20世紀初頭まで続いた「救貧法（The Poor Law）」は、その初期には貧民を抑圧・管理する治安維持的性格が強い。19世紀初めの「改正救貧法」はその資本主義的再編であるが、貧民を「怠け者」ととらえ、公的救済をきわめて低い水準、かつ恥辱的な内容にすることによって貧民が援護を求めることを抑制し、劣悪な労働条件での就労を促進した▼7。この改正に「理論的」裏づけを与えたとされるR・マルサスが、著書『人口の原理』（マルサス 1798＝1935）において「貧民というも

のは恥ずかしめておくのがいい」述べていることは、この性格を端的に示している。一方、民間の慈善活動を広く組織化した「慈善組織協会」の活動は、貧民を「救済に値する貧民」と「救済に値しない貧民」に区分したうえで、前者のみを救済の対象とする選別的なものであった。これらに通底しているのは、貧困の原因を怠惰と不道徳に求め、劣ったものとして貧民をとらえるという問題の理解と、依存心を防ぐために救済を抑制し、「(不道徳ではない、単に不運に見舞われただけの)救済に値する貧民」に対して憐れみに基づく対応を行うという、抑圧的、選別的、かつ恩恵的な対応の原理である。貧困は経済的・社会的不公正の問題ではなく、自助原則からの逸脱、怠惰と依存の問題として理解されていたことになる。

日本ではどうだったか▼8。明治維新後に出され昭和初期まで続いた、貧困救済の基本法規である恤《じゅっ》救《きゅう》規則は、「済貧恤窮ハ人民相互ノ情誼ニ因テ其方法ヲ設クベキ」としたうえで「無告ノ窮民(家族や頼る人がいない貧困者)」に救済対象を限定している。貧民救済は家族や人々の相互の助け合いによるべき、つまり公的対応を原則として拒否したうえで、「身寄りのないもの」にのみ恩恵的な措置を認めている。明治憲法成立後、帝国議会において公的義務主義にたつ改正提案が前後3回に提出されるが、日本の「醇風美俗」である家族の助け合いの気風を壊す、依存心を助長し自助の精神を妨げるといった理由で否決されている。同時期に強調されたのは「感化救済」という観点、すなわち勤勉や自立心を涵養するように貧民を感化(教育)することをもって、貧困対策の基本とするという対応原理である。昭和恐慌を背景に成立した救護法は、恤救規則に置き換わり公的義務主義に立つものであったが、救済の対象から「素行不良あるいは怠惰」な者を排除し、かつ救済を受けると参政権を失うという公民権の剥奪を前提としている。つまり遅れて資本主義化した日本では、貧困を怠惰と依存の問題として捉え、公的救済を選別的、抑圧的なものにすることに加えて、公的責任を回避して家族を対応の基盤におき、物的保障ではなく貧民の「感化（教育）」という方法をとるということが、貧困対策の特徴であった。

改めて考えよう。こうした非人間的な貧困に対する理解と対応の原理は、過去の遺物だろうか。確かに私たちは第二次世界大戦を経て、民主主義を標榜する社会、すなわち個々の人間の価値と人権を平等に尊重し、幸福を追求する自由を認め、そのためにすべての人が貧困から守られる権利があることを承認する社会をつくってきたはずである。これは敗戦での押し付けではなく、戦争と戦前の社会のあり方に対する深い反省の上に、そして自由民権運動から大正デモクラシーを経て、水脈のようにつながってきた日本における民主主義的な思想の継承の上に、つくられている▼9。日本国憲法とそこに定められる「健康で文化的な最低限度の生活を営む権利」は、その具体的な表れである。

では私たちの社会は、すべての人の価値と権利を尊重するという思想を血肉のものとし、貧困対策の歴史に見られる、貧困の渦中にいる人をおとしめスティグマを伴う選別的な対応を当然とするような考え方を、過去のものと葬り去ることに成功したのだろうか。もちろん戦前の社会と比較すれば、人権思想の一定の広がりと受容はある。法制度上の形式的な平等は、一見成立しているかのように見える。しかし生活保護受給者に対するバッシング、母子世帯に対する偏見、路上生活者を異質なものとしてみる視線などの存在は、貧困に対する差別的理解がこの社会に根強く埋め込まれ、折にふれて表に出てくることを示しているだろう。道は半ばである。

加えて近年は、社会の機構が新自由主義的に再編され、個人が激しい競争にさらされる中で、貧困を競争に敗れた結果として、競争に勝つための能力の不足、あるいは選択の失敗の問題として理解する観点が強化されているように思える。いわゆる自己責任論である。しかし考えてみれば、貧困はそもそも能力形成の機会を奪い、競争に動員しうる資源を制約するので、現実の競争は公正ではない。また貧困は、現実的な選択肢を狭める。狭められた、ほとんど選択の余地のないなかでの「選択」に責任を問うとはどういうことか。責任の範囲に限定はないのか。責任には個人的なものだけではなく、すべての人の権利が守られる社会をつくることに貢献するという公共的な責任もあるが、これをどう考えるのか。このように考えると、自己責任論は問題を個人的な範疇に閉じ込め、公共的な責任を見えなくさせるという点で、責任という言葉の無責任な使用例である。自己責任論の跋扈と内面化は、人を追い詰め、心身を破壊し、場合によっては死を招く。この責任はどこにあるのか。公共的な責任から逃げる人々で構成された社会を、民主主義社会と呼んでいいのだろうか。

（2）貧困認識の変化と「貧困の発見」

ここでいったん、イギリスの歴史に戻ろう。19世紀末から20世紀初めにかけて行われたC・ブースのロンドン調査とB・S・ラウントリーのヨーク調査は、それぞれのちの政策のあり方や貧困の研究に大きな影響を与えた。ブースの調査は貧困者の大量存在を問題にする当時の労働者政党の主張に、資本家の立場から反論しようと行われたが、結果として労働者の約3割という大量の貧困者の存在を明らかにすることになった。職業を軸に階層分類を行い貧困層の分布と量を明らかにしたブースの方法とは異なり、ラウントリーは当時の下層労働者の生活様式を前提に、必要栄養量を確保しうるはずの金額を算定し、これを貧困線として貧困を測定した（ラウントリー 1901＝1975）。結果としてヨークの労働者の約3割が貧困の状態にあることが見いだされ、ブースの調査結果と相まって、貧困の大量存在が「発見」されたことになる。

ラウントリーの「発見」は単に貧困の大量存在にとどまらず、以下を含んでいる。第1に、当時の最も豊かで富が集積している国での貧困の存在であること、すなわち生産力の低さの問題ではなく、不平等や不公正の問題として貧困を把握する必要性を示したことである。第2に、貧困の主要な原因は「怠惰」ではなく、低賃金や失業、疾病、老齢、多子といった、生活を営んでいくうえでごく普通に起こりうる出来事であったことである。従って貧困対策の基本は、雇用・労働条件の確保や失業時の生活保障、医療保障、老齢年金や児童手当等、これらの「出来事」に対応する政策・制度ということになる。第3に、労働者の一生において、貧困に陥りやすい時期が周期的にくることの発見である。すなわち子どもの養育で支出が増大する子育て期、稼得能力を失い収入が低下する老齢期、そして自身の親が子育て期である子ども期である。つまりごく一般的な労働者家族の生活周期に、貧困の契機が組み込まれていることになる。

総じていえば、一般的な労働者の生活を念頭に、貧困のきっかけとなる「出来事」や貧困リスクの高まる「時期」に焦点を当てる視点は、貧困者と非貧困者の間に分断線を引き、前者を「異質なもの」「劣ったもの」として理解する方法とは一線を画している。貧困対策は、「貧困者」を選別してスティグマを伴う対応ではなく、すべての人を対象にした「出来事」と「時期」に対応する包括的な社会保障制度を基礎にすべきということになる▼10。「ひと」ではなく「出来事」と「時期」を問題にする、こう考えて貧困は「すべてのひと」の問題となる。この時期の「貧困の発見」は、貧困認識の変化と大きく関わっていたことを確認しておきたい。

この「発見」は、同時期のS&B・ウェッブによる「ナショナルミニマム」概念と共に、社会保障制度の成立過程に影響を与えることになる。その集大成が第2次世界大戦中に出されるベバリッジプランと、それに基づく包括的な社会保障制度であろう。これは完全雇用政策と共に、戦後の「福祉国家」の骨格となる。第2次大戦後のイギリスでは、この福祉国家が一定の成功を収め、貧困は基本的な解決を見たという認識が広がる。例えばラウントリーは1950年に3回目の貧困測定を行い、貧困線以下の世帯は1・

7％という結果であった。この結果に従えば、最初の測定から約50年を経て、イギリス社会は貧困を大きく減らしたことになる。

（3）貧困の再発見

この認識に対して、貧困が依然として大きな問題であることを示す研究や動きが、１９６０年代に起こる。大きなインパクトを与えたのは、B・エーベルスミスとP・タウンゼントの推計である（Abel-Smith and Townsend 1965）。彼らは、50年前の生活様式を前提に作られているラウントリーの貧困線は妥当性を欠くとして、公的扶助基準（日本における生活保護基準）の1・4倍を貧困線として推計を行ったところ、１９６０年の段階で14・2％の人口が貧困線以下の所得で生活していることが示された▼11。福祉国家は、まだ貧困を解決していなかったことになる。こうした研究結果に基づき、貧困に関する市民運動や政策論議が活発になる。こうした一連の動きは、「貧困の再発見」と呼ばれている▼12。以後、イギリスでは貧困は一貫して大きな社会的関心事であり続けている。この推計が行われているエーベルスミスとタウンゼントの共著 *The Poor And The Poorest* が出版された１９６５年は、前述のように日本において厚生行政基礎調査における低消費水準世帯の推計が終了する年である。一方では貧困に対して再び関心が高まる時期に、もう一方は関心を失っていくことになる。

この「貧困の再発見」は、20世紀初頭の貧困の発見と同様、貧困に対する考え方の変化を背景にしている。また発見・再発見されたのは、特殊な問題としての貧困ではなく、ごく普通の労働者世帯の貧困であり、子育て世帯を含む、すなわち子どもを含むものであった。これらの点は後述する。確認しておきたいのは、貧困は、社会がそれをどのように問題にするか、何を「社会的に容認できないことがら」として考えるかによって、忘れられたり発見されたりするということである。

日本では、長く貧困は忘れさられていた問題であった。前述の1970年代の貧困の推計を研究者もほとんど取り上げなかったことは、存在が見えないというだけではなく、「問題としての取り上げ方」を忘れていたかのように思える。1990年代半ばから「格差」が問題として議論されるようになり、2000年代に入っての十数年で「貧困」に対する社会的関心が高まった。後から振り返れば、この10年ぐらいは日本における「貧困の再発見」と呼ばれる時期だろう。では再発見された貧困をどのような視角で問題にし、対策を考えるか。社会的関心の空白期を反映して、私たちには社会的合意の基礎となるべき議論と研究の蓄積が少ない。個人的な問題としてのみ理解し、憐れんだり非難したりするような言説があふれている。「流行りもの」として消費され、忘れられていくかもしれない。近年の支援目標としての「自立」の強調は、貧困を自立に失敗した個人の問題とする理解を促進し、自己責任論を強化するかもしれない。岩田正美（2017）は『貧困の戦後史』の終章において、「『自立』支援という政策目標は、個人の怠惰が貧困を生むという、きわめて古典的な理解に基づいている」とし、「貧困者はもう十分「自立的」であり、それが問題なのだ」と述べる。この提起を共有したい。

イギリスの著名な貧困研究者であるデビッド・ピアショは、なぜイギリスで系統的、組織的な貧困研究が早くから行われたのかという問いに、最も早く産業化が進んだこと、政治的、市民的、社会的権利に対する関心が高まってきたこと、政治的な権力構造が変化し、議会において「持たざる人たち」を代表する政治勢力が登場したこと、の3点を挙げている（ピアショ 2008）。この指摘に従えば、貧困の研究、すなわち問題の成り立ちを分析して対策を考えることは、産業化がすすんだ社会における民主主義のあり方と深くかかわることになる。

貧困が自由と平等を損ねるという点で民主主義の根幹を揺るがすものであるとすれば、その解決の道筋は、民主主義な価値を体現する市民社会を構築する営みの一環に位置しなければならない。従って政治家や政策立案者、職業的な意味における研究者のみならず、広く市民が貧困に関心をもち、議論に参加する／できることが重要である。社会問題としての貧困を語る際、誰しもが貧困になる可能性があるという点の強調のみでは、「負け組」にならないための競争を激化させる。人の生と生活の基盤は共同である。誰しもが社会の一員として考え共働すべき問題として、貧困を理解したい。

3 貧困の概念

（1）貧困の定義

ここまで、貧困という言葉を定義せずに、議論を進めてきた。混乱やすれ違いを避けるために、そして貧困問題に対する基本的な立場を明確にするために、いったん用語の定義をしておこう。

貧困とは、人が生活していくための「必要」を充足する資源の不足・欠如である。貧困を定義するうえで、「可能性の制約」に着目するケイパビリティの観点からの議論▼13も有益であるが、ここでは貧困研究で長く議論され一般的に受け入れられてきた「必要を満たす資源の不足」という観点を継承したい。この場合問題になるのは、「必要」はどう定義されるか、その前提になる「人の生活」をどのようなものとして考えるかという点である。今日広く、少なくとも研究者の間で共有されているのは、人の生活を単なる「生存」ではなく、恥辱を感じずに社会に参加しうる生活として考えるという観点である。従って、「必要」は生存に必要な栄養量という基本的に変化しない「絶対的」なものではなく、歴史的、社会的に構成される「相対的」なものということになる。貧困は相対的貧困として理解する必要がある。

1960年代のイギリスにおける貧困の再発見は、貧困に対する考え方の変化を背景にしていることは前にふれた。これを主導したタウンゼントのラウントリーに対する批判は、この「人の生活」の歴史的、文化的側面をどのように貧困の定義に反映させるかという点と関わる。ラウントリーは「単なる肉体的能率を維持するに足る水準」として、すなわち生理的再生産に必要な栄養量を充足するために必要な食費を基礎にして、最低生活費を算定する。したがって、最低生活費の構造は、固定的にならざるを得ない。その後の英米の貧困測定も、基本的にこれを踏襲して貧困線を設定していた。これに対しタウンゼントは、その時代の生活様式を反映させた基準が必要だとする▼14。

タウンゼントは、前述のように1965年の *The Poor And The Poorest* では公的扶助基準、すなわち政策的に設定された最低保障水準を貧困線に使用することで、その社会として容認できない状態としての貧困の把握を試みた。その後、その社会での標準的な生活様式を前提にした、より普遍的な貧困の定義を試みる。タウンゼント（1974＝1977）は以下のように述べる。

> 貧困という言葉は、相対的剝奪（relative deprivation）という概念の視点からのみ、客観的に定義づけられ、かつ一貫して矛盾することなく、使用され得るものである。ここでは貧困は、主観的なものとしてよりは、客観的なものとして理解されている。個人、家族、諸集団は、その所属する社会で慣習になっている、あるいは少なくとも広く奨励または是認されている種類の食事をとったり、社会的諸活動に参加したり、あるいは生活の必要諸条件や快適さをもったりするために必要な生活資源（resources）を

欠いているとき、全人口の中では貧困の状態にあるとされるのである。貧困な人の生活資源は、平均的な個人や家族が自由にできる生活資源に比べて、きわめて劣っているため、通常社会で当然とみなされている生活様式、慣習、社会的活動から事実上締め出されているのである[15]。

このパラグラフは多くの文献に引用され、貧困を相対的な観点から定義するときの共通の財産になっている。同論文でタウンゼントは、これまでの貧困の「機能的諸定義」は所得と肉体的能率の維持という狭い概念からなされていたとし、ここでは生活資源と生活様式というより広い基本的概念に基づくとする。生活資源には、稼働所得のみならず家屋や貯蓄などの資産、社会保障給付、保健や教育などの公的サービス等を含んでいる[16]。したがって、稼働所得の増大とともに、資産の形成と所持、社会保障給付と公的サービスの水準の維持が貧困対策として重要になる。また生活様式を単に消費の様式に限定せず、「社会参加」の観点から構成していることに、留意しておきたい。

また生活資源が減少するとともに、個人が全国的生活様式に十分参与する程度が低くなると仮定し、生活様式をしめす指標として「剝奪指標（deprivation index）」を作成、この指標を剝奪の状態がはっきりとしてくる生活資源の限界があるかどうかを発見する手段となる、としている。この剝奪指標は、その後貧困測定の有力な指標の一つとして展開していくことになる[17]。

（2）定義の政治性と測定基準

貧困の定義と測定基準に関して、何点か付言したい。まず、貧困の定義や理解の政治性である。貧困を個人的な「不道徳・欠陥」に起因するものではなく、社会の不平等の結果として理解する観点は、対応策として「持てる者」から「持たざる者」への資源の再分配の重要性を主張することになるから、「持てる者」からの政治的、社会的抵抗は強くなる。同様に、貧困を「飢え死にするかどうか」の飢餓水準ではなく相対的貧困として定義することは、不平等構造の中に貧困問題をより明確に位置づけることになるので、同様の抵抗は強くなるだろう▼18。貧困が社会問題化し関心が高まるにつれて、一方では貧困を個人的問題に矮小化し、所得保障を欠く自立支援策が貧困対策として登場する背景の一端はここにある。

貧困にはいくつかの定義がありうるが、それは単なる言葉遊びでもなければ、「それぞれの考える貧困」を等価に考えることでもない。貧困とは本来「この社会として容認できない」「解決を要する」問題であるから、定義にはすでに価値判断と問題の取り上げ方が含まれている。何を容認できない問題、社会的な不公正と考えるか、どういう社会を作りたいかという論点を離れて、貧困の定義はない。

次に、定義と概念、測定基準を混同しないことである▼19。例えば「社会生活を営んでいくための『必要』を充足する資源の不足・欠如」という定義は、それだけでは測定基準にならない。イギリスの代表的な貧困研究者の一人であるルース・リスター（2004＝2011）は、「貧困の測定基準とは、定義を運用可能にする方法を示したもの」と述べる。タウンゼントにとって、剝奪指標は先に引用した彼自身の定義を運用可能にするための道具である。

また、個人にとって貧困は、制約やあきらめ、無力さや恥辱といった「質的な側面」を含むものとして経験される。貧困に対応する現実の政策と実践では、この点は資源の再分配とともに重要な課題である。一方貧困を集合的に把握し分布や動向をつかむためには、貧困の経験の個人的な意味をいったん捨象し、量的に扱える指標に置き換えて運用しなければならない。貧困の測定基準はそのための道具で、貧困の定義や意味とは区別される。この点の理解を欠くと、「日本の子どもの貧困率は14％で、7人に1人の子どもが貧困で苦しんでいます」などというお気楽な解説がまかり通り、議論が混乱する。この時の貧困線は「等価可処分所得の分布の中央値の50％」という操作的なもので、子どもが苦しんでいるかどうか、現実に負う不利はなにかといった点を反映していない。経済的な制約を受けている子どもは、もっと多いかもしれない。そもそも子どもの苦しみを量的に理解できるだろうか。

（3）貧困の意味と政策、実践

貧困の意味と政策、実践の関係について、2点触れておきたい。1点目は、貧困と不利・困難との関係に対する理解の重要性である。これは、反貧困の政策と実践のあり方に関わる。貧困は、さまざまな不利や困難の原因になる。したがって、反貧困の政策と実践は、「資源の不足・欠如」である貧困に対して、資源の再分配を通してそれを充足させることを基本としながら、不利や困難を緩和するための介入が含まれることになる。例えば「お金がない」ために無理が続いて「健康を損ね」、結果として「小さい子どもの世話ができない」という状態に対する対応は、十分な所得保障と、医療と保育の提供である。医療と保育には経済的資源を個別家計に直接的に再分配する機能はないが、不利と困難を直接的に緩和するためには不可欠である。この場合、医療と保育に反貧困の機能を持たせるためには、費用負担がない、あるいは別途補てんされる制度であると同時に、「余裕がない」状態に置かれている可能性の高い当該個人・家族に対する個別的な相談支援が必要になる。貧困対策は、お金の問題から離れず、お金の問題に閉じ込めないことが重要である。資源・所得の再分配政策の強化と、広範な政策・実践に反貧困の機能を埋め込むことの双方が不可欠である。

2点目は、貧困の関係的・象徴的な側面に目を向けることである。例えば費用が払えなくて修学旅行に行けないという状態は、今日通常になっている社会的諸活動に参加するために必要な資源の不足という点で「貧困」であるが、当該の親や子どもにとっては、悔しさや恥ずかしさ、あきらめ、無力さの経験だろう。この連続の日々と人生とはどういったものであるか、想像してみよう。これは当該の個人の尊厳を毀損するという点で、社会として容認できない。従ってまた、貧困に対応する仕組みや支援は、個人が尊厳を取り戻し主体的な力を行使できるような形態や実施方法でなければならない。この観点を欠くと、往々にして支援自体が、傷口に塩を塗り込むことになりかねない。

このように物質的な困窮は、しばしば関係的、象徴的な側面に作用する。リスター（2004＝2011）は、「貧困は不利で不安定な経済状態としてだけではなく、屈辱的で人々を蝕むような社会関係としても理解されなければならない」として、軽視、屈辱、恥辱やスティグマ、尊厳および自己評価への攻撃、他者化（異なった対象物として認識され取り扱われること）、人権の否定、シチズンシップの縮小、「声」を欠くこと、無力を貧困の関係的、象徴的側面としてあげる。こうしたものが、貧困をより耐え難いものにする。従って、資源の再分配に加えて、リスペクト（尊重・敬意）を回復する観点と取り組みが、反貧困の政策と実践に組み込まれている必要がある。

ただし、屈辱や無力といったことと貧困は同義ではないし、貧困は「お金の問題」ではなく「誇りの問題」である、ということでもない。尊厳や人権の否定は、貧困以外の原因でも起こりうる。重要なのは、物質的な困窮が関係的・象徴的側面と深く結びついて貧困の経験や意味を構成しているという点の理解である。リスター（2004＝2011）は、「容認できない困窮」としての物質的核を中心部におき、それを車軸として、周辺部に「容認できない困窮」のなかで暮らしている人が経験する関係的・象徴的な側面（軽視等の前述の例示）が外輪として回転している「物質的・非物質的な貧困の車輪」として貧困の概念を図示しており、この二つの側面の関係がよく整理されている。

4 子どもの貧困と家族

（1）なぜ子どもの貧困か

イギリスの貧困の発見・再発見において「発見」されたのは、特殊な状態としての貧困ではなく通常の労働者家族の貧困であり、その中に子どもを含むものであったことは、すでに述べた。貧困の再発見が子どもの貧困を含むものであることは、日本も同様である。近年の「子どもの貧困」に対する関心の高まりは、ひろく勤労者全体に関わる格差の拡大と貧困化、子育て家族の貧困の顕在化、「貧困の再発見」を背景としている[20]。ではなぜ子どもに焦点を当て、「子どもの貧困」として議論を構成する必要があるのか。「子育て家族の貧困」で十分ではないのか。むしろ、子どもに焦点化することで問題が分断され、貧困問題の核にある富の分配・再分配の不平等から目がそらされてしまう危惧はないのだろうか。後述するように実際の政治的、社会的文脈の中では、その危惧は現実のものとなる。その意味で、「貧困」と同様「子どもの貧困」も論争的な、取り扱いに注意を要する用語である。

一方、「子育て家族の貧困」だけでは不十分で、見えにくいことがある。それは子どもを主体として、子どもの側から見たときの貧困の意味や貧困経験の形である。貧困は一般的には家族、あるいは世帯を単位として把握される。この方法は必要かつ有効だが、家族の中の個人に焦点が当たりにくい弱点がある[21]。人生を生きている、あるいは貧困を経験する主体は個人である。従って家族・世帯を単位として把握された貧困を個人の側から考えてみることで、貧困の複眼的な理解が可能になる。特に子どもは一般的に経済活動の主体ではなく、大人、あるいは世帯の従属的な位置に置かれやすい▼22。生活周期上、子育て期が貧困に陥りやすい時期であるというラウントリーの発見にしても、「子ども」は家計支出を増大させ貧困リスクを高める条件として扱われている。筆者は以前、以下のように述べたことがある。

子どもの貧困はそれのみで存在しているのではなく、この社会に存在する貧困の一側面である。社会的に生み出され、家族を単位として立ち現われる貧困を、そこに生きる子どもを主体として把握し、子どもの育ちと人生に即してより具体的に理解するために、子どもの貧困という言葉が使用される（松本2008）。

いまを生きる主体として子どもを捉えることで、子どもが経験する貧困の意味、不利と困難の具体的な現れ方の理解に、貧困研究が貢献できる。「子どもの将来」の議論の陰に隠れて忘れられがちな「子どものいま」について、洞察をより深めることができる。子ども研究と貧困研究の回路がつながる。この理解は、子どもを直接の対象とする政策と実践の領域にどのように反貧困機能を付与するか、という問題を考察するために重要になる。子どもの貧困の具体的な現れ方は、「子ども」という存在の社会的特徴と深く関わっているし、その点に無自覚であると、貧困が貧困に見えない。

リスター（2004＝2010）が「不平等と社会的区分は、貧困を形成し、これと相互作用するとともに、人々が貧困をどう経験するかを規定する」と述べるように、貧困経験は具体的には、年齢や性別、障害、人種・民族、住んでいる地域といった「社会的区分」の特徴と関わって形作られる。従って、「子どもの貧困」や「女性の貧困」「高齢者の貧困」といった「何々の貧困」は、貧困の種類の例示ではなく、貧困の具体的な現れ方を考察するために有益な言葉である。貧困問題を分断するのではなく、理解を深め反貧困政策・実践の幅を広げるために、これらの言葉が使用されるべきである。対策に優先順位をつける言葉として使用されると、人々が分断されかねない。

では「子ども」あるいは「子ども期」という社会的区分の特徴は何だろうか。便宜的に整理してみよう▼23。①生と生活の家族への依存。子どもの養育の私事化・家族依存と市場化の度合いが強い社会であるほど、家族の資源格差が子どもの不利に直結し、子どもの貧困がより顕在化する。この点は次節で改めて述べる。②身体的脆弱性と生命・健康維持の他者依存性。貧困が疾病や不健康、生命の危機として現れやすい。保健・医療制度が重要になる。③成長と発達の過程にあること。貧困が成長と発達の阻害・不利として経験される。子どもの成長と発達を支える実践が、反貧困の観点から意味を持つ。④自己形成の基盤である外界への働きかけ、主体的な参加と応答の経験が、多くの場合「遊び」という形式をとること。これは子どもの「いま」を豊かにするうえで不可欠の要素であるが、貧困の議論ではしばしば忘れられる。あるいは遊びの機会すら市場化され、貧困経験の構成要素になる。⑤生活様式が学校制度のあり方に強く規定されていること。教育・学習過程が市場化され選別的であるほど、貧困が学校・教育からの排除と教育達成の不利を招く。

若者期まで視野を広げてみよう。⑥特に思春期から若者期にかけて、アイデンティティ形成に重要な時期であること。貧困に伴うスティグマの緩和が重要な意味を持つ▼24。⑦社会への移行期である若者期と接続していること。貧困が移行の不利にならない制度設計と、豊かな若者期をつくる実践が重要になる。付言しておけば、若者期の貧困は子ども期の貧困の結果として説明されることが多いが、若者期の格差・

貧困の深刻さが子ども期の貧困圧力[25]になっている側面を軽視すべきではない。移行期である若者期の貧困は、基本的に若年労働市場の構造と、原家族からの資源移転の多寡に規定されている。

子どもの貧困は、こうした広い範囲にわたって経験され、子どもの不利を形成し、私たちの前に現れる。「子ども」に焦点を当てて貧困の意味、貧困経験を理解し、貧困による不利を緩和する幅広い政策と実践を検討することを通して、貧困に対する関心と合意の幅を広げ、子どもに関わる広い領域に反貧困の機能を付与することが可能になるのだろう。

繰り返しになるが、こうした対策の幅を広げる作業、その中での個別支援は、十分な所得保障の裏付けがあって有効に機能する。貧困は「必要を充足するための資源の不足・欠如」であるから、対策の核は資源の充足であり、その具体的で中心的な方法が所得保障である[26]。こんな当たり前のことを改めて強調するのは、現実的な理由がある。

ここで、本節の冒頭にのべた危惧を振り返ろう。「子どもの貧困」に対する社会的関心が高まり「再発見」されてから、約10年になる。この言葉は広がり、あちらこちらで使われるようになった。子どもに対する支援の実践も蓄積されつつある。この動向を前向きに評価したい。その上で「子どもの貧困」という言葉が独り歩きをし、「貧困」と切り離されて使用される危惧を感じている[27]。

例えば2013年に成立した「子どもの貧困対策の推進に関する法律」は社会的関心の高まりを背景にしているが、打ち出される実際の政策は「学習支援」の強調に比して所得保障の観点が薄く、また同年に生活保護基準の切り下げと扶養義務の強化が行われていることを、どう理解すればよいか。所得保障を中心とした貧困対策は厳しく、同時に「(所得保障抜きの) 子どもの貧困対策」は積極的に、という構図になっていないか[28]。問題が分断され、対策がねじれて矮小化されているように見える[29]。この点に無自覚のまま「親の貧困による子どもの不利」を強調することは、結果的に親を追い詰める。「責任を果たしていない親」の問題だという理解を蔓延させる。子どもの貧困という言葉が、家族を責める新たなコードになりかねない。前述のように富の再分配を通して不平等の是正をすることに政治的、社会的抵抗が強く、激しい競争を背景に貧困を個人主義的に理解する土壌が強い社会では、これは現実のこととなる。

これを防ぐためには、子どもの貧困を、広く不平等の是正と貧困の緩和・解決に関連付けながら議論をし続けることが必要であるが、そのためにも子どもが依存せざるを得ない「家族」という仕組みについて、いま少し考えてみよう。家族という装置が貧困の隠れ蓑になる可能性があるからである。

（2）子どもの貧困問題の構造と家族

前述のように、子どもはその生と生活を家族に依存せざるを得ない。筆者は以前、子どもの貧困を生み出す構造を、①労働の不安定化、所得格差の拡大、社会保障の後退など、親や家族の貧困の進行、②過度の競争圧力と公共圏の縮小を背景にした、「子ども期」を保障する社会的基盤の脆弱化、③子どもの養育手段・教育の市場化と強い家族規範を背景にした、子どもの養育と費用調達負担の親・家族への集中、という3つの側面が同時進行し、相互規定的に強化されていることとした（松本 2017）。

従って、親の賃金と所得の十分な保障、（家族を経由せず）子どもを直接支える手立て、子育て・教育の家族依存の構造の緩和が、子どもの貧困対策として重要である。子どもの貧困対策は、雇用・所得保障政策を基本としながら、反貧困の観点を組み込んだ子ども政策と家族政策が構成要素である。以下、子どもの貧困の観点から「子育ての場としての家族」を考える際に、念頭に置くべき諸点を整理しておこう。

第1に、近代家族は、本来的にもろい構造を持つこと。理念形としての近代家族は、個人と個人の意思に基づいて形成される。子どもが生まれ、育ち、やがて家族を離れるという過程、あるいは離死別や再形成で形を変化させ、配偶者と自身の死で終了する。家族を離れた子どもは、自らの別の家族を形成する。つまり近代家族は、作られ、変化し、消滅するという変動を含む脆弱なものである。私たちは家族を強いものであるはず（であってほしい）と思い込んで、本来脆弱なものである家族に過重な負担をかけ、結果として家族や個人を押しつぶしているかもしれない。

第2に、個別家族への負担の集中が構造的に進行していること。少子化は家族規模の縮小のみならず、「親族ネットワーク」の縮小をもたらす。親のきょうだい数の減少は、子どもから見れば「おじおば」の減少である。産業の構造変化は労働力の地域移動を必要とするが、これは「地域ネットワーク」の弱体化をもたらす。親族ネットワークの縮小と地域ネットワークの弱体化は、子どもの養育に関わる負担をより個別家族に集中させる。そもそも個別家族だけで、育児を担っていた時代はない。子育ての共同を進めることが、子どもの貧困に対する政策と実践に含まれている必要がある。

第3に、子育てに関する強固な「親・自己責任言説」の存在と、その内面化。親・自己責任言説の強化と内面化は、二つの点で問題を生む。まず子どもを持たないことが「親・自己責任リスク」回避の合理的な選択肢になるので、少子化が進展する。次に、支援を受けることは「責任を果たせない劣った親」であるという理解を浸透させるので、支援を求めることを抑制させ、子育てが個別家族で閉塞する。自己資源が小さい貧困家族の場合、不利がより深刻になる。ところで現在、「子どもを持つこと、育てること」は、計画的に準備され選択される（べき）「選択的行為」と考えられている。これは特に女性の妊娠、出産に伴う身体的リスクの軽減、（「母」以外の）人生の可能性の拡大に貢献するが、一方で選択と決定に伴う「責任」の言説を強化する▼30。しかし考えてみれば、「家族計画」の成立は避妊技術の向上と普及によるもので、人類の世代の再生産様式に本来組み込まれていたものではない。長い歴史のつい最近の話である。私たちは、子育てを「自分で選択したはずだから自分でやれ」とする社会と、個人の選択と決定を支える社会のどちらを選択するのか、歴史的な分かれ目にいる。

第4に、子育ては家族の資源を編成、使用する過程であること。従って、資源を編成、使用する「個人の能力のなさ」が主な問題であるように見えやすい。ウォルマン（1984＝1996）は家族を資源システムとして位置づけ、住宅、社会サービス、お金などを「構造的資源」、この構造資源を行使するために必要な時間、情報、アイデンティティを「編成的資源」としている▼31。例えば近隣の保育所という「構造的資源」を利用するためには、保育所利用に関する「情報」、利用申請や送り迎えのための「時間」、地域住民であるという「アイデンティティ」を資源として使用している。保育料と他の支出との調整、所得を得るための就労とケアの時間配分、他子がいる場合、介護が必要な家族がいる場合、自身が病気がちの場合等々、生活と子育ての過程で私たちは、実はかなり複雑な資源の調整、編成作業を行っている▼32。留意すべきは、構造資源の多寡が編成や使用の「むずかしさ」と深く関わるということである。「やりくり」が下手でも、十分な所得があれば問題にはならない。貧困な家族であるほど高度な「やりくり」が求められ、逆に「やりくりの下手さ」が貧困の原因であるように見えてしまう▼33。資源の編成や使用が円滑に行える環境整備や支援が、重要になる。

第5に、子育て・教育の商品化、市場化が進展し、子育て・教育に関わる公的支出が低いことと相まって、子育て・教育の費用調達の私事化、家計負担の増大が進行していること。これは子育て期の貧困リスクを増大させるとともに、家族の資源格差が子どもの格差に直結する構造を形成し、子どもの貧困を深刻化させる。付言すれば、教育費用の私費負担の増大は「個人への投資」としての教育の意味づけを強化し、成果は個人への「リターン」で測られることになる。結果として、教育が本来持つべき「人格の完成」という目的、教育の公共性と成果の社会的共有の観点は後退する[34]。例えば、高等教育の費用が税で賄われ、私費負担がないかごく軽微であれば、親に金がなくても子どもの進路の幅は広がるし、「世の中の役に立ちたい」動機で学ぶ学生が奨学金という法外な額の借金を負うという理不尽も防げる。「親が金を出すのが当たり前」「教育の受益者は個人」という社会意識が強いほど、これが貧困問題に見えない。

第6に、子育て・教育が競争の中に巻き込まれていること。これは子どもの世界を分断し、ゆがめる。同時に競争条件を確保すること、競争を有利に進めるために資源を投入することが家族の役割になり、競争は家族の「総力戦」になる。子育て・教育の市場化と相まって、家族の資源格差が子どもの格差に直結する構造を強化し、子どもの貧困を深刻化させる。「教育に最大限の資源投入をすること」が「あるべき子育て」の像になってしまうことは、競争に参入する家族の疲弊を招き、かつ多くの資源投入ができない家族の子育てを「劣った子育て」のように見せてしまう。子育て・教育の競争の緩和が、すべての子ども・家族のために必要で、かつ子どもの貧困対策の観点からも重要である[35]。

こうして整理してみると、①そもそも脆弱な構造を持つ家族に、②負担の集中が進行しており、③強固な親・家族責任言説のもとでそれは「問題」とは認識されず、④個別の「やりくり」の問題として認識されがちで、⑤一方で家計負担は増大し、⑥競争のなかで格差が拡大し家族が疲弊する、という家族をめぐる構図がわかる。

そして最後に、家族における子育て・ケア負担がジェンダー化していることである。多くの場合、女性に集中しがちである。加えてケア提供者が、ケアを提供するために他者に依存せざるを得ない「二次的依存」の状態におかれがちで[36]、ケア提供者の貧困リスクを高める。例えば、妻が育児のために退職し稼得機会を喪失することで、夫への経済的依存が不可避になる。結果として妻の自由が制約される可能性が高まり、かつ離別の際の貧困リスクに直面する。ジェンダー平等と、「二次的依存」を回避するケア負担の分配の構想が不可欠である[37]。

(3) 貧困の固定性、世代的再生産、子どもの「いま」

貧困を経験する個人にとって、貧困の深刻さはその時間的長さと深く関わる。貧困に伴う困難が一時的なのか長期に継続しているものか、緩和・解決の具体的な見通しがあるのかどうか、こうした諸点は貧困が個人に与える負の影響を理解するうえで欠かせない。先の見通しのない、長期に継続している貧困は、人間に破壊的に作用しても不思議ではない。

貧困は他の社会的不利と相互に関係しあう。例えばある母子世帯の母親の所得が低く、それが劣悪な住環境を招き、その結果子どもの喘息が悪化し、病院に連れていくために母親が仕事を欠勤がちとなり、やがて退職を余儀なくされ、その結果子どもが保育所を退所することになり、孤立的な子育てになり、母親が過労とストレスで心身の調子を壊し、就労がより困難になり借金をするといったように、経済的資源の少なさと他の不利が相互に関係し、現実の貧困の経験を構成している。こうした生活過程における不利の連鎖と蓄積が、貧困をより長期的、固定的なものにする[38]。

従って個別の不利を緩和し、不利と不利の関係を切るようなソーシャルワーク的介入が重要になる。もちろん貧困の長期性、固定性の程度は、生活過程における不利の連鎖構造のみではなく、そもそも貧困を生み出す格差・不平等の程度、労働市場と社会保障の状態、それらによる貧困圧力の強弱に基本的に規定されている。貧困を生みやすい社会は、貧困による不利をより深刻なものにし、生活過程における貧困の再生産構造を強化する。貧困になりやすい社会は、貧困から抜け出しにくい社会でもある。

ところで、子どもの貧困による不利は、子どもの成長と発達の機会の制約という形をとる。これは学校における学業達成の不利の要因となり、学業継続・進学の費用調達の不利・困難と相まって、教育機会を大きく制約する。これらは労働市場における不利となり、社会への移行時点の貧困リスクを高める。加えて原家族の貧困は、就職や結婚、出産時の「まとまったお祝い」、子育てや疾病、失業時の手助けや経済的支援、転居や住居取得時の経済的支援など、成人後のライフコースにおける有形無形の資源移転を難しくする。場合によっては貧困の渦中にある原家族の生活を経済的に支え、あるいは看病を行い、負債やトラブルを肩代わりする▼39。つまり子どもの貧困は、若者期・成人期の移行の不利と貧困リスクの高さに加えて、若者期から成人後の原家族からの資源移転・支援が期待できず、場合によってはそもそも脆弱な原家族の扶養負担を負うことを通して、成人後の人生において長期に継続しやすい特徴を持つ。換言すれば、貧困による子どもの不利は、「人生のスタートラインの不利」のみならず、人生の行程を支える「元手」や補給路、応援団のなさ、超えるべき障害の多さにより形成されている。

このように考えると、貧困が二世代以上にわたって続く「貧困の世代的再生産」と呼ばれる現象は▼40、親の長期的、固定的な貧困を背景に、子どもの貧困の長期的、固定的性格により形成されるとみることができる。貧困を経験するのは個人であるので、親の貧困と子どもの貧困のそれぞれの長期的、固定的性格が、まず問題である。そして、子どもの養育（世代の再生産）が家族に強く依存しているほど、そしてまた社会の不平等と貧困圧力が強いほど、子どもの養育負担が親・家族の貧困の契機となり、かつ親・家族の貧困が子どもの貧困と不利を長期的、固定的なものにする。これが家族という場で、相互に規定しあう。貧困の世代的再生産とは、不平等社会における家族依存システムの一現象形態である。青木（2003b）は、地方都市の母子世帯の生活を詳細に分析した結果として、貧困の世代的再生産について、『家族依存』を中心とした社会保障・教育システムの枠組みを特徴とする社会システムが存在し、そこには家族の持つ諸資源・諸資本の不平等が厳然として存在するがゆえに、その傾向が強い国においてこそ、市場経済の進展と相まってより強くあらわれてくる現象」とする[41]。この観点を共有したい。

ここでいったん、用語を確認したい。「貧困の世代的再生産」は現在の日本では「貧困の連鎖（あるいは世代間連鎖）」と表現されることが多いが、本稿ではあえて使用しない。連鎖は「鎖のようにつながること。また、そういうつながり（広辞苑）」と、直接つながっていることのみを表現している。富は貨幣や有価証券、不動産などの形で直接手渡すことができる。しかし貧困は、直接手渡すことはできない。貧困には絶えず作り出される（再生産される）社会的過程がある。連鎖という言葉には、親の貧困と子どもの成人後の貧困が直線的につながっている印象を与え、この社会的過程から関心をそらす危惧がある[42]。「親の貧困が子に連鎖する」という宿命論的で単純化された言説は、貧困の渦中にある親と子のみならず、すべての親子に対する「脅し」でしかない。家族の貧困に起因する子ども期の不利と、長期的な家族の貧困が成人後の貧困リスクを高める家族依存的な社会構造が、再生産・強化されている点の理解が重要である。問題とすべきは「連鎖」ではなくて、貧困が生み出され固定化される社会的なからくりである[43]。

子どもの話に戻ろう。貧困の世代的再生産は子どもの側から見れば、人生の初期から長期にわたり貧困に固定されるということである。長期的な貧困は、それぞれの時点での深刻な問題を生む。また「人生の見込み」が著しく制限される。貧困の世代的再生産を緩和するという観点から、社会の不平等を緩和し、子育てと教育の家族依存構造を転換し、子ども期の不利の解消と人生の形成の支援が必要である。日本では「貧困の世代的再生産」の分析と議論はまだ少なく、今後の研究と実践経験の蓄積が必要である。その際足もとをすくわれないために、念頭に置くべき諸点を整理しておこう。

第1に、貧困層の家族内部の分析に焦点化することで、家族が置かれている不平等構造と貧困圧力、家族の外部条件の影響が見えにくくなる可能性である。例えば若者の就労の不利は子ども期の不利の影響があるかも知れないが、同時にその時点の労働市場の状況に強く規定される。第2に、個人責任論と親和性があることである▼44。貧困の個人主義的な理解を背景にすると、貧困の「世代的連鎖」は「問題家族の間違った子育て」の結果として説明され、社会の不平等構造と不公正は不問にされる。導き出される対策は、比較的安上がりな「問題のある親」の行動変容を目指す教育・指導と、貧困脱出のための子どもへの教育奨励が中心となり、費用のかかる不平等構造の緩和、社会保障の充実と底上げは後退する。第3に、世代間の階層移動・社会流動性に焦点が移され、貧困の解決が問題とされにくいことである▼45。階層移動・流動性が促進され、誰かが貧困から脱出し「連鎖」が断たれても、社会における貧困が放置されれば、また別の誰かが貧困になるだけである。

最後に、子どもの将来に重点が置かれ、「子どものいま」が忘れられることである。例えばいまお金がなくて困っているのなら、いまここでの所得保障が必要である。また例えば貧困による学業達成の不利は、子どもにとっては「うちがしんどくて、学校でもつらい」という経験である。この対応策で大切なのは、「勉強を頑張る」ことを子どもに求めることではない。「うちがしんどくても、学校にくれば楽しい」という学校を作ることである。あわせて、子どもの日々の遊びや活動を充実させる手立てである。家族の不利が子どもの不利を招かないような、子どもが子どもらしく過ごせるような、教育と子ども支援の構想が必要である。その観点を欠く「貧困対策としての学習支援」は、「勉強ができないことが貧困の原因である」という個人主義的な理解を強化し、「やってもできない子」に「勉強ができなかった自分が悪い」という自己責任論を内面化させる。「将来の準備をする存在」としての子どもではなく、「いまを生きるひとりの個人」として子どもを尊重し、子どもの世界を構築することが不可欠である。「いまのしあわせ」を土台に、子どもは自分の人生を形成する主体に、社会を構成する一員になるのではないだろうか▼46。

注

1 こうした諸点の詳細については、『子どもの貧困ハンドブック』(松本他 2016)を参照のこと。同ハンドブックの総論と貧困率等統計の提示部分は、「なくそう！子どもの貧困全国ネットワーク」のホームページから閲覧できる(http://end-childpoverty.jp/)。なお、貧困統計に関しては、本書第10章を執筆している阿部彩が開設している「貧困統計ホームページ(https://www.hinkonstat.net/)」が、網羅的でかつ最新のデータと分析を逐次掲載しており、有益である(それぞれ2019年2月27日閲覧確認)。

2 岩田(2007)は現時点で議論されているいくつかの貧困基準を広く検討し、イギリスのブラッドショーの議論を紹介しながら、複数の貧困線を使用することの有用性を述べている。リスター(2004＝2011)も貧困測定に関して、「広範な手法を組み合わせた『三角測量』」の必要性を述べる。なお貧困測定の意味と相対的貧困線、本章で後出する剝奪指標等について、本書10章で阿部彩が議論を展開している。山田(2018)も貧困基準について、広範な紹介と検討を行っている。

3 この点は江口(1981)、杉村(2010)において指摘されている。

4 それぞれの推計について論じる紙幅の余裕を持たない。いくつかの推計を整理し捕捉率について論じているものとして、杉村(1997)、橘木・浦川(2006)、室住(2006)、江口・川上(2009)、岩永(2011)などを参照。

5 この資料については、本書第2章で山内太郎が検討し、特に子育て世帯の捕捉率の低さを指摘している。

6 ここに整理する歴史上の出来事は、多くの論考、「教科書」などで示されているので、個別の事項について出典の注釈を省略する。本稿が主に学んでいるものとして、高野(1985)、高島(1995)、ブルース(1965＝1984)、大沢(1986)を挙げておく。大沢は同書において、『最低生活費保障原則』の淵源が救貧法システムに存することを指摘している。

7　この「改正」で確認された、救済の水準は救済を受けていない労働者の最下層のものよりも低位でなければならないという原則は、「劣等処遇原則」として知られる。

8　イギリスの例と同様、以下の整理は多くの論考、「教科書」などで示されているので、個別の事項について出典の注釈を省略する。本稿では主に、小川（1964）、小川（2007）、吉田（1979）、池田（1986）、日本社会事業大学救貧制度研究会（1960）等から学んでいる。

9　この観点は、主に田中（1999）に学んでいる。

10　「人」ではなく「出来事」を対象とするという点に関わって、日本の代表的な貧困研究者の一人であり、社会保障審議会委員として戦後の生活保護制度基準の改定等に深く関わった篭山京の指摘を振り返っておきたい。篭山（1978）は、生活保護法のあり方を広く検討したのち、生活保護法が「生活困窮者を特定し対象としていることがどれだけ時代遅れのものか」と述べ、法に定める生活保護制度の対象を「生活に困窮するすべての国民」から「すべての国民が生活に困窮した時に」と改正することが「必至の緊急事」であり、これによって生活保護制度が「生活困窮者への救済法」から「生活困窮という事故に対する社会保障法に脱皮」し、「この制度が恤救規則以来の救貧制度の伝統から初めて解放される」とする。

11　１４０％を貧困線とするのは、各種の控除等で、実質的な消費水準は捕捉給付水準の１４０％になりうることによる。なお１９５３年～54年では貧困線以下人口は7・8％であるので、増加の傾向にあることが示された。

12　貧困の再発見の経過については、高山（1981）、松本（2008）等を参照。なお岩永・岩田（2018）は、本稿でふれることができなかった点を含んで貧困研究の系譜を概観しており有益である。

13　ケイパビリティとは、可能性として「なにかができる、なにかであることができる」という、その人物に実際に開かれている「選択可能性の範囲」のことで、アマルティア・センの貧困理論の鍵概念である。基本文献として、セン（1992＝1999）、ヌスバウム（2000＝2006）などを参照。リスター（2004＝2011）は、ケイパビリティの観点からの貧困の定義は重要な資源である「所得」を軽視する危険があり、結果として所得と資源の平等な分配の問題から目をそらされてしまう可能性を指摘し、ケイパビリティの観点は資源に基づく定義にとって代わるものではなく、これを補完すべきものだとする。

14　高山（1981）によれば、タウンゼントのラウントリーへの批判の要点は、「（ラウントリーの）最低生存貧困基準は、固定的で柔軟性を欠き、生活水準や消費様式の変動を反映」しないということである。もっともラウントリーも「茶」を最低生活費の算定に入れているように、当時の下層労働者階級の生活様式を前提にしているのだが、タウンゼント（Townsend 1974＝1977）は、例えば以下のように述べる。「ラウントリーが１８９９年に作成したような、靴1足、エプロン2枚、古着のドレス1枚、古着から作ったスカート1枚、新品の3分の1の値段の防止とショールと上着、ストッキング2足、特に名を挙げていない下着類数枚、コルセット1組、すり切れた古靴から作ったスリッパ1足、というイギリスの若い婦人の最低被服基準を、１９７０年代のそれとして提案する勇気のあるものが、果たしているだろうか」。なおリスター（2004＝2011）は、「ブースやラウントリーが『最低限度』による貧困の絶対的定義を確立し、そこに相対的アプローチによってタウンゼントが異を唱えた」とする「伝統的な見方」は読み誤りであり、むしろ「タウンゼントは二人の業績を覆したのではなく、むしろその上に築きあげたとするほうがずっと正確」だと指摘している。

15　高山の訳では、Relative Deprivationに「相対的収奪」という訳語が与えられている。ここでは「収奪」を今日一般的に用いられる「剥奪」に置き換えている。なお、この論文は、貧困研究の金字塔的著作であるTownsend（1979）に序章として収録されている。タウンゼントはこのような考え方自体は特に新しいものではないとして、アダム・スミスが「諸国民の富」において「必需品」を「ただ生活を維持するために不可欠な商品ばかりではなく、その国の習慣上、最下層の人々でさえ、それなしには信用のおける人として見苦しくなってしまうようなあらゆる商品をいう（スミス 1776＝1966）」と定義していることを指摘する。

16　タウンゼント（1974＝1977）は生活資源の諸形態として以下を挙げる。①現金所得（稼働所得、非稼働所得、社会保障給付）、②資本的資産（家族居住の家屋・アパートおよび生活設備、居住家屋以外の資産および貯蓄）、③企業福利給付（諸補助金および企業内保険、企業内福利施設）、④現物の社会的サービス（政府による補助金およびサービスを含む、例えば保健、教育、住宅など、ただし社会保障給付を除く）、⑤個人的現物所得（例えば小さい畑や庭などの家庭生産物、もらったもの、個人的な支援）。

17　タウンゼントの剥奪指標では、大規模調査で明らかにされた当時のイギリスの標準的な生活様式を前提に、「過去12か月に家庭外で1週間の休日を過ごさなかった」「過去4週間に食事や軽食のために、親戚や友人を家庭に招かなかった」等、余暇や社会関係の維持から住宅設備等にわたり12項目が設定されている。近年の日本語文献では、岩永・岩田（2018）に紹介がある。また本書第10章で、阿部彩が近年の動向について検討している。

18　この点は多くの論者が指摘する。高山（1981）は、「最低生存水準にもとづく最低保障政策に比して、相対的貧困概念による政策提案は、それが不平等構造の根源に関連するために、政治的にはより抵抗が強くなる場合が多くなる」と述べる。リスター（2004＝2011）も貧困概念の政治性について検討している。

19　リスター（2004＝2011）は、貧困の意味や理解、言説やイメージを「貧困の概念」とし、これは定義と測定基準を考える枠組みを提供するが、しばしばこの3つは混同されるとする。篭山（1981）は「貧困とは人間の破壊・崩壊」であり、貧困を一定の所得基準以下のものとするのは、貧困測定の指標を貧困そのものとすり替えた議論である」としている。

20　中塚久美子は本書第11章において、浅井・松本・湯澤（2008）、山野（2008）、阿部（2008）等が出版された２００８年以降の動向を中心に、「子どもの貧困」の社会問題化の経過を整理している。それ以降、「子どもの貧困」をテーマにした単行本や研究は多く見られているが、２００８年以前はほとんどなかったことを、特に若い読者のために付記しておきたい。１９９０年代以降に限定して、「子どもの貧困」という術語を明示的に用いてこれを主題としたもの、あるいは子どもの問題を貧困と強く関連付けて議論している数少ないものとして、青木紀、阿部彩、久冨善之、小西祐馬、松本伊智朗の論考を文献欄に挙げておく。他に生活保護や児童養護施設に関わる子どもに対象を限定して議論したものがあるが、紙幅の都合で紹介できない。同様に、最近の研究動向の紹介と検討も、本稿の守備範囲を超える。

21　本書第5章において丸山里美、第6章において鳥山まどかが、この問題を女性に引き付けて詳細に論じている。丸山（2017）も参照のこと。

22　教育権保障の立場から「教育福祉論」の提起を行った小川利夫は、社会政策の多くは世帯主の貧困を問題とし児童の問題は「系として従属的にとりあつかわれる」としたうえで、江口英一の社会階層論を基盤とした貧困研究をその例外ではないとしつつ、社会の中で動態的に貧困を把握する方法として評価する（小川 1985）。江口とともに日本の貧困研究を主導した篭山京は「貧困児」について多くの調査研究を実施しているが（篭山 1984）、江口が経済学者であることに対して、篭山は医学・生理学を基礎学問にしているので、直接的に「子ども」を対象にし得たのではないだろうか。イギリスの近年の研究では、テス・リッジの『子どもの貧困と社会的排除』（2002＝2010）が「子ども中心アプローチ」に基づく調査研究を実施しており、興味深い。リッジのこの著作では、イギリスの貧困研究史を「子ども」に焦点を当てて概観している。なおリッジは「子ども期の貧困」と「子どもの貧困」を併用している（タイトルは「子ども期の貧困」）。この二つの用語に関して筆者（松本）は、ライフコースの観点からは「子ども期の貧困」が正確だろうが、「いまを生きる子ども」に重点をおいて議論を構成する場合は「子どもの貧困」という用語を使用すべきではないかと考えている。子どもに焦点を当てた貧困研究の方法論的検討として、大澤（2017）を挙げておく。

23 以下は松本（2014）における整理を下敷きにしている。

24 リッジ（2002＝2010）は子どもの貧困体験の意味を理解する際に、スティグマを伴わない形で「仲間に溶け込むこと」「服装」「仲間との活動に参加すること」といった側面の重要性を指摘するが、それは子ども期が特にアイデンティティ形成にとって重要な時期であることと関係するだろう。

25 人を貧困に陥れる、縛り付ける構造的な諸力を、本稿では「貧困圧力」とする。

26 念のために付言しておくが、ここで所得保障以外の方法は意味がないと言っているわけではない。それを広げることは、必要なことである。ただ例えば、親にお金がないことを放置しておいて「学習支援」だけをしても、それは子どもの貧困の解決に有効だろうか。むしろ「学習支援」や保育、教育など直接所得保障の機能をもたない領域で子どもと家族に関わっている支援者こそ、その支援が有効に機能するためには所得保障が重要であることについて、声を大にすべきではないか。

27 松本（2013）を参照。同様の危惧は、他の論者からも繰り返しなされている。例えば湯澤（2017）、藤原（2017）などを参照。

28 こうした所得保障抜きで「教育」に下駄を預ける構図は、前述した明治後期の「感化救済」への先祖返りだろうか。それとも戦前から日本社会に根付く強固な構図だろうか。もっとも下駄を預けられた「教育」への公的支出は低いので、結局「親の財布」と「個人のがんばり」次第ということになる。教育という公共的領域で成功するために、家族という私的領域の役割が強調される。私的領域の不利を公的領域が緩和するのではなく、公が私に依存していることになる。公私の関係が逆転していないか。この関係も日本の伝統だろうか。滅私奉公という言葉が想起される。

29 ベネット（2017）は、イギリスにおいて政権交代につれて、「子どもの貧困」の理解と「子どもの貧困対策」が変質していくことを示している。

30 本書第7章で鈴木佳代は、一見「選択」と思われていることが、実質的にはいかに選択できないもので構成されているかという点を提示している。

31 ウォルマン（1984＝1996）は、経済的資源として「土地、労働、資本、さらにそれらの関係」をあげ、それらは生活している家族のレベルでいうと、土地は住宅、労働はサービス、資本は商品とお金になるとする。この構造的資源と編成的資源という概念を援用して子育て不安について検討したものとして、岩田美香（2000）がある。ただし岩田は、編成的資源にネットワークを追加している。

32　例えば本書第7章の鈴木佳代の論考を参照。時間配分については、本書第6章で鳥山まどかが論じている。

33　鳥山（2017）は、子育て世帯の滞納・借金問題の分析から、今日の家計管理が外部化、市場化され、自己裁量の範囲が狭いことを明らかにする。なお、家計管理に関わって、家計の収支構造の観点からの貧困研究の系譜があるが、その紹介と検討は本稿の範囲を超える。

34　教育は「地位達成の手段」として理解され、社会的に機能している。経済学、社会学の側面からの教育の議論は、多くの場合この機能に焦点を当てる。しかし本来の目的は、そうだろうか。教育基本法第1条には教育の目的として「教育は、人格の完成を目指し、平和で民主的な国家及び社会の形成者として必要な資質を備えた心身ともに健康な国民の育成を期して行われなければならない」と規定されていることは、常に心に留めておきたい。もちろん教育機会の開放と業績主義に基づく地位達成が、封建的な身分制度を壊す役割を持ったことを、私たちは知っている。しかし一方で、教育が生産力向上や戦争という国家の目的のために人々を動員する装置として使われることもまた、私たちは忘れてはならない。同様に、教育が不利を負っている個人の可能性を広げる機能を持つことを、過少評価すべきではない。しかし常にそう機能するわけではなく、現代の学校教育それ自体が不平等を固定化する装置になっていることに警鐘を鳴らす教育学研究の成果も、私たちは共有しているはずである。教育は常に両刃の剣である。学習権保障の観点から貧困による教育的不利の解消を目指すと同時に、教育に安易な期待をすることを禁欲し、教育のあり方自体を批判的検討の対象とすべきである（松本 2013）。これらの議論の詳細は、本シリーズ第3巻『教える・学ぶ』に譲る。

35　現実の個々の家族は不平等構造の中に位置しているので、子どもの人生の出発点は常に不平等である。公正な競争の結果としての不平等は容認できるという観点を、いったん受け入れてみよう。仮にある世代で公正な競争が実現し、その結果として不平等が生まれる。すると、次の世代はその不平等の中にある家族が人生の出発点となる。加えて「競争」のための能力の形成と蓄積の過程が、不平等である。したがって人生の出発点を平等にした「公正な競争」を想定することは、子どもの養育を家族に依存している社会では、現実的ではない。このように考えると、「競争」自体が現実には不公正を内在させている。

36　ファインマン（2004＝2009）は、「依存状態とは、病的な避けるべきものでも、失敗の結果などであろうはずはなく、人類のあり方の自然なプロセスであり」「発達過程の依存は少なくとも普遍的であると同時に〝避けられないもの〟とみなすべき」とする。そして「避けられない依存の世話をすることが、介護者自身の依存を作り出す」という依存の形を「二次的依存」とし、「誰かをケアする人が、ケアを行うために自分自身も人や社会的資源に頼らざるを得なくなるという単純なからくりをはっきりさせるために、私はこの依存を〝二次的依存〟と呼ぶ」とする。

37 フレイザー（1997＝2003）は、男性も女性もあらゆる人がケア提供者になることを前提とした福祉国家のモデルとして「総ケア提供者モデル」を提起する。ケア負担の不平等については主にフェミニズムから問題提起されてきたが、その詳細については藤原（2017）を参照。

38 こうした不利の連鎖の現実について、シプラー（2004＝2007）が参考になる。青木（2007）は、不利の連鎖への介入についてソーシャルワークの役割を述べている。

39 貧困層の子どもの不利は「勉強が苦手でお金もなかったので、学校に行けずいい就職がない」だけではない。「自立」後も親からの助けはなく、場合によっては親の借金を返し面倒を見る。富裕層（あるいは中間上層以上）の子どもにとって、親からの金銭、不動産を含む資源の直接的移転（「なんかの時にちょっと助けてもらうこと」を含めて）、孫の学費の支援（税制の優遇措置つき）は珍しいことでなく、少なくとも親への仕送りや、親の借金の肩代わりの必要はない。意識されているかどうか別にして、これらを前提にして人生を構想している場合も多い。これらの点を見落とすと、「子どもの格差」の理解が一面的になる。

40 青木（2003a）は、「貧困の世代的再生産あるいは継承とは、現象的には二世代以上にわたって、社会的に受容できないほどの貧困な生活状態が続くような状況が、ある集団あるいは層として形成されている事実を重視した概念である」とする。

41 青木（2012）は、日本社会を家族依存と市場主義の結合した社会であると特徴づけながら、「介入」の視点から貧困の世代的再生産について議論を試みている。本稿は、青木のこうした「家族依存と市場主義」の観点からの一連の議論に学んでいる。なお青木（2003b）は、「もろい家族」同士の「同類婚」を通して再びもろい家族が形成される点の指摘をしている。「出会い」の範囲は当該個人、家族の社会的ネットワークに規定されるから、同類婚は、個人、家族が階層化され分断された世界で生きていることの反映でもある。この点からも、貧困の世代的再生産は社会の不平等構造、格差の固定化と深く関わることがわかる。

42 この点は、松本（2013）において議論を試みた。また山野良一（2009）は以下のように述べる。「『世代間連鎖』という統計的な数字は、決して所与の値ではなく、社会のあり方によって高くも低くもできる。ところが、子どもたちが家族に貧困や虐待問題を抱え込ませる社会構造についてはほとんど問われず、個人の性格や家族の機能不全といった問題のみで「連鎖」や「伝播」が語られ構築されている現在に、私たちは生きているのである」

43　「連鎖」をめぐる「言葉遊び」をするつもりはない。ただ「子どもの貧困対策の推進に関する法律」に基づく「大綱」が、「貧困の世代間連鎖」の解消を目標にするにも関わらず、貧困それ自体に何もふれないのは、どういうことか。「貧困の連鎖」を断つ根源的な方法は、貧困の解消である。連鎖を断つ方法として教育の支援が主に位置付けられ、経済的支援が手薄なのはどういうことか。「連鎖」という家族内部に焦点を当てる、「教育の支援」という「個人のがんばり」に期待を寄せる言葉が、不平等と貧困それ自体から目をそらす道具になっていないか。

44　この問題は、松本（2013）でやや詳しく議論している。いわゆる貧困の連鎖論が、貧困の個人責任論者、個人の欠陥や道徳的問題の立場をとるアンダークラス論の論者から頻繁に出されてくることは、偶然ではない。この立場からは、貧困層あるいは集団の内部の循環として「貧困の連鎖」が説明され、「逸脱した貧困層」と「正常な一般層」に問題を分断してしまう。「私たちとは違う人たちの問題」として、貧困の理解を先祖がえりさせる。

45　ベネット（2017）は、近年のイギリスの政策の焦点が、子どもの貧困から社会流動性に変質していくことを批判的に論じている。

46　子どもが自らの人生の主体者となり、社会の構成者となる力量を形成するために、「教育」が必要であることは、どの子も変わらない。わかる喜びを保障し、人類が築いてきた英知を共有し伝えていくことが、教育の大切な役割である。競争の激しい、格差・不平等が大きい社会では、教育が地位達成の、あるいは貧困防御の手段としてのみ理解され、教育それ自体の姿が歪められる。「未知を知る」という人間の本来的喜びではなく、歯を食いしばって頑張る姿が称賛される。貧困と教育という枠組みで考えるとき、私たちは貧困を脱出する個人化された手段としての教育のみならず、貧困を生まない社会を考えるための教育を構想する段階に来ているのではないか。

引用・参考文献

阿部彩（2008）『子どもの貧困——日本の不公平を考える』岩波新書
阿部彩（2014）『子どもの貧困II——解決策を考える』岩波新書
阿部彩（2005）「子供の貧困」国立社会保障・人口問題研究所編『子育て世帯の社会保障』東京大学出版会
Abele-Smith, B. and Townsend, P. (1965). *The Poor And The Poorest*, London, Bell.
青木紀（1997）「貧困の世代的再生産」庄司洋子・杉村宏・藤村正之編著『貧困・不平等と社会福祉』有斐閣
青木紀（2003a）「貧困の世代的再生産の視点」同編著『現代日本の「見えない」貧困——生活保護受給母子世帯の

現実』明石書店
青木紀（2003b）「貧困の世代的再生産の現状」同編著『現代日本の「見えない」貧困――生活保護受給母子世帯の現実』明石書店
青木紀編（2003）『現代日本の「見えない」貧困――生活保護受給母子世帯の現実』明石書店
青木紀（2007）「インターロックされ、リンクしている社会福祉の対象――実証的研究が示唆すること」『社会福祉学』Vol.48-2
青木紀（2012）「子どもと貧困――貧困の連鎖と自立支援」『貧困研究』Vol.8、明石書店
浅井春夫・松本伊智朗・湯澤直美編（2008）『子どもの貧困――子ども時代のしあわせ平等のために』明石書店
ベネット・F（2017）「イギリスにおける近年の子どもの貧困対策から学べること」松本伊智朗編『「子どもの貧困」を問いなおす――家族・ジェンダーの視点から』法律文化社
Bruce, M. (1961). *The Coming of the Welfare State*（秋田成就訳（1984）『福祉国家への歩み――イギリスの辿った途』法政大学出版会）
江口英一（1979）『現代の低所得層（上）』未来社
江口英一（1981）「社会福祉研究の視角」同編著『社会福祉と貧困』法律文化社
江口英一・川上昌子（2009）『日本における貧困世帯の量的把握』法律文化社
Fineman, M. (2004). *The Autonomy Myth-A theory of Dependency*（穐田信子・速水葉子訳（2009）『ケアの絆――自律神話を超えて』岩波書店）
Fraser, N. (1997). *Justice Interruptus=Critical Reflections on the 'Postsocialist' Condition.*（仲正昌樹監訳（2003）『中断された正義――「ポスト社会主義的」条件をめぐる批判的省察』御茶の水書房）
藤原千沙（2017）「新自由主義への抵抗軸としての反貧困とフェミニズム」松本伊智朗編『「子どもの貧困」を問いなおす――家族・ジェンダーの視点から』法律文化社
池田敬正（1986）『日本社会福祉史』法律文化社
岩永理恵（2011）『生活保護は最低生活をどう構想したか――保護基準と実施要領の歴史分析』ミネルヴァ書房
岩永理恵、岩田正美（2018）「貧困研究の系譜」駒村康平編著『貧困』ミネルヴァ書房
岩田正美（2007）『現代の貧困――ワーキングプア／ホームレス／生活保護』ちくま新書
岩田正美（2017）『貧困の戦後史――貧困の「かたち」はどう変わったのか』筑摩書房

岩田美香（2000）『現代社会の育児不安』家政教育社
籠山京（1978）『公的扶助論』光生館
籠山京（1981）「江口貧困理論の確立に寄せて」江口英一編著『社会福祉と貧困』法律文化社
籠山京（1984）『貧困児の教育』籠山京著作集第6巻、ドメス出版
小西祐馬（2003）「貧困と子ども」青木紀編著『現代日本の「見えない」貧困——生活保護受給母子世帯の現実』明石書店
小西祐馬（2005）「子どもの貧困研究の動向と課題」『社会福祉学』46巻3号
久冨善之編（1993）『豊かさの底辺に生きる——学校システムと弱者の再生産』青木書店
Lister, R. (2004). *Poverty*, Polity.（松本伊智朗監訳、立木勝訳（2011）『貧困とは何か——概念・言説・ポリティクス』明石書店）
Malthus, T. R. (1798). *An Essay on the Principle of Population.*（高野岩三郎・大内兵衛訳（1935；改訳版1961）『人口の原理』岩波文庫）
丸山里美（2017）「貧困把握の単位としての世帯・個人とジェンダー」松本伊智朗編『「子どもの貧困」を問いなおす——家族・ジェンダーの視点から』法律文化社
松本伊智朗（1997）「子どもの権利と低所得・貧困——子どもの権利条約第27条『生活水準の権利』にかかわらせて」『社会福祉研究』70号
松本伊智朗（2006）「子どもの貧困と社会的排除——研究のための予備的ノート」『総合社会福祉研究』第29号
松本伊智朗（2007）「子どもの貧困と社会的公正」青木紀・杉村宏編著『現代の貧困と不平等——日本・アメリカの現実と反貧困戦略』明石書店
松本伊智朗（2008）「子どもの貧困研究の視角——貧困の再発見と子ども」浅井春夫・松本伊智朗・湯澤直美編著『子どもの貧困——子ども時代のしあわせ平等のために』明石書店
松本伊智朗（2013）「教育は子どもの貧困対策の切り札か?」『貧困研究』Vol.11、明石書店
松本伊智朗（2014）「子どもの貧困・若者の貧困」岩崎晋也・岩間伸之・原田正樹編『社会福祉研究のフロンティア』有斐閣
松本伊智朗・湯澤直美・平湯真人・山野良一・中嶋哲彦編著、「なくそう！子どもの貧困」全国ネットワーク編（2016）『子どもの貧困ハンドブック』かもがわ出版

松本伊智朗（2017）「なぜいま、家族・ジェンダーの視点から子どもの貧困を問いなおすのか」同編『「子どもの貧困」を問いなおす――家族・ジェンダーの視点から』法律文化社
室住眞麻子（2006）『日本の貧困――家計とジェンダーからの考察』法律文化社
日本社会事業大学救貧制度研究会（1960）『日本の救貧制度』勁草書房
Nussbaum, M. (2000). *Women and Human Development*, Cambridge University Press.（池本幸生・田口さつき・坪井ひろみ訳（2006）『女性と人間開発――潜在能力アプローチ』岩波書店）
大沢真理（1986）『イギリス社会政策史――救貧法と福祉国家』東京大学出版会
大澤真平（2017）「子どもの貧困の経験という視点」『教育福祉研究』第22号
小川政亮（1964）『権利としての社会保障』勁草書房
小川政亮（2007）「社会保障法の史的展開」『小川政亮著作集2』大月書店
小川利夫（1985）『教育福祉の基本問題』勁草書房
ピアショ・D（2008）「雑誌『貧困研究』に寄せて」『貧困研究』Vol.1、明石書店
Ridge, T. (2002). *Childhood Poverty and Social Exclusion.*（渡辺雅男監訳、中村好孝・松田洋介訳（2010）『子どもの貧困と社会的排除』桜井書店）
Rowntree, B. S. (1901). *Poverty-A Study of Town Life.*（長沼弘毅訳（1975）『貧乏研究』千城）
Sen, A. (1992). Inequality Reexamined, Harvard University Press.（池本幸生・野上裕生・佐藤仁訳（1999）『不平等の再検討――潜在能力と自由』岩波書店）
Shipler, D. (2004). *The Working Poor-Invisible in America*, Vintage Books.（森岡孝二・川人博・肥田美佐子訳（2007）『ワーキング・プア――アメリカの下層社会』岩波書店）
Smith, A. (1776). *An Inquiry into the Nature and Causes of the Wealth of Nations.*（大内兵衛・松川七郎訳（1966）『諸国民の富』岩波文庫）
杉村宏（1997）「わが国における低所得・貧困問題」庄司洋子・杉村宏・藤村正之編著『貧困・不平等と社会福祉』有斐閣
杉村宏（2010）『人間らしく生きる――現代の貧困とセーフティネット』放送大学叢書
橘木俊詔・浦川邦夫（2006）『日本の貧困研究』東京大学出版会
高野史郎（1985）『イギリス近代社会事業の形成過程』勁草書房

高島進（1995）『社会福祉の歴史――慈善事業・救貧法から現代まで』ミネルヴァ書房
高山武志（1976）『大都市における低所得層の調査』（非売品）
高山武志（1981）「英国の貧困概念――Deprivationについて」北海道大学教育学部産業教育計画研究施設研究報告書第20号『低所得層の研究Ⅰ』
田中彰（1999）『小国主義――日本の近代を読みなおす』岩波新書
鳥山まどか（2017）「子育て家族の家計」松本伊智朗編『「子どもの貧困」を問いなおす――家族・ジェンダーの視点から』法律文化社
Townsend, P. (1974). 'Poverty as Relative Deprivation–resources and style of living' in Wedderburn, D. (ed) *Poverty, Inequality and Class Structure*, Cambridge University Press.（タウンゼント・P.「相対的収奪としての貧困――生活資源と生活様式」ウェッダーバーン編著、高山武志訳（1977）『イギリスにおける貧困の論理』光生館）
Townsend, P. (1979). *Poverty in the United Kingdom*, University of California Press.
Wallman, S. (1984). *Eight London Households*, London: Tavistock.（福井正子訳（1996）『家庭の三つの資源――時間・情報・アイデンティティ』河出書房新社）
山田篤裕（2018）「貧困基準――概念上の『絶対』と測定上の『絶対・相対』」駒村康平編著『貧困』ミネルヴァ書房
山野良一（2008）『子どもの最貧国・日本――学力・心身・社会におよぶ諸影響』光文社新書
山野良一（2009）「『子どもの貧困』を語ることば」子どもの貧困白書編集委員会編『子どもの貧困白書』明石書店
山野良一（2014）『子どもに貧困を押し付ける国・日本』光文社新書
吉田久一（1979）『現代社会事業史研究』勁草書房
湯澤直美（2017）「子どもの貧困対策の行方と家族主義の克服」松本伊智朗編『「子どもの貧困」を問いなおす――家族・ジェンダーの視点から』法律文化社

第 I 部
子どもが生まれてくる社会

第1章

生活の基盤は安定しているか(1)

──雇用・労働、賃金

…川村雅則

はじめに――課題の設定

子育て世帯の多くは勤労世帯であることを考えると、子どもの貧困の拡大とは、親世代の貧困の拡大を意味する。であれば、子どもの貧困問題の解決には、労働者の貧困問題の解決が必要である、ということになろう。

働く者たちは今いかなる状況にあるのだろうか。本章では、総務省による「就業構造基本調査（以下、就調）」や「労働力調査（以下、労調）」などの政府統計を使いながら、働く者の貧困拡大の現状とその背景について概観する▼1。

あらかじめまとめておくと、1990年代の半ば以降、労使（資）間の分配構造は大きく変化して現在に至る。旧日経連「新時代の日本的経営」がその象徴ないし嚆矢として取り上げられるが、経済界による雇用戦略の転換が宣言された。企業の利益は、株主配当に振り分けられるか内部留保として蓄えられ、労働の側への分配率は低下している。労働分野の積極的な規制緩和政策がこうした動きを助長あるいは牽引し、格差、貧困が拡大している。労働力不足を背景に近年では、失業率の低下、有効求人倍率の改善がみられるものの、拡大しているのは非正規雇用である。大企業や公務職場で働く男性を中心にみられた日本的雇用慣行――いわゆる終身雇用（長期安定雇用）や年功制賃金が縮小・解体されるなかで、女性の労働市場への参入が進んでいる。しかしそれは、労働力の窮迫的な販売という性格を帯びたものであることが示唆される。非正規雇用を温床にして低賃金労働者が拡大しているほか、正規雇用――とくに子育て世代の男性・正規雇用の賃金水準も低下している。

以上のことを、政府統計を使いながら確認する。なお、政府統計を扱うときには、子育て世帯の多い20

歳代後半から30、40歳代に焦点をあてる。

1　新自由主義改革と、労使(資)間の分配構造の変化

円高そして熾烈化する国際競争にそなえ、日本の製造業は、生産拠点の海外への移転を1990年代に急速に進めた。その結果国内からは製造業での就業の機会が急減し（図1）、地域の空洞化がもたらされた。景気対策による公共投資の集中的な投下でもかつてほどの雇用創出効果は得られず、しかも、その後の聖域無き構造改革で公共投資は削減され、建設産業における就業の機会も縮小していった。

景気の回復はかつて雇用の拡大・賃金の上昇を意味していた。その景気と雇用の連動性が薄れてきている。グローバル競争を勝ち抜くことを目的に雇用・労務のあり方において経済界は大きく舵を切り、新時代の日本的経営を提唱するに至った。正規雇用を絞り込み、間接雇用を含む非正規・有期雇用の活用がそこでは主張された。その後、大企業職場や公務職場で働く男性を中心にみられた終身雇用、年功制賃金は大きく崩れて現在に至る。

労使間の分配構造の変化を、資本金10億円以上規模の企業（約5千社、金融・保険業を除く）の経営諸表でみてみると（図2）、売上高が横ばいないし減少であっても、従業員を絞り込み、かつ、非正規雇用を活用することによって利益が確保されている。一方で、株主資本主義などの言葉に示されるとおり、短期的な利益回収を要請する株主の発言力が増しており、株主への配当も大きく増加している。賃金削減・消

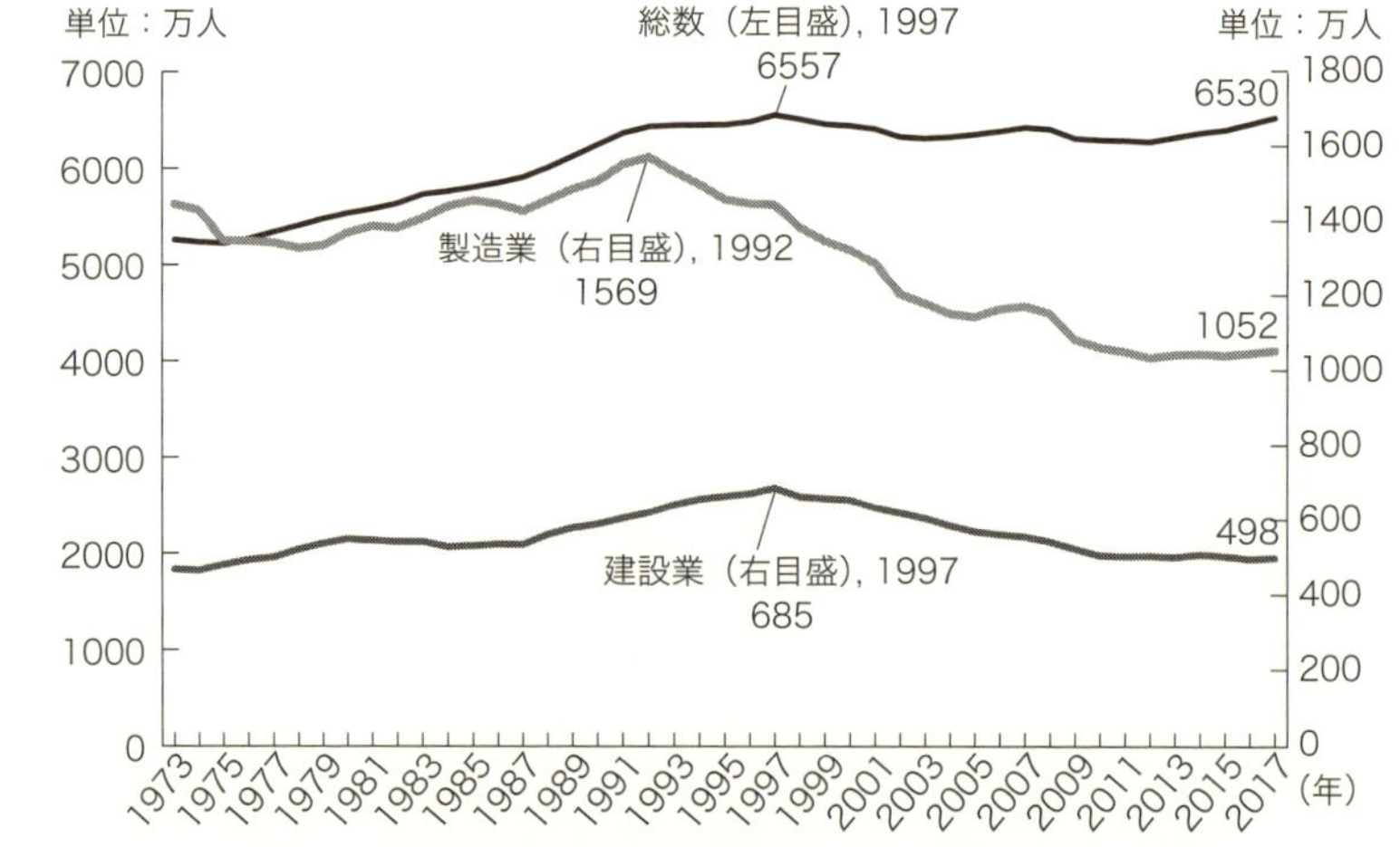

図1　全産業、製造業及び建設業における就業者数の推移

注：産業分類の改定にともない、製造業のデータが不連続である（改定前は、2002年の数値は1222万人であったのが改定後は1202万人に減少している）ことに留意。
出所：総務省「労働力調査（長期時系列データ）」より作成。

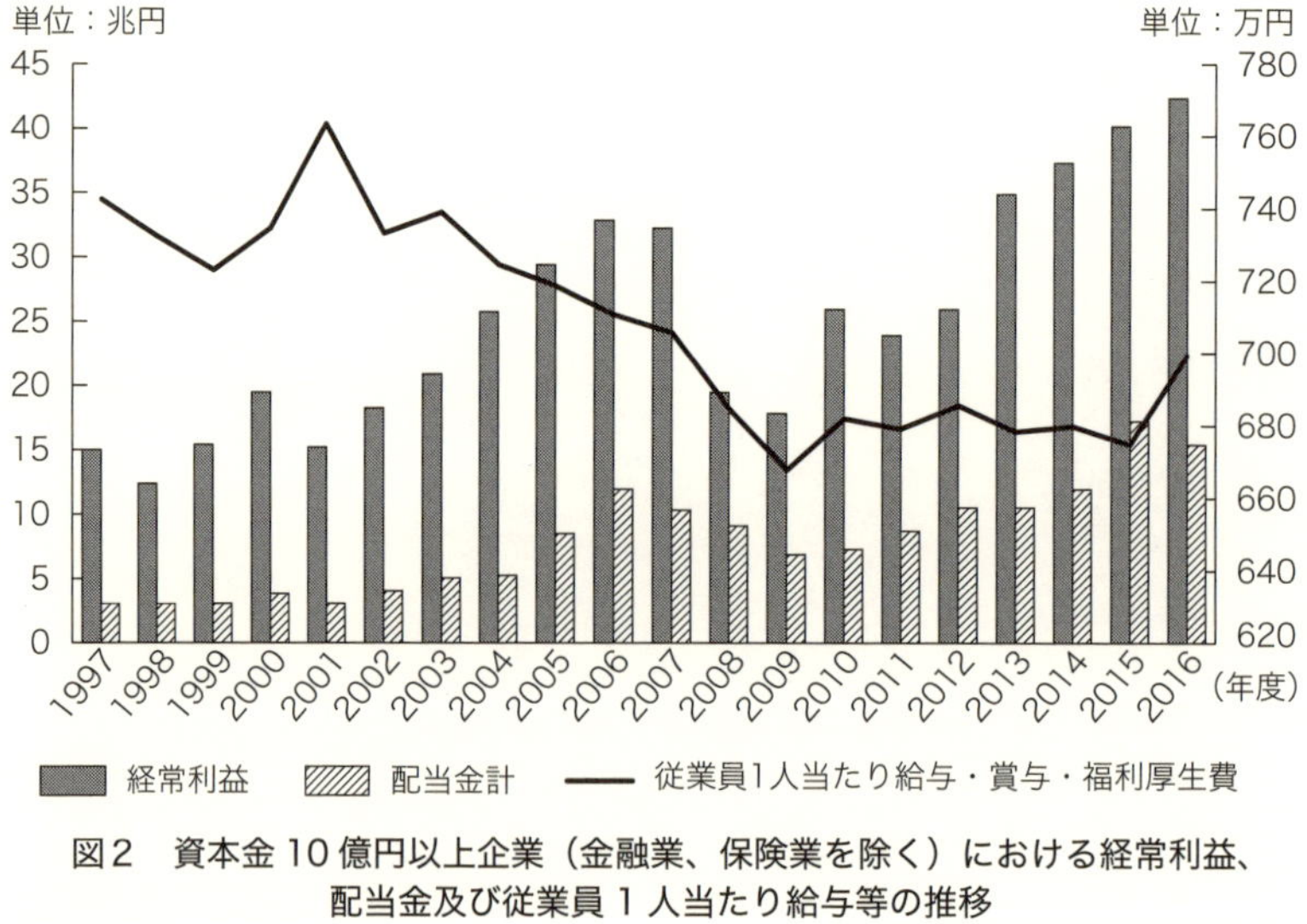

図2　資本金10億円以上企業（金融業、保険業を除く）における経常利益、配当金及び従業員1人当たり給与等の推移

出所：財務省「法人企業統計」より作成。

費購買力の低下で個人消費が伸び悩むなかで利益は新たな設備投資には向かわず、巨額の内部留保として積み上げられている（「企業の内部留保、6年連続で最大446兆円、設備投資は低調」2018年9月4日朝日新聞朝刊）。総じて、働く者への利益の分配が低下している。

2 雇用はどう変わったか――90年代後半以降の労働市場の変化

（1）低い失業率と高い貧困率――窮迫的な労働力の販売

国際的にみると、日本の失業率は低い水準で推移してきた（図3）。高いときで5％台の失業率、300万人台の失業者数に達したものの、10％を超える高い失業率に悩まされていた欧米諸国とは対照的である。とくに近年では、失業率の低下と有効求人倍率の上昇が経済政策の成果と喧伝されている。

有効求人倍率の上昇は、政権「再交代」以前からみられること、また、とくに近年では労働力不足を背景としていることをさておいても、労働市場に関する指標のこうした動きは、良質の雇用機会の確保を意味するものでは必ずしもない。

第一に、建設業や介護事業など、仕事がきつく労働条件が低いために人手不足が深刻な産業の有効求人倍率が全体を押し上げている。第二に、労働市場への参入はなお容易ではない。「労調（詳細集計、2017年平均値）」によれば、非労働力人口中の就業希望者は、なお369万人（うち女性は262万人）に及ぶ。働くことを希望しながらも非求職の理由で多いのは、「適当な仕事がありそうにない」103万人、「出産・育児のため」89万人などである。第三に、何よりも、この間の雇用増が主として非正規雇用の増

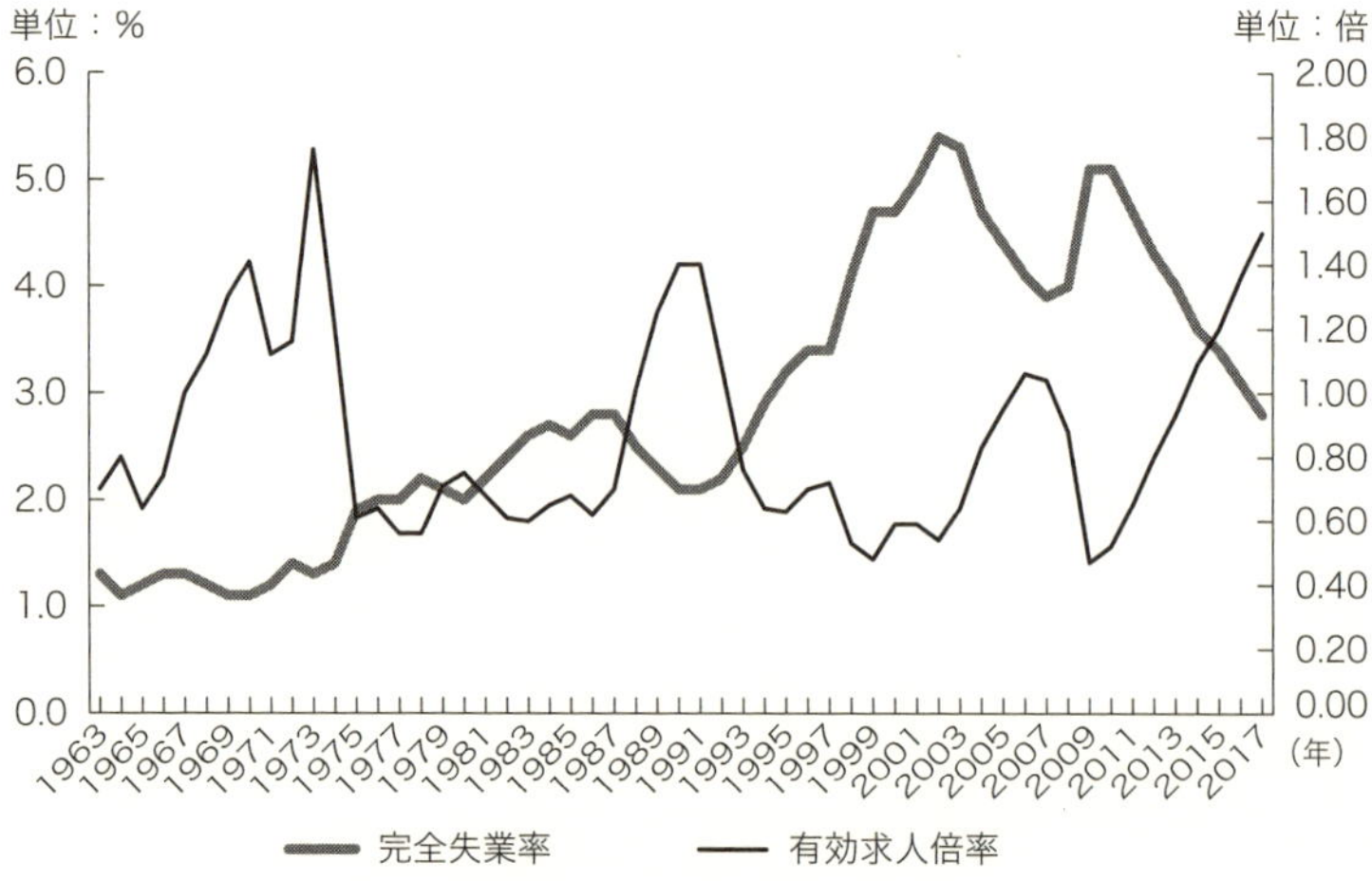

図３　失業率及び有効求人倍率の推移

資料：総務省「労働力調査」、厚生労働省「職業業務安定統計」。
出所：JILPT「統計情報」より。
(https://www.jil.go.jp/kokunai/statistics/timeseries/html/g0301.html)

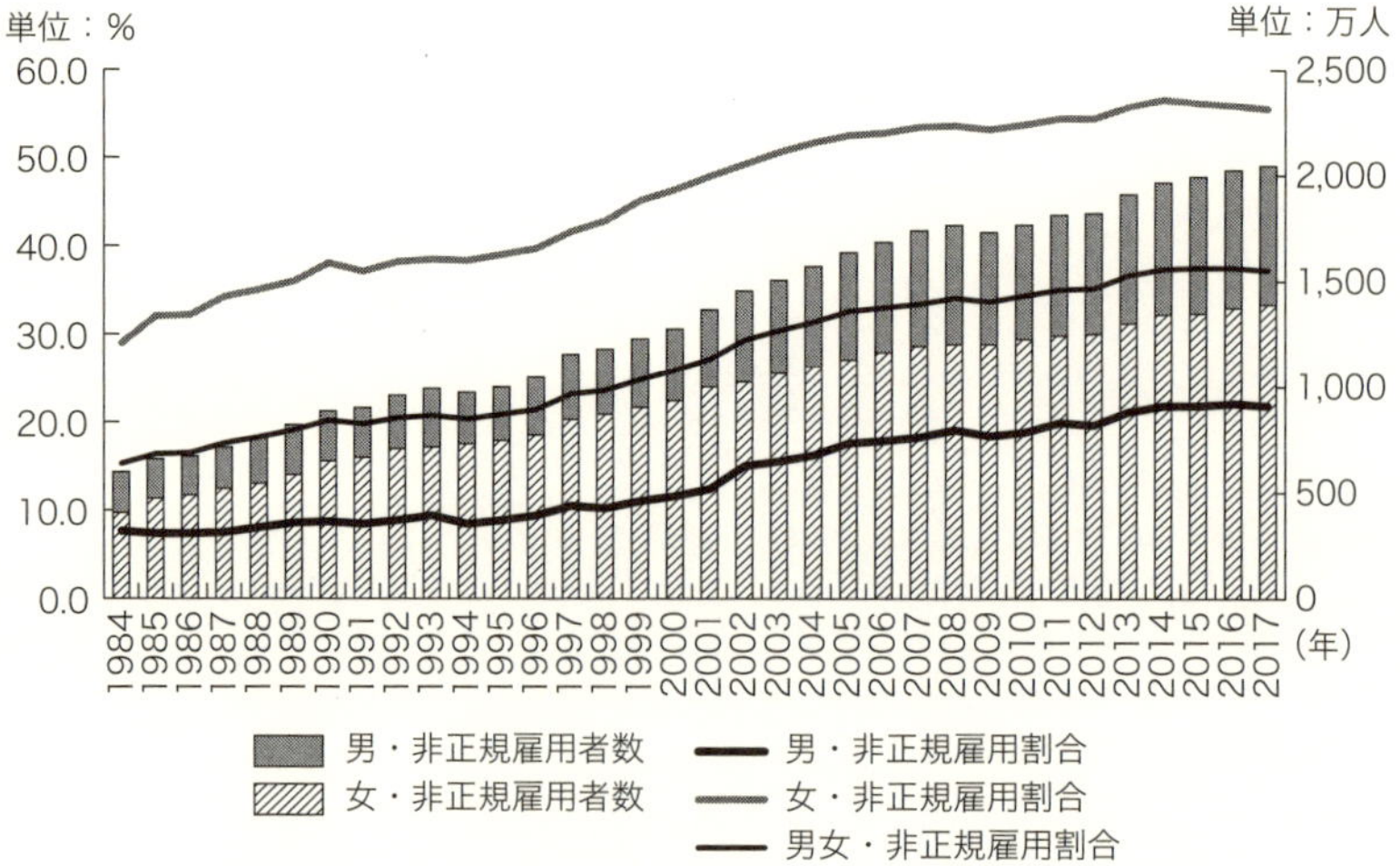

図４　男女別にみた非正規雇用者数及び非正規雇用割合の推移

出所：総務省「労働力調査（長期時系列データ）」より作成。2001年以前は「労働力調査特別調査（2月値）」。2002年以降は「労働力調査詳細集計（年平均値）」より。

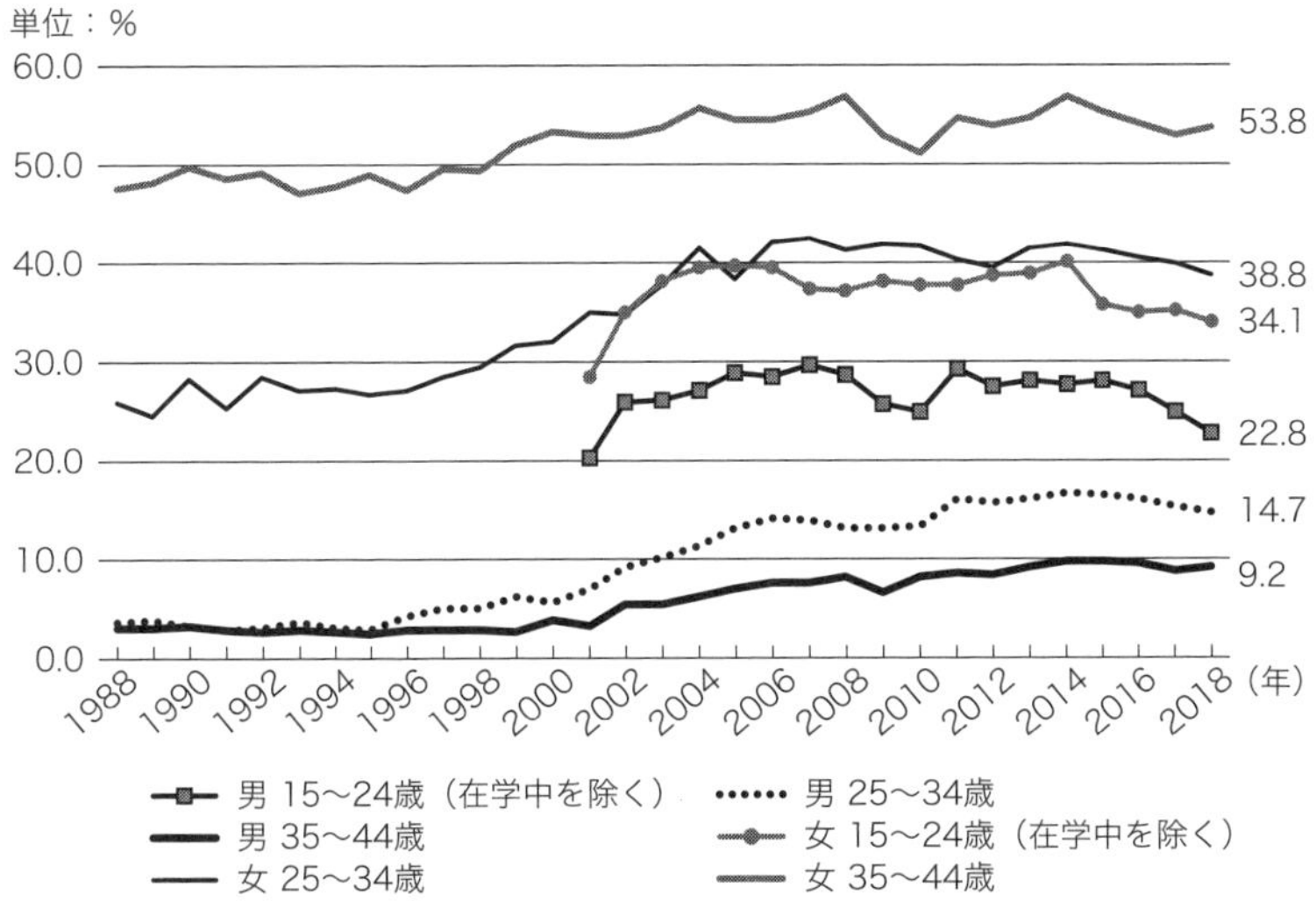

図5　男女×年齢階級別にみた非正規雇用割合の推移

出所：2001年までは総務省「労働力調査特別調査（2月値）」、2002年以降は総務省「労働力調査詳細集計（1～3月平均値）」より作成。

加によるものであった点――雇用「量」は増加したものの「質」は低かった点――をみる必要がある。女性を中心に今や２０００万人に達した非正規雇用者の割合は、女性では50％を超え、男性では20％に近づきつつある（図4）。パートタイム型ではなく、フルタイム型の非正規雇用が拡大していることも近年の傾向である。同じ仕事をしていても、正規から非正規に置き換えるだけで賃金・処遇に格差を設けることが可能な、均等待遇に関する規制の欠如が、雇用のこうした非正規化を後押ししている。非正規雇用のこうした増加はどの年齢層でも確認される（図5）。なお、近年における非正規雇用割合の横ばい、低下をどうみるかは後述する。

　失業率の低さを考える上で、失業時のセーフティネットである雇用保険制度の著しい機能低下をみておく必要がある。設計上の問題で制度から漏れる者が増加し、雇用保険（基本手当）の給付を受けているのは失業者の3割に満たない。日本は、OECD諸国のなかでも労働市場政策への投資規模が小さく、また、失業給付など消極的な労働市場政策のウェイトが高く、教育訓練を中心とする積極的な労働市場政策への投資が不十分な国である▼2。ゆえに安心して失業できず、労働力の窮迫的な販売を余儀なくされる。

（2）拡大する非正規雇用と、政策（規制緩和政策）によるその推進

非正規雇用の雇用面での特徴は、雇用期間に定めのある有期雇用という点である。「労調（詳細集計、2018年平均値）」によれば、役員を除く雇用者のうち、無期雇用3716万人に対して、有期雇用は1502万人である（残りは、雇用契約期間の定めがあるかわからない302万人）。日本では、恒常的な仕事に有期雇用を活用すること（有期雇用の濫用）が長く容認されてきた。

有期雇用それも短期の有期雇用は、使用者にとって、雇用期間に定めのない無期で人を雇うことにともなうリスクを回避して、必要なときに必要な量の雇用を欲する雇用のジャスト・イン・タイム化に適していた。加えて同じ有期雇用でも、直接雇用ではなく、派遣労働者や請負会社の社員など間接雇用の場合、基本的な雇用主責任が回避できるというメリットがユーザー企業にはある。

非正規雇用の拡大は、労働分野における規制緩和政策によって後押しされてきた。その象徴が1985年に制定された労働者派遣法である。中間搾取、封建的な労使関係をもたらすとして職業安定法で禁止されてきた労働者供給事業から、一定の要件を満たすものを取り出し、専門性の高いとみなされた職種に限定して開始された労働者派遣事業は、派遣期間や対象業務を拡大し、1999年には対象業務を原則自由化し、2004年には製造業にも派遣を解禁した。

その後、2008年のリーマン・ショックにより全国で相次いだ派遣切りに対する社会的な批判も背景に、紆余曲折ながらも、日雇い派遣の原則禁止や、ユーザー企業から派遣会社が受け取る派遣料金と派遣労働者に支払う賃金との差額から算出するマージン率の公開など一定の規制強化が2012年の労働者派遣法の改定で実現したものの、その後、2015年のあらためての法改定では、ユーザー企業側のニーズが強く反映され、直接雇用化を回避する道が残された。そもそも派遣雇用の長期利用とは、仕事が恒常的に存在するにもかかわらずユーザー企業による雇用主責任の回避を意味する。

また派遣先と派遣元双方にとってのリスク回避の結果である派遣の短期契約という特徴に変化はなく、派遣元との雇用契約期間が3か月以下の労働者は32・7%を――「登録型」の派遣に限定すると42・4%を――占める。こうした不安定な雇用ながらも、派遣労働者には、自らの収入で生計を維持する者が多く、男性の91・1%、女性に限っても52・7%は「自分自身の収入」を主な収入源と回答している（以上は、厚生労働省「2017年派遣労働者実態調査」より）。

（3）雇用の多様化と、非正規雇用者の中高年齢化

先の図4、5をみると、ここ数年では、非正規雇用者の増大に歯止めがかかったようにも見える。新卒労働市場を中心とする雇用の量的改善や、医療・福祉分野（とりわけ女性）を中心とする正規雇用増をうけて、2015年からは男女ともに、正規雇用者数が増加に転じている。

そのことをふまえて第一に、このことに関わって把握されるべきは、雇用の一層の「多様化」という事態とその具体的内容である。すなわち、労働力不足もあって、今日、働き方や勤務地を限定した正社員制度の導入が進んでいる。短時間正社員制度を導入する企業は2割に及ぶという（厚生労働省「2017年

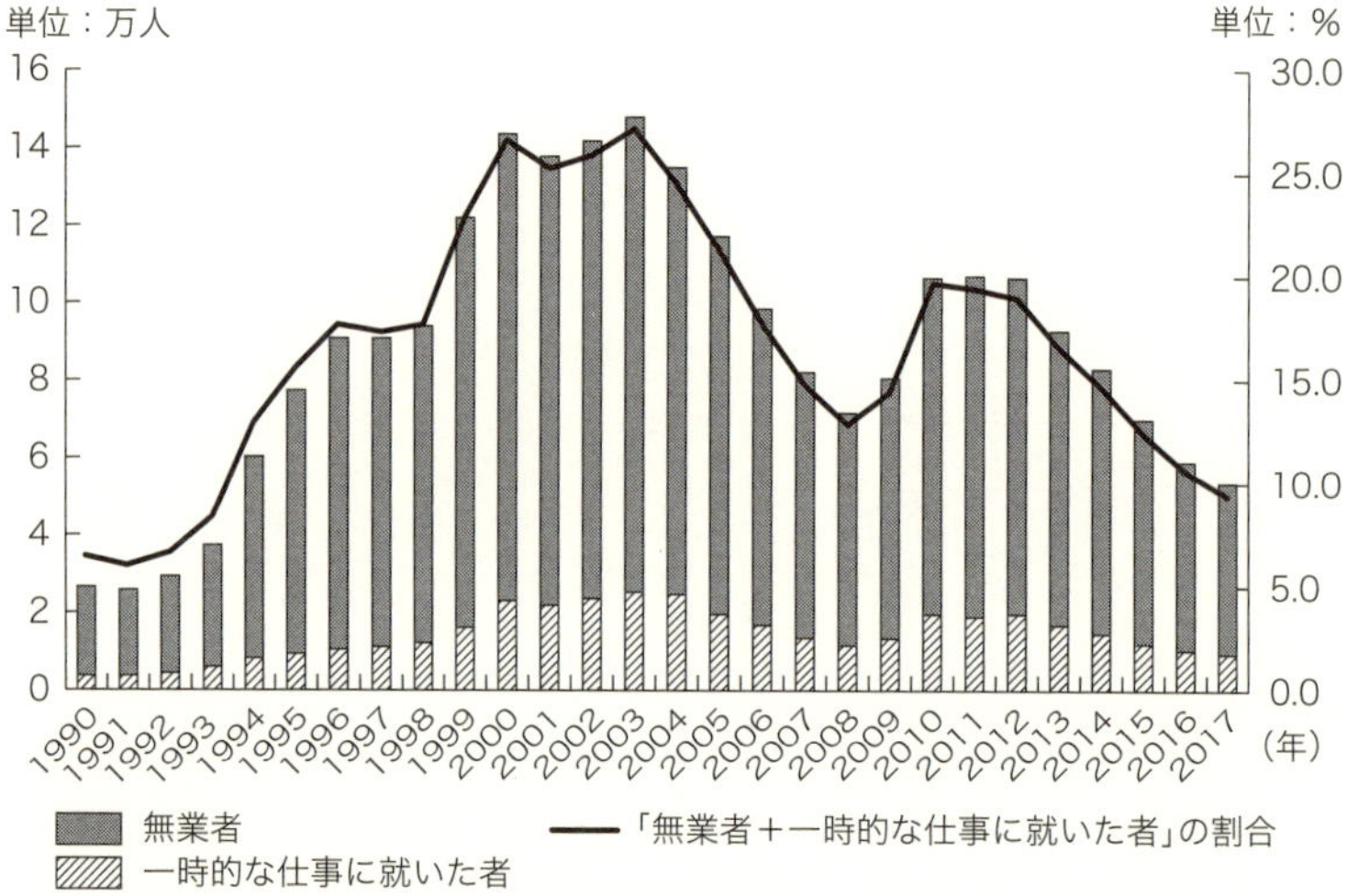

図6　大卒者における無業者と一時的な仕事に就いた者の推移

出所：文部科学省「学校基本調査」より作成。

度雇用均等基本調査」)。働き方や勤務地が限定的な分だけ、従来型の正規雇用に比べて処遇は劣る。関連して、とくに女性の多くは、配置・昇進、教育訓練や処遇で異なるコースが設定されたコース別雇用管理システムにおいて、より劣位な一般職にすでに位置づけられてきたことを指摘しておく。なお、2012年の労働契約法の改定による有期雇用の濫用規制・無期雇用転換制度の導入も――それ自体はもちろん評価できることであるが――雇用形態の「多様化」に拍車をかけると思われる▼3。

　第二に、仮に雇用の非正規化に歯止めがかかったとしても、すでに非正規雇用で働く者の中高年齢化という問題である。すなわち、送り出し側である学校と、受け取り側である企業との間で円滑に行われてきた新卒一括採用という仕組みが、不況による企業の新規採用抑制に直面し、進学するわけでも就職するわけでもない無業の者（文部科学省「学校基本調査」で「左記以外の者」に分類される者）や「一時的な仕事に就いた者」が1990

年代の後半から2000年代の初頭にかけて大量に――ピーク時には年間15万人に達しようとする人数で発生した（図6）。しかも、当時は、フリーター、ニートなど、就職ができないことを若者自身の責任に帰する言説も蔓延し、事態への対処が遅れた。新卒一括採用のレールから外れた者の就職・転職は容易ではない。就職氷河期を経験した彼らのうち早いものでは、40歳代の後半に至る。

第三に、就職後のことに関わって、一つは、就職状況の改善が指摘されているが、新規学卒者の早期離職状況には大きな改善はない（厚生労働省「新規学卒就職者の在職期間別離職率の推移」より）。もう一つは、学費の高騰と親世代の賃金・労働条件の悪化にともない奨学金に依存せざるを得ない若者が増えている。日本学生支援機構による奨学金に限定しても、高等教育機関に属する学生のおよそ2・7人に1人が奨学金を利用しており、その利用総額は平均で第一種241万円、第二種343万円に及ぶ（日本学生支援機構「奨学金事業への理解を深めていただくために」2018年11月より）。若者・子育て世帯の生活状況をみるにあたり、こうした「借金」の存在を念頭におく必要がある。

3　賃金はどうなったか――崩れる日本型生活保障と、低賃金雇用の拡大・顕在化する貧困

非正規雇用を温床とする低賃金雇用の拡大、長期に及ぶ賃金の削減について、いくつかの政府統計でまず確認すると、第一に、「就調（2017年）」によれば（表1）、男性雇用者の16・2％、女性雇用者の半数が200万円未満である。

表１　男女×雇用形態別にみた低所得者数及び割合

単位：万人、％

	総数	男性雇用者		総数	女性雇用者	
		正規雇用者	非正規雇用者		正規雇用者	非正規雇用者
総数	3,254	2,330	668	2,667	1,121	1,465
200万円未満	527	102	387	1,428	179	1,216
200~249万円	290	173	102	345	202	135
250~299万円	262	197	55	212	159	49
200万円未満割合	16.2	4.4	58.0	53.5	16.0	83.0
250万円未満割合	25.1	11.8	73.2	66.5	34.0	92.2
300万円未満割合	33.2	20.3	81.5	74.4	48.2	95.6

出所：総務省「就業構造基本調査（2017年）」より作成。

第二に、民間部門で1年を通じて勤務した給与所得者を対象にした調査（国税庁「民間給与実態統計調査」）によれば、年収２００万円以下の者は２００６年から１０００万人を超えて、16年では１１３２万人に達した（女性８３４万人、男性２９８万人）。また同調査による平均給与額は、女性のそれが２６０万円台から２８０万円の間を推移しているのに対して男性では、ピーク時（１９９７年）の５７７万円から、09年には５００万円にまで下がり、その後回復したものの、16年でなお50万円ほどの差がある（５２１万円）。

第三に、厚生労働省「毎月勤労統計調査」で男女計・産業計の賃金（「現金給与総額」）の動きをみると、ピークである97年の37万１６７０円から減少を続け、２０１５年の31万５８５９円（15・０ポイント減）まで下がった（16年からは回復に転じている）。

こうしたなかで、高度経済成長と日本型生活保障によって不可視化されてきた貧困問題が顕在化してきた。その一つが女性の貧困である。すなわち、非正規雇用・低賃金を余儀なくされてきた女性の貧困を、大企業や公務職場に象徴的であった男性稼ぎ主モデル——夫が家族を養うだけの賃金を稼ぎ、妻は専業主婦あるいは家計補助的な労働に従事する生活保障モデルは、不可視化してきた。逆に言えば、夫という稼ぎ手がいない一人親世帯では、女性の貧困が明白だった。今日にお

表2　男女×雇用形態別にみた、雇用者中の未婚者数及び未婚率

単位：万人、％

		総数	うち未婚者	未婚率
男	雇用者	2,998	1,013	33.8
	正規雇用者	2,330	714	30.6
	非正規雇用者	668	299	44.7
女	雇用者	2,586	798	30.8
	正規雇用者	1,121	475	42.4
	非正規雇用者	1,465	322	22.0

注：対象は会社などの役員を除く雇用者。
出所：総務省「就業構造基本調査（2017年）」より作成。

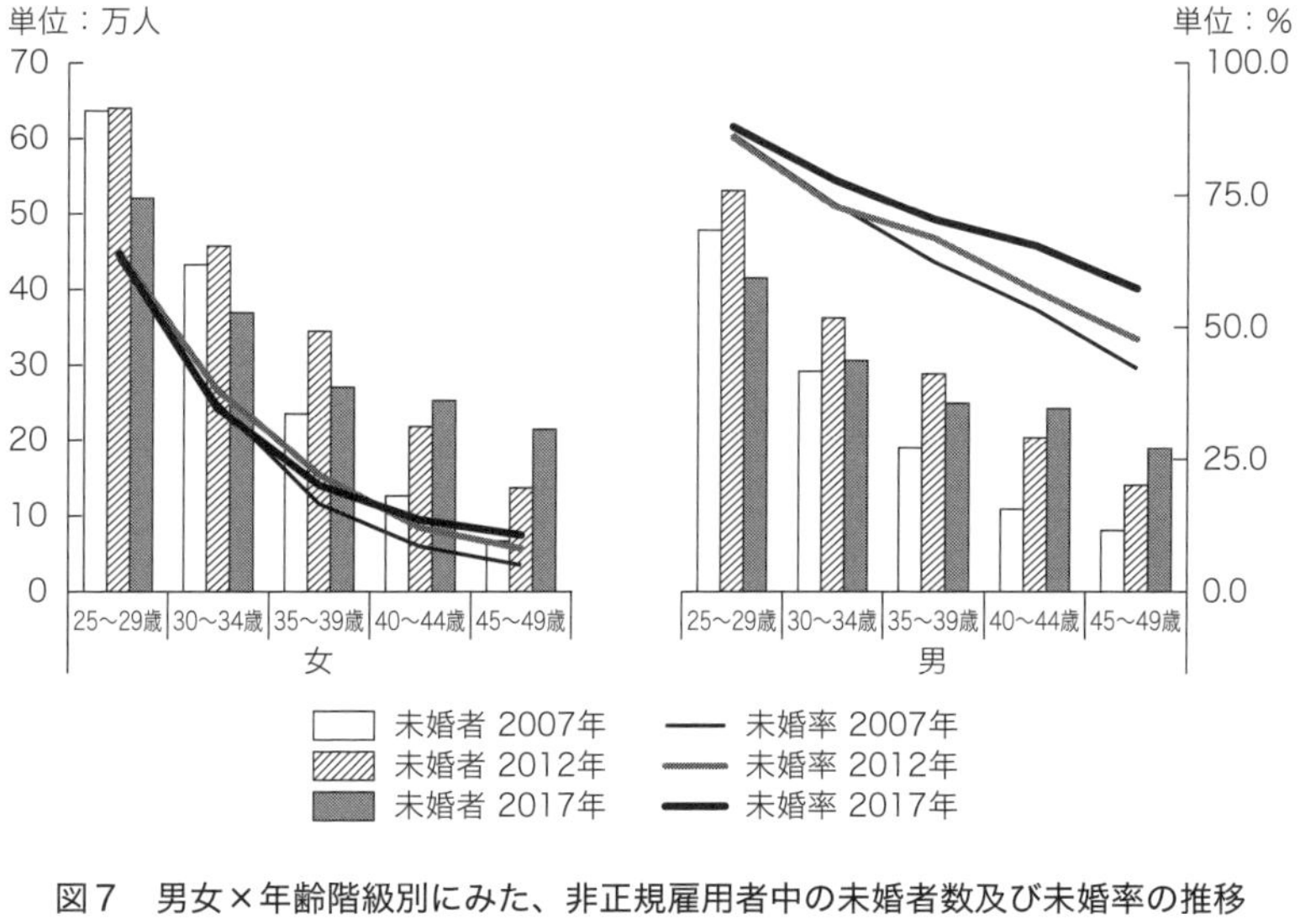

図7　男女×年齢階級別にみた、非正規雇用者中の未婚者数及び未婚率の推移
（2007～2017年）

注：対象は非正規雇用者。
出所：総務省「就業構造基本調査（2007～2017年）」より作成。

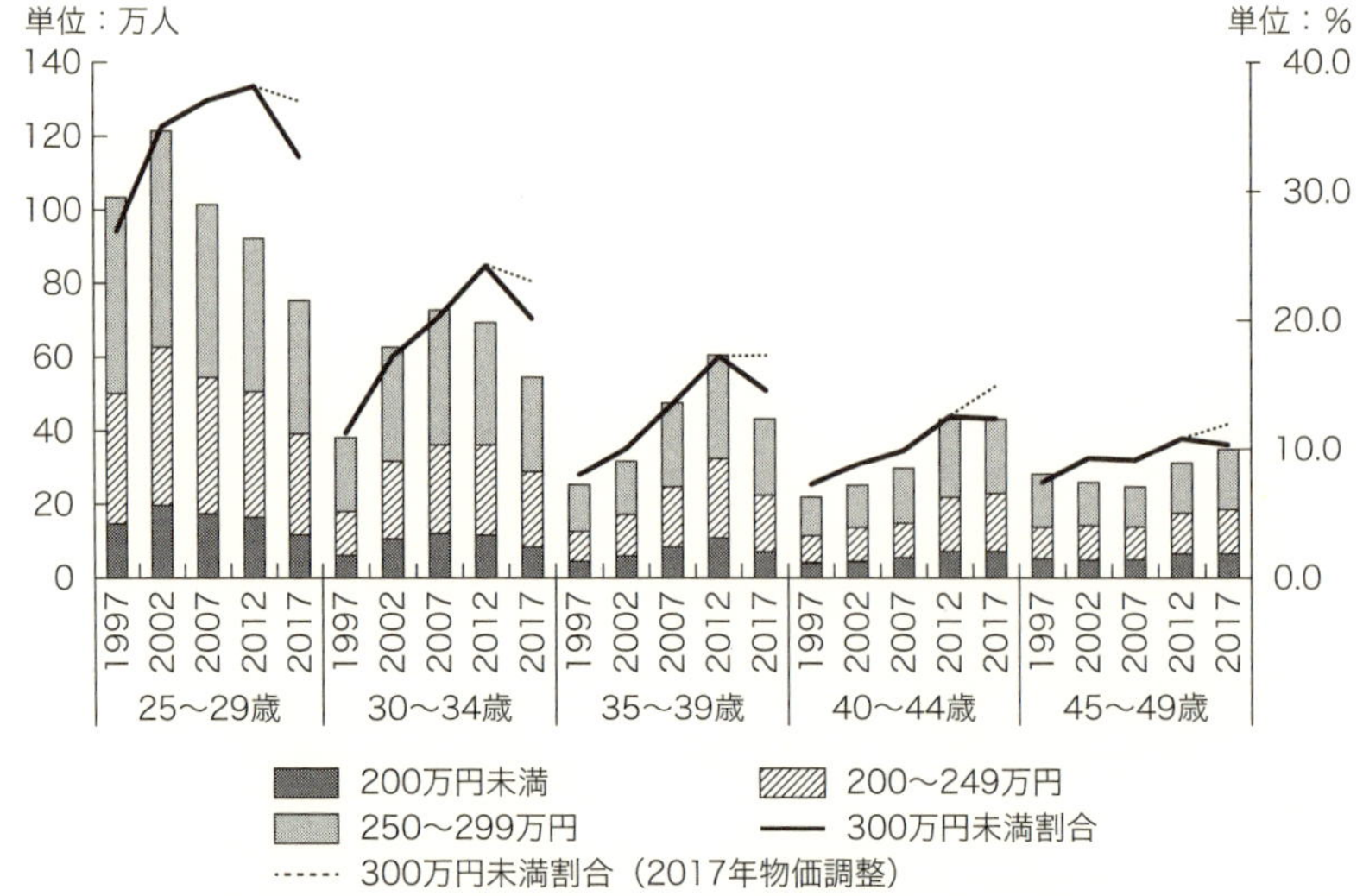

図8　20歳代後半から40歳代までの男性・正規雇用者における低所得者数及び割合の推移（1997〜2017年）

注1：対象は男性・正規雇用者。
注2：2017物価調整の値は2012年の消費者物価水準によって2017年の集計値を調整したもの。この点は、後藤・福祉国家構想研究会ら編（2018）に学んだ。
出所：総務省「就業構造基本調査（1997〜2017年）」より作成。

いてもその傾向は顕著で、彼女らの半数は貧困状態におかれている。厚生労働省「2016年度全国ひとり親世帯等調査」結果によれば、母親の8割超が仕事に就いているものの、子育てによる時間的な制約もあって、正規雇用者として働くことができているのは、（前回調査よりも増加しているが）就業者全体の44・2％にとどまる。

限られた女性の、こうした貧困問題が、扶養者役を期待されてきた男性（夫）の雇用・労働条件の悪化や、晩婚化・非婚化など配偶者をもたない者の増加によって、広く顕在化してきた。「就調（2017年）」によれば（表2）、女性・非正規雇用者のうち未婚者は300万人、未婚率は20％を超えており、年齢別にみると（図7）、40歳代でも47万人、10％超にまで増加した。

男性の非正規雇用者割合は、女性に比べると低いものの、彼らの未婚率はどの年齢層でも高く、かつ、増加している。なお、女性の場合には、正規雇用であっても賃金水準が低いことは先の表1のとおりである。ところで、扶養者役を期待されていた男性・正規雇用者においても、低所得者が増大している。「就調」で20歳代後半から40歳代までの男性・正規雇用者中の低所得者数とその割合を図8に整理したが、2012年までその割合は増加してきた▼4。

関連して、長時間労働と低賃金の併存、つまり、長時間働いても貧困から抜け出せない者が拡大している。年間200日以上働く者で、かつ、いわゆる過労死の労災認定基準（過労死ライン）に該当する週60時間以上働く者（役員を除く雇用者のうち週60時間以上就業者）の所得分布を「就調」で確認したところ、1997年には344万人中74万人（21・3％）だった300万円未満が、ピーク時の2012年には478万人中141万人（29・5％）まで増大している。2017年には減少したが、それでも415万人中100万人（24・1％）である（物価調整は行っていない）。

4　働き続けられる環境は整備されたのか――長時間・過密労働と男女平等の現実

女性の労働市場参入が進んでいる。結婚・出産を機に労働市場から退出することで描かれるM字型のカーブはなお解消されていないものの、「労調（基本集計）」によれば、年齢階級別にみた労働力率は、20歳代後半から30歳代では、20年前に比べて、およそ10～20ポイント上昇し、ピークである20歳代の後半では労働力率は２０１７年に82・１％にまで上昇した。

育児休業を活用し働き続ける女性も増えている。国立社会保障・人口問題研究所「２０１５年第15回出生動向基本調査」によれば、「不詳」と「妊娠前から無職」を除き出産前に就業していた労働者（「出産退職」、「就業継続」）の合計を１００とすると、就業継続が53・１％、出産退職が46・９％で、４割台が続いていた就業継続が初めて５割を超えた。とりわけ正規の職員では前回調査結果の56・５％から10ポイント以上上昇し、69・１％にまで上昇した▼5。

もっとも第一に、正規雇用者を中心に長時間の労働がみられる。この問題は、男性で深刻であるが、女性にも広がっている。いわゆる過労死ラインに該当する週60時間以上労働者（休業者を除く従業者のうち雇用者）の規模と、週35時間以上に占めるその割合を「労調（基本集計）」で２０００年にまでさかのぼったところ、ピーク時である２００３、04年時には６４１万人だった週60時間以上労働者は、17年には、２００万人ほど減ったもののなお４３５万人を数える（男性３７０万人、女性65万人）。割合も、ピーク時からは減ったものの（男性では20・５％から13・８％へ、女性では６・７％から４・８％へ）、年齢別にみると、男性の30歳代後半と40歳代前半では、６人の１人の割合である（16・８％、16・６％）▼6。仕事を原因とする脳・心臓疾患事案では、中高年者の労災申請が相対的に多いが、精神疾患の事案では、労災申請の半数を39歳以下が占めている（厚生労働省「過労死等の労災補償状況」より）。

第二に、女性にも広がるこうした長時間労働、過労死等を考える上で、男女平等をめぐる議論にふれておく。

すなわち、男女雇用機会均等法の制定を機に女性に対する直接的な差別は減っていったものの、男女の平等な扱いを求める声は、右記のとおり、男性と同じような働かされ方へと回収されていった。１９９７

年の労働基準法改定による母性保護の撤廃である。これにより保護抜き平等が実現し、男性と同じく処遇されることを希望するものは男性と同じような働き方、すなわち、労働基準法第36条による労使協定（36協定）の締結で無制限の時間外労働を余儀なくされ、そうした働き方を選択できない者は、扶養を前提とした低賃金・非正規雇用の選択を余儀なくされた。企業はいまや、女性に対する直接的な不利益処遇を選択せずとも、非正規雇用というかたちでの安価な雇用が可能となったのは先にみたとおりである（先にみた労働力率がピークの20歳代後半でも、正規雇用割合は65・0％にとどまる）。

賃金について補足すると、厚生労働省「賃金構造基本統計調査（2017年）」によれば、一般労働者中の正規雇用者同士で比較しても、女性の賃金は男性の7割である。男女雇用機会均等法が制定されて30年を経過した、これが日本の現状である。

まとめに代えて――労働者の貧困問題解消のために

雇用情勢の改善が喧伝される一方で、非正規雇用や長時間労働が拡大している。

求められる政策の第一は、最低賃金制度の改善である。労働者の最低生計費ではなく、代わりに、事業者の支払い能力に重点がおかれる日本の最賃制度では、その水準は長く抑制され続けてきた。生活保護との間にみられた逆転現象は、2007年の最低賃金法改定とその後の最賃の引き上げによって、解消されたと公式には言われている。しかし、比較・算出方法の問題――最賃で得られる収入を過大に見せ、逆に、生活保護で得られる収入を過少に見せる問題もさることながら、端的にいって、水準が低い。仮に時給1000円になっても、祝日を含まぬ完全週休2日制のフルタイム労働で年収200万円に届く水準に過ぎない。大幅な引き上げが必要である。

第二に、賃金に関してはあわせて雇用の非正規化を抑止するためにも均等待遇の確立が必要である。また、教育や住まいなど、生きていく上で不可欠でありながら多額の費用を必要とする「財」を賃金でまかなわなければならない状況（賃金依存度の高さ）を改善するなど、生活保障のあり方を見直し、かつ、セーフティネットを張り直すことが課題である。

第三に、雇用の安定である。この点は、2012年の労働契約法改定によって導入された無期雇用への転換制度を拡充し、無期雇用かつ直接雇用を雇用の原則とすることである▼7。直接雇用化を回避して派遣を使い続けることが可能な現行の労働者派遣法の改定も不可欠である。

第四に、長時間労働をなくすことである。2018年通常国会で制定された働き方改革関連法による労働基準法改定で導入されることとなった時間外労働の上限規制は、単月で100時間未満、休日労働を含むと年間で960時間もの時間外・休日労働を可能とするものであり、過重労働の規制にも、ましてや、仕事と生活との調和を実現するものにはならない。かつて母性保護を理由に女性にだけ与えられていた高い水準の時間外労働の規制は、両性にとって不可欠である。

加えて、本来であれば、時間外労働の抑制機能として働くべきはずの割増賃金率の改善も必要である。現行は2割5分増しで、月に60時間を超える部分から5割増しという水準にとどまる。しかも、中小企業には猶予が設けられている（ただしこの猶予措置は、今般の労働基準法の改定で廃止され、2023年4月1日より適用）。

最後に、子どもは親や社会に支えられ育つ。ところが、その親（労働者）自身が生活の基盤を掘り崩されている。子どもの貧困問題の解決を図るには、そうした社会構造に切り込むことが不可欠である。また、その担い手には働く人自身が据えられるべきであり、労働者の主体性の回復、集団的な労使関係の再構築が重要な課題となっている。

付記

調査方法や調査対象の変更、データの不適切な取り扱いなど、国の重要な統計（基幹統計）である毎月勤労統計調査での不正が２０１８年末に明らかにされた。本稿の最終の校正段階である２０１９年２月の時点でも、統計不正の全容はなお明らかになっていない。本稿の論旨には大きな変更はないと思われるが、いずれにせよ、各種の政策・取り組みの根拠となる政府統計への信頼を損ねる由々しき事態であることを一言述べておく。

注

1　第一に「就調」は、調査の規模が大きく、かつ、調査項目は多岐にわたるが、実施が5年に1度の低頻度であるのに対して、「労調」は、調査規模などは「就調」に比べて劣るが、毎月実施されており、リアルタイムな現状把握にすぐれている。第二に、紙幅の都合で参考文献には明記していないが、政府統計の整理や分析については、後藤道夫（都留文科大学名誉教授）や伍賀一道（金沢大学名誉教授）による諸論考を参照されたい。第三に、本文中でも言及しているが、雇用の非正規化の頭打ち・減少など、ここ数年の統計値をどう評価するかについては、実証研究の成果などもふまえて判断する必要がある。機会をあらためたい。

2　例えばＪＩＬＰＴの「データブック国際労働比較」を参照。

3　法的に義務づけられているわけではないが、一部では、無期雇用転換にともない処遇改善も実現している。彼らは自らを正規、非正規のどちらで回答するだろうか。加えて、名ばかりの正規雇用者の存在も念頭に置く必要がある。例えば、自分は「有期雇用」だと回答している「正規雇用」者は「労調」で１００万人を超えている。

4　２０１２年から17年にかけての値をみる際には、留意すべきことが幾つかある。その一つが物価の上昇で、

2012年を100とした際、17年は104・4となる（総務省「消費者物価指数時系列データ」より）。図中ではそのことを反映させてみた。ほかに、2014年4月1日からの消費税率の引き上げや、社会保険料率の引き上げにともなう可処分所得の減少も考慮する必要がある。

5 なお、パート・派遣においてもその値は改善されているとはいうものの、わずか25・2%にとどまり、雇用形態間の格差が目立つことは指摘しておく。

6 この点に関わって、大企業を中心に過労死ラインを超える36協定が締結されている実態がこの間明らかにされている。例えば「残業上限、過半が月80時間以上　労使協定225社調査　過労死ライン」2017年12月4日朝日新聞朝刊を参照。

7 川村（2018）を参照。

引用・参考文献

遠藤公嗣ら（2009）『労働、社会保障政策の転換を――反貧困への提言』岩波書店
伍賀一道（2014）『「非正規大国」日本の雇用と労働』新日本出版社
伍賀一道ら編著（2016）『劣化する雇用――ビジネス化する労働市場政策』旬報社
後藤道夫・福祉国家構想研究会ら編（2018）『最低賃金1500円がつくる仕事と暮らし――「雇用崩壊」を乗り越える』大月書店
川村雅則（2018）「無期雇用転換運動と公共部門における規範性の回復運動で、貧困をなくし雇用安定社会の実現を」『月刊全労連』第257号（2018年7月号）所収
熊沢誠（2007）『格差社会ニッポンで働くということ――雇用と労働のゆくえをみつめて』岩波書店
森岡孝二編（2012）『貧困社会ニッポンの断層』桜井書店
森岡孝二（2015）『雇用身分社会』岩波書店
山家悠紀夫（2005）『景気とは何だろうか』岩波書店
山家悠紀夫（2014）『アベノミクスと暮らしのゆくえ』岩波書店

第2章

生活の基盤は安定しているか(2)

——所得・社会保障

…山内太郎

はじめに

前章では、１９９０年代後半以降の新自由主義的な流れの中で、雇用や賃金が不安定化している様子を見た。「子どもの貧困」が社会問題化した背景には、「子どものいる世帯」の貧困、すなわち当該世帯の所得の不安定化がある。子どものいる世帯の世帯主の大半は稼働年齢層であることを考えると、労働市場の不安定化が、子どもの貧困に影響するのは間違いないだろう。しかし他方で、生活上のリスクへの対応として社会保障が制度化されており、それには防貧機能や救貧機能があることが期待されている。したがって貧困の顕在化は、現行の社会保障制度が期待された機能を果たせていないということでもある。

子どものいる世帯を多く含む稼働年齢層▼1に対する、日本の社会保障の乏しさは、少子化や子育て支援の文脈でたびたび指摘されていた。ただ、企業による日本的雇用慣行（終身雇用、企業内職業訓練、年功賃金、福利厚生制度等）が、労働者とその家族の生活保障的側面を兼ね備えていたこともあり、これまでにこの問題が正面から取り組まれることは、ほとんどなかったといえる。これは、人々の生活が企業の労働条件に左右されるような、いわゆる賃金依存度の高い生活構造になっているということでもある。

しかし、90年代後半以降の社会状況をみれば、企業による生活保障の機能低下は明らかであろう。そのため社会保障制度が、生活の賃金依存度を下げる方向で再構築され、子どものいる世帯を含む稼働年齢層の生活を安定したものにする必要がある。

本章の目的は、現行の社会保障制度の中でも稼働年齢世帯の所得保障にかかわる部分に注目し、現状と課題を整理して制度再構築に向けた示唆を得ることである。そのために、まずは稼働年齢世帯の所得状況を概観し、現行の社会保障制度が、彼らの所得（家計）にどのように位置づいているかを確認する。その

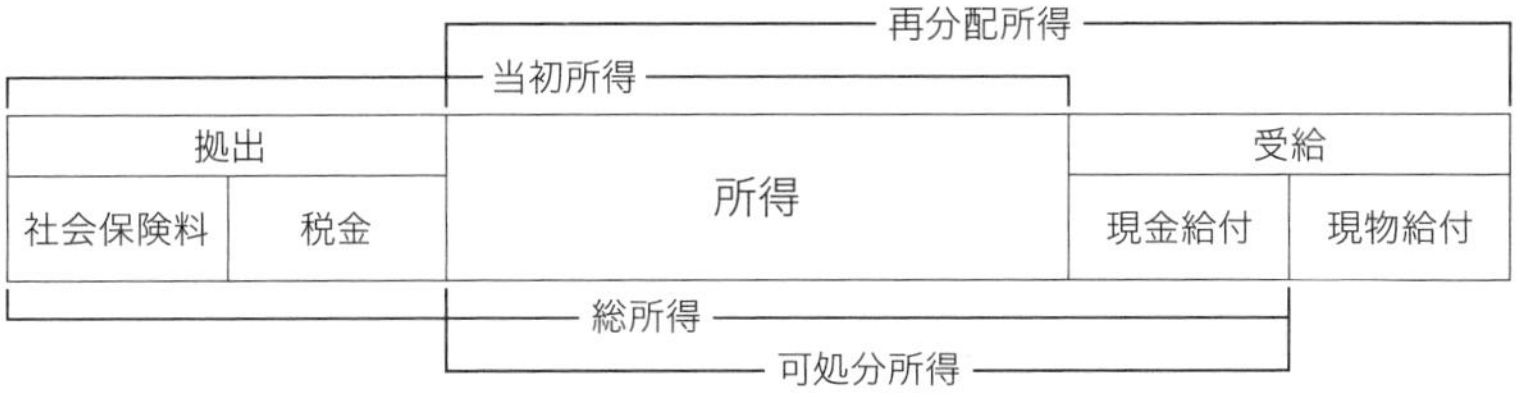

図１　所得のイメージ

出所：厚労省「所得再分配調査報告書」より作成。

上で、社会保険、社会手当（児童手当）、生活保護の三つを取り上げ、主に90年代以降の社会状況の変化を受けて生じている問題とそれぞれの制度自体が抱えている構造的な課題との関連について検討したい。

1　稼働年齢世帯の所得状況

（1）所得の構成要素と社会保障の関係——本章で使用する用語の確認

世帯所得の把握は各種の政府統計でなされているが、所得の種類ごとの呼び方には統計によって若干の相違がある。図1にみるように、厚生労働省による「所得再分配調査」では、「当初所得」（稼働所得、財産所得、定期的仕送り、企業年金・個人年金等の給付金、その他の所得の合計）に社会保障による現金給付金を合わせたものを「総所得」と呼ぶ。そして総所得から拠出（税金と社会保険料）を引いた金額を「可処分所得」としている。所得再分配調査では、さらに可処分所得に社会保障による現物給付を貨幣換算した額を加えた金額を「再分配所得」としている▼2。今回は社会保障による給付と拠出の状況に焦点をあてて所得状況をみていくため、以降では、所得再分配調査における用語を使用する。

（2）低い方へシフトした可処分所得

まずは稼働年齢世帯全体の可処分所得の動向を確認する。図2は世帯主の年齢が59歳以下世帯の平均可処分所得分布の動向である。これをみると700万円以上の世帯割合が減少する一方で、300万円未満の世帯が増加しており、所得分布は全体としては低い方にシフトしている。先述したように可処分所得は総所得から税金や社会保険料の拠出金を引いた実質的な手取り収入である。そのため可処分所得が低下した要因は、例えば、総所得の金額自体が低下したことや、総所得から引かれる拠出金額が増加したこと、あるいは、稼働年齢世帯の特定の層の可処分所得が低下したという可能性もある。この点については世帯全体の動向だけを見てもわからない。

そこで図3では、総所得と可処分所得の関係に注目し、所得300万円未満世帯を、世帯主の年齢階級別に示した。これをみると、各年齢世帯において可処分所得300万円未満と総所得300万円未満の割合の差が20年間で拡大しており、税や社会保険料の拠出金負担が大きくなったことで可処分所得が300万未満となる世帯の割合が増加したことがわかる▼3。

特に29歳以下世帯の総所得と可処分所得の推移に注目すると、総所得300万円未満の割合は減少傾向であるのに対して、可処分所得300万円未満の割合は6割以上で高止まりしたままである。つまり29歳以下世帯に対する拠出金の負担はより増加しているとみることができる。また、29歳以下世帯の数値が他の年代と比較して高いのは、単身世帯の割合が多いためと思われるが、これは世帯人員の少ない世帯の負担がより大きいことを示している可能性がある。

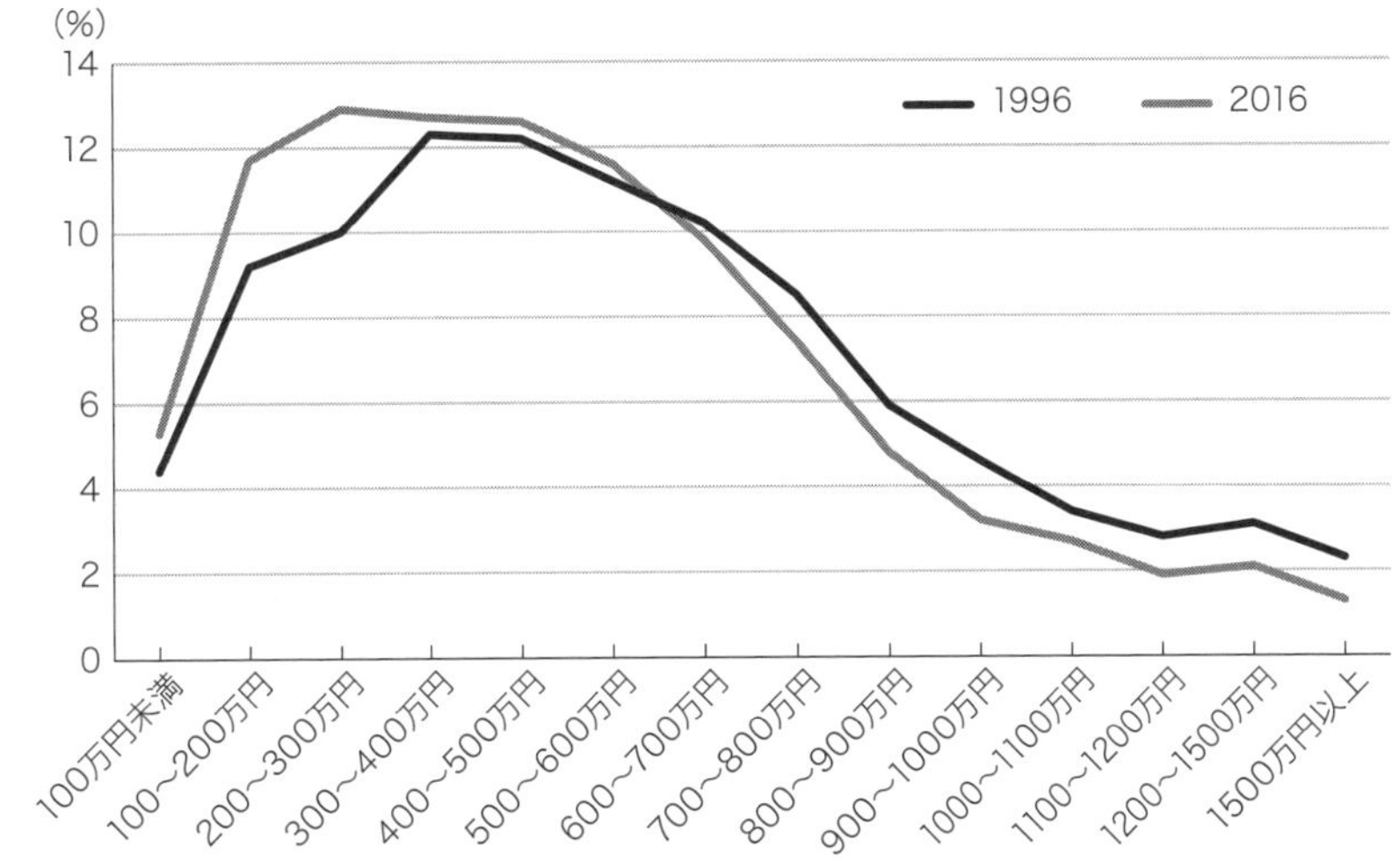

図 2　世帯主の年齢 59 歳以下世帯の平均可処分所得金額分布の推移

注：可処分所得不詳は除く。
出所：厚労省「国民生活基礎調査」より作成。

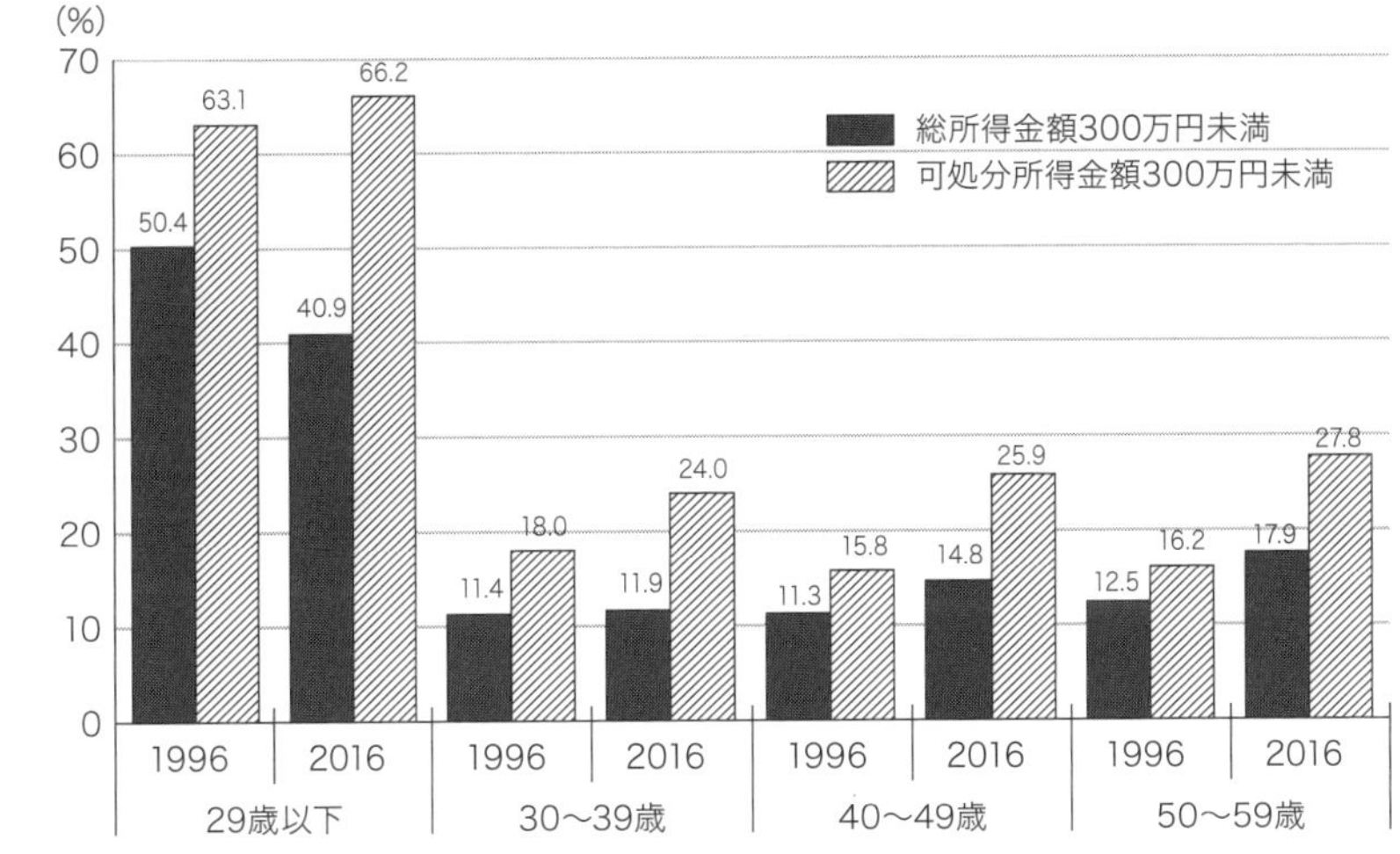

図 3　世帯主の年齢階級別の総所得と可処分所得 300 万円未満の世帯割合

出所：厚労省「国民生活基礎調査」より作成。

（3）社会保障に関連する負担と給付の状況

図4は世帯主の年齢別世帯所得の状況を現金給付と拠出の内訳別にみたものである。金額は平均所得金額であるため、各年齢世帯の所得階級別の状況まではわからないが、それでもここからは稼働年齢世帯に対する現金給付金額の少なさを指摘できる。特に29歳以下では可処分所得における現金給付がほとんどない。先述したようにこの年齢層は単身世帯が多いと考えられるが、これは単身世帯に対する現金給付を行う社会保障制度がほとんどないことを示している。また、30～50代においては当初所得の多寡にかかわらず現金給付金額は年額で20～30万円前後となっている。他方で、拠出は現金給付を数倍上回る金額になっており、すべての稼働年齢世帯で可処分所得の方が当初所得よりも少ない。したがってやや乱暴に言えば、現行の社会保障制度は拠出と給付のバランスに偏りがあるため、稼働年齢世帯にとって世帯の可処分所得を引き下げるように作用しているということができる。

もちろん当初所得が多い世帯は累進的に拠出も多くなるのが所得再分配の一般的な仕組みであるが、藤原（2016）によると、社会保険料率は基本的に定率であるため、低所得の場合に負担が重くなる逆進性があるという[4]（藤原 2016：189）。藤原の議論は世帯単位ではなく、個人単位でみるとよりわかりやすい。図5は、世帯所得を個人単位で分析する際に算出される等価当初所得[5]で社会保険料の負担割合をみたものであるが、低所得者ほど負担が大きく、その割合は年々増えている。

（4）子どものいる世帯の所得状況と社会保障給付の乏しさ

ここで子どものいる世帯の所得の状況についても確認しておきたい。国民生活基礎調査によれば、子どものいる世帯の世帯主は稼働年齢層が9割を占める。そのため稼働年齢世帯と同様の傾向が見られ、可処

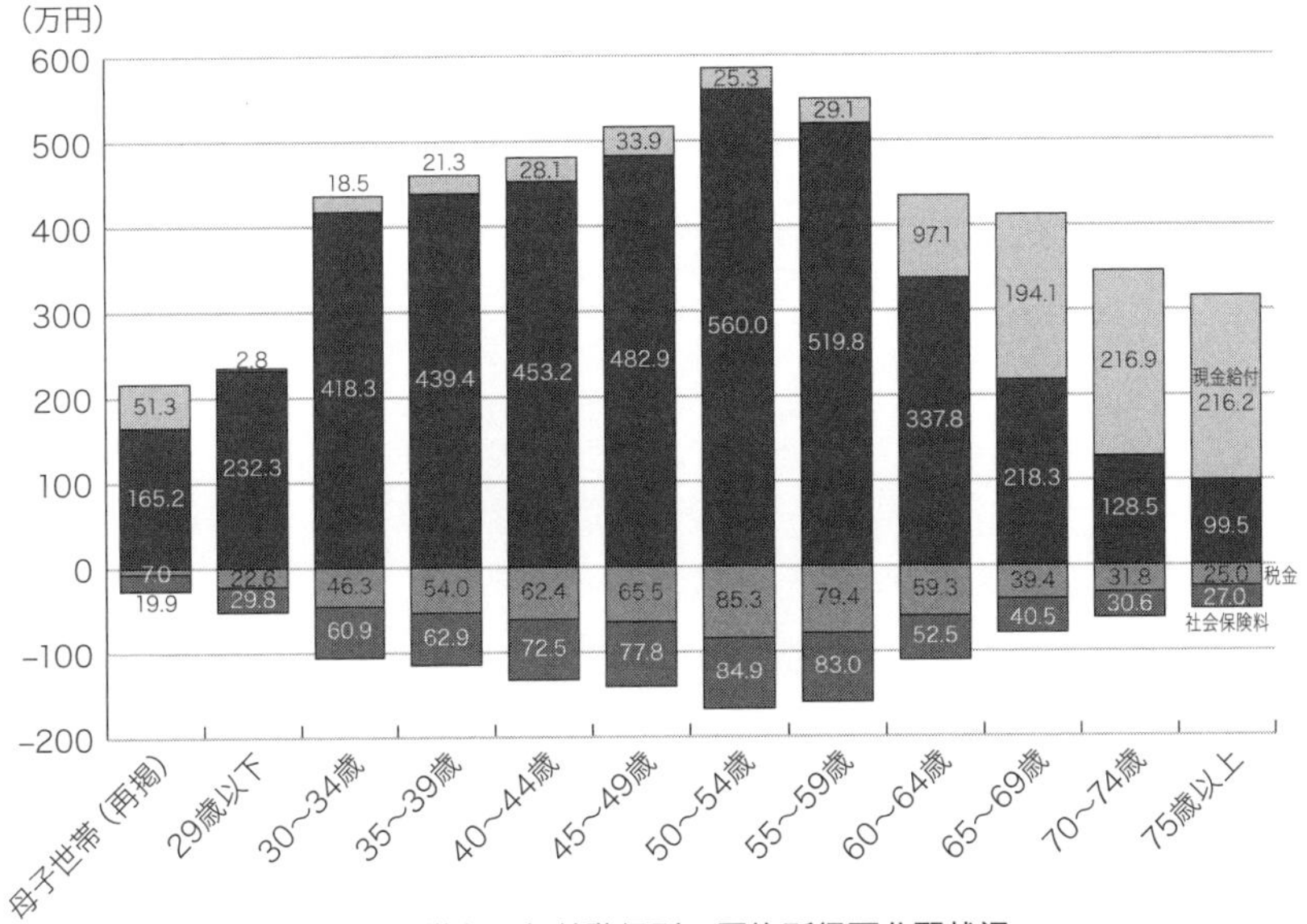

図4　世帯主の年齢階級別の平均所得再分配状況

出所：厚労省「2014年所得再分配調査」より作成。

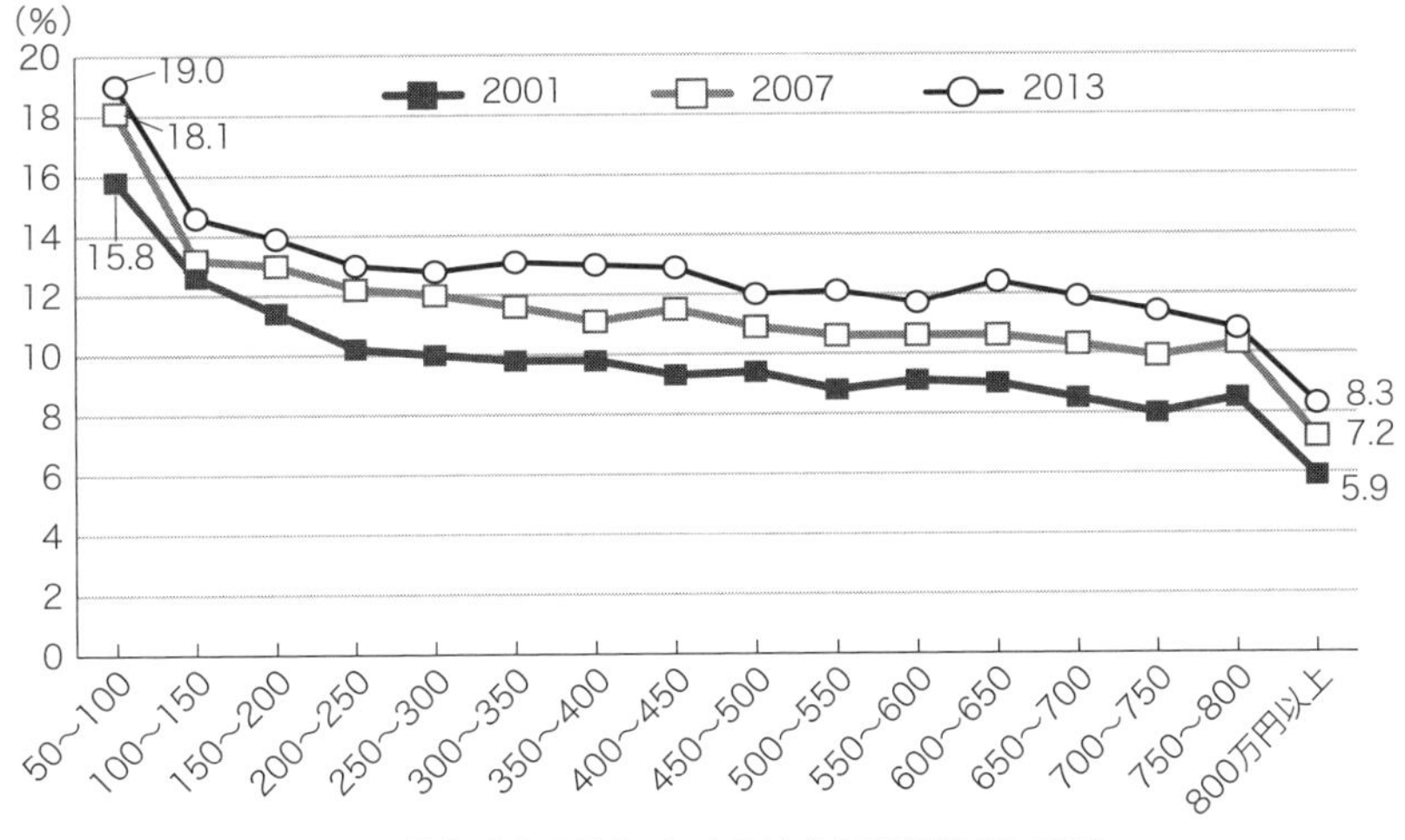

図5　等価当初所得に占める社会保険料拠出の割合

出所：厚労省「所得再分配調査」より作成。

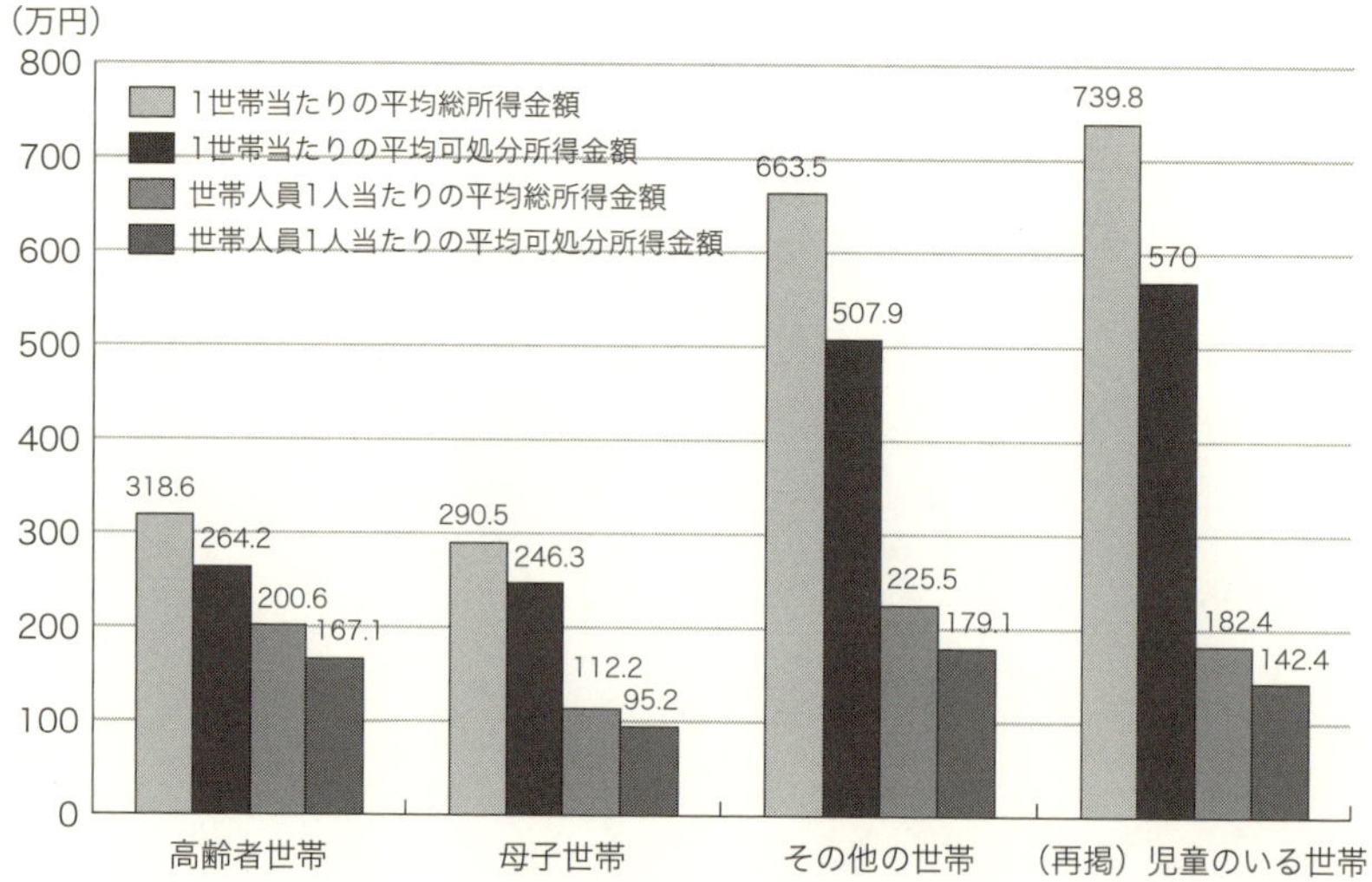

図6　世帯類型別の総所得と可処分所得

出所：厚労省「2017年国民生活基礎調査」より作成。

分所得金額が300万円未満の割合は、2割程度で推移している。しかし他方で、図6のように世帯類型別にみてみると、世帯当たりの総所得および可処分所得は子どものいる世帯が最も高い。ただし、この点については他の世帯類型と比較して、子どものいる世帯の世帯人員数が多くなるという点を考慮する必要がある。実際、1人当たりの所得でみた場合だと高齢者世帯やその他の世帯の金額を下回る。つまり子育て世帯の所得は決して高くないのである。

また、社会保障による現金給付の少なさは単身世帯だけでなく、子どものいる世帯にとっても深刻である。阿部(2017)は、所得データから相対的貧困と判断される子どものうち、ひとり親世帯の子どもは約2割、また三世代のひとり親世帯を含めても3割程度で、残りの7割は基本的にふたり親世帯に属していると指摘する(阿部 2017：60)。もちろん図4にみる母子世帯の可処分所得は、現金給付を加えてもなお低い水準にとどまっているが、現金給付金額が他の稼働年齢世帯と比べて大きくなっているのは、ひとり親世帯の多くが児童扶養手当を受給しているためであろう▼6。これに対してふたり親世帯の多くは、児童手当以外に受け取れる現金給付がほとんどなく、ひとり親世帯以上に社会保障制度による所得保障が期待できない。大沢（2013）はOECD諸国との比較データを用いて、子どもがいて成人が2人以上いる世帯の人口では、有業者が2人以上でも1人でも、貧困率にほとんど差がなかったのが日本とトルコのみだったことから、「日本とトルコでは、子育て世帯が共稼ぎをしても貧困から脱出する見込みがほとんどない」と指摘する（大沢 2013：381）。

もちろん母子世帯の貧困率の高さをみれば、ひとり親世帯に対する現金給付が十分でないことは明らかである。つまりひとり親世帯であれ、ふたり親世帯であれ、現状では社会保障制度が、子どものいる世帯の所得を保障するように機能しているとは言えない。

2 生活が不安定になるほど機能しない社会保険

（1）拠出できる者を増やすという方向性

社会保険は、そのカバーする範囲や財政規模からいっても、日本の社会保障制度の中心に位置づく。社会保険は、生活上のリスクに備えるための制度であり、保険料の拠出を前提とする。この仕組みは拠出に対する給付という「権利性」が明確であり、受給にスティグマ（恥辱、汚名）が伴わないことが利点とされる。

社会保障制度の中心に社会保険を据えるという方向性は、戦後間もない時点で、すでに示されていた。社会保障制度審議会が1950年に提出した「社会保障制度に関する勧告」（通称「1950年勧告」）は、その総説の部分で「社会保障の中心をなすものは自らをしてそれに必要な経費を醵出せしめるところの社会保険制度でなければならない」とし、その理由を「国民の自主的責任の観念を害することがあってはならない」ためだと述べる。ただ当時は、農業や自営業に従事する人が多く、またボーダーライン層と呼ばれる不安定就業等による低所得階層の存在が問題となるなど、国民が「権利性」を持つ以前に、そのための保険料拠出が可能となることが課題であった。その意味で、60年代からの高度経済成長期は、国民自らが拠出をして「権利性」を獲得するための条件整備に重要な役割を果したといえる。特に「高度成長期の社会保険の一つの目標は、厚生年金適用対象者を増やしていくことであった」（永瀬 2013：175）とされるように、社会保険は雇用労働者が加入する被用者保険を中心に整備されていくことになる。

（2）拠出と雇用の連動を前提とした制度整備の矛盾

ところが90年代後半以降になると、社会保険の仕組み自体が原因となる問題が見られるようになる。すなわち「権利性」の表裏である、拠出のない者に対する社会保険からの排除である。保険料拠出の負担が低所得層ほど大きくなることは先ほど触れたが、**図7**にみるように、稼働年齢層全体を通してその負担割合は年々高まっている。これは個々の世帯の可処分所得低下ということだけではなく、保険料拠出の負担に耐えられなくなった低所得層による保険料の滞納や未加入・非加入の問題につながる可能性を持つ。特に非正規雇用労働者の増加は、社会保険を中心に据えた日本の社会保障の前提を覆した。正規雇用労働者の加入を前提としていた被用者保険は、非正規雇用労働者を適用対象外とする場合が多い（表1）。特に

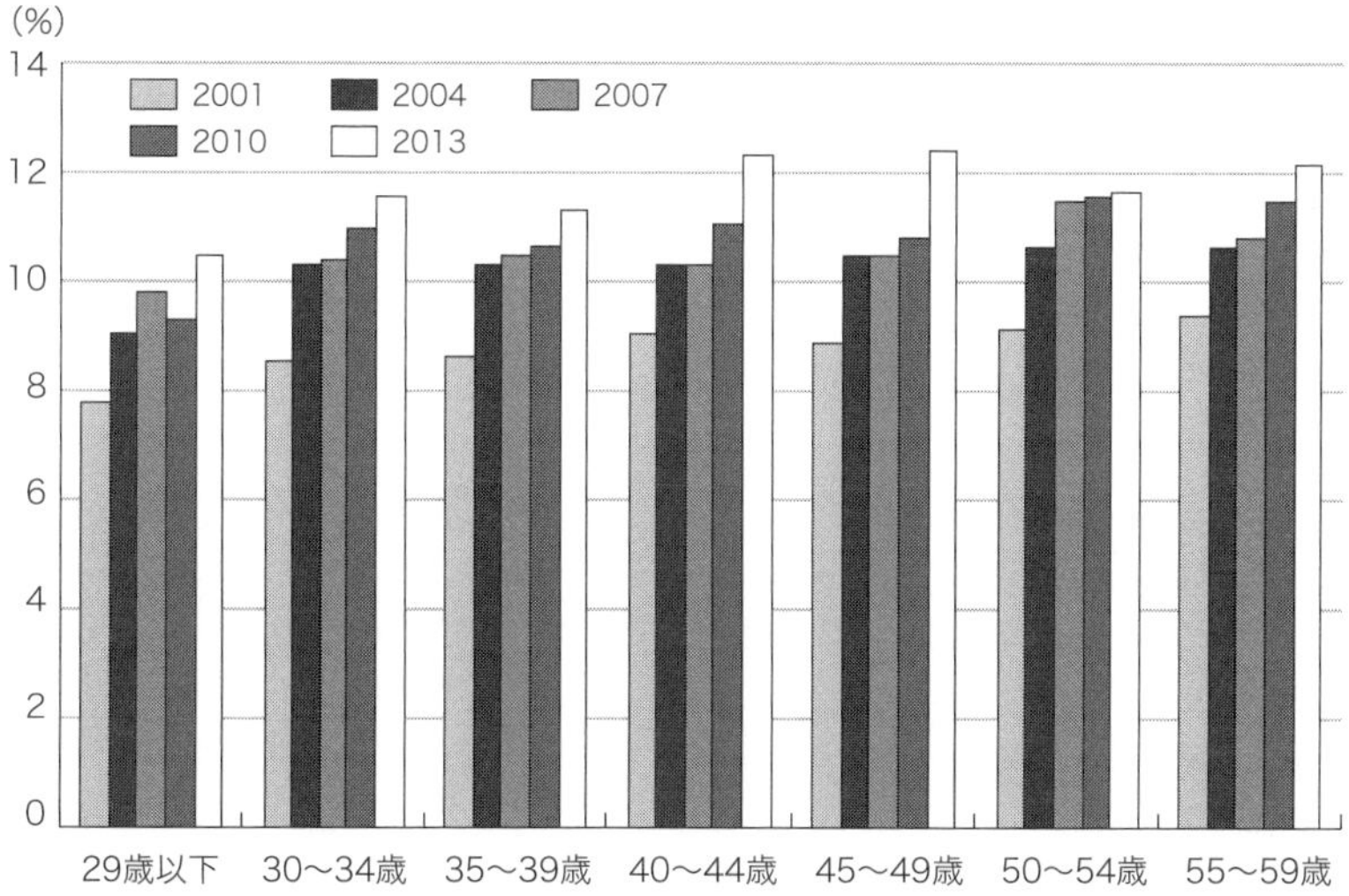

図7　世帯主の年齢階級別にみた当初所得に占める社会保険料の割合

出所：厚労省「所得再分配調査」より作成。

表1　就業形態別社会保険制度の適用状況の割合

単位：%

就業形態	雇用保険	健康保険	厚生年金
正社員	92.5	99.3	99.1
正社員以外の労働者	67.7	54.7	52.0

出所：厚労省「2014年就業形態の多様化に関する総合実態調査」より作成。

失業というリスクに対する備えは、非正規雇用労働者こそより必要性が高いといえるが、正社員以外に対する雇用保険の適用は7割に満たない。また、厚生年金や健康保険などに加入しない場合は、国民年金や国民健康保険に加入することになるが、それらは自営業や農業従事者を想定した保障内容であり、保険料に定額の部分があるほか（国民年金はすべて定額）、国民健康保険のように扶養家族に比例する部分もあるなど、低所得であるほど負担の重い逆進性を持つ▼7。

また、さらに問題なのは、非正規雇用労働者の増加には、

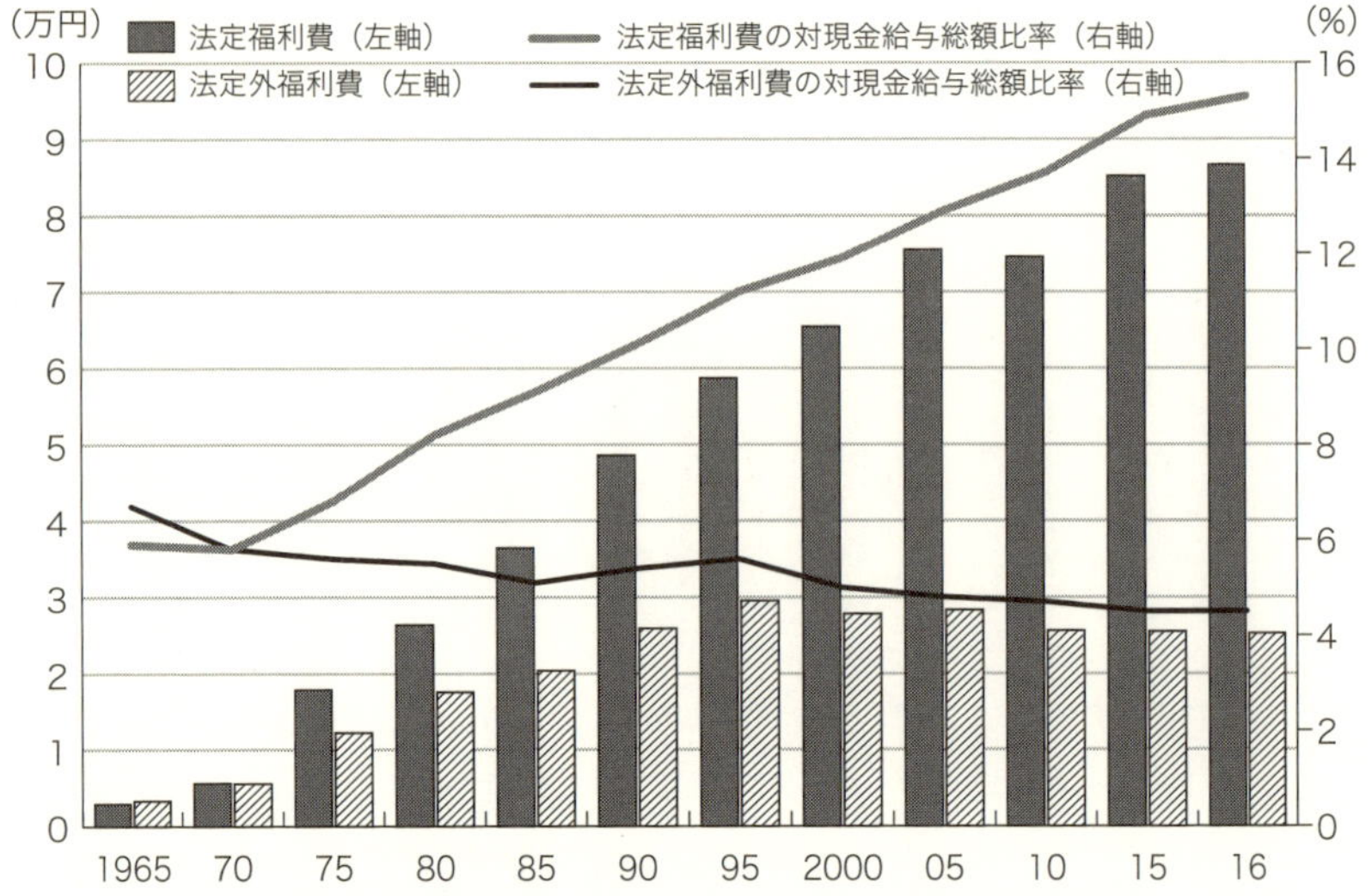

図8　福利厚生費(法定福利費・法定外福利費)の推移

出所：経団連「福利厚生費調査」により作成。

社会保険の仕組みが大きく関係しているということである。保険料の増加は、被用者保険の場合、事業主負担分の増加も伴う。図8をみると、日本的雇用慣行の特徴でもある法定外福利費は90年代後半以降減少傾向にあるが、社会保険料を含む法定福利費は増加の一途をたどっている。大沢(2013)は、保険料拠出の負担(事業主負担)を嫌った企業が「雇用を非正規化し、また脱法的に制度の適用を回避しようという誘因を、強烈に与えられている」(大沢 2013：309)として、社会保険の仕組みが、逆機能的に作用して、非正規雇用労働者を生み出していると指摘する。

戦後日本は、社会保険を社会保障制度の中心に据える方向で進め、またそのために雇用労働者を中心とする被用者保険の加入者を増やしてきた。これは国民が自ら拠出することで「権利性」を獲得することを目指すものであったが、見方を変えるといかにして「支える側」を増やすかということでもあった。社会保険の仕組みにあっては、働く者は「支える側」であることが期待されているのである。しかし、90年代後半以降になって生じたのは、働いているにもかかわらず「支える側」になれない人たちの登場と、社会保険制度が、「権利性」を持っていない彼らの不安定な生活のリスクに対応しきれないという事態である。

3 社会手当という制度の曖昧さと児童手当の低い支給金額

(1) 社会手当の定義をめぐる問題

子どものいる世帯に支給される児童手当は、社会保障制度の中では社会手当として位置付けられることが多い。ただし、実際のところ社会手当とは何かを厳密に定義することは難しい。例えば、黒田(2016)によると、社会保障法学では「法の定める所定の支給事由が満たされる場合に、厳密な資力調査を必要とせず、また、拠出を前提としない定型的な給付を行う制度」(黒田 2016 : 370)と定義される。しかしこの場合、例えば「厳密な資力調査」の厳密さとはどの程度なのかということが問題になる。例えば児童手当と比較して所得制限が厳しい児童扶養手当や特別児童扶養手当は社会手当の範囲に含まれるのか、それとも資力調査を伴う公的扶助に含まれるのか、明確に線引きすることは困難である。また、児童手当についても、「法の定める所定の支給事由」とは何かが問題となる。児童手当法には、「家庭における生活の安定」と「次代の社会を担う児童の健やかな成長」に資することを目的に、児童を養育している者に支給されるとされているが、これでは子育て世帯の所得保障なのか、それとも子育てに特化した費用補填なのか位置づけが不明確である。とはいえ、ここでは社会手当という制度の曖昧さを指摘するにとどめて、定義に関する議論には深入りしない。以下では、現に子どものいる稼働世帯の多くが対象となっており、相対的に所得制限の緩やかな児童手当が、所得保障制度として妥当性を持つかという問題に絞って議論を進めたい。

(2) 児童手当の現状

児童手当の支給金額は、2018年現在、3歳未満児及び小学校終了までの第3子以降は月額1万5千円、それ以外は中学校修了まで月額1万円となっている。また、所得制限は、扶養親族の数に応じて異なるが、例えば夫婦及び児童2人の世帯で年収960万円を基準としている。この基準で児童のいる世帯の90％以上をカバーしていると言われるが、当分の間は、所得制限以上の所得の者に対しても、特例給付として児童1人当たり5000円が支給される。このように児童手当は、支給範囲としてはかなり普遍性が高い。

ただ、問題はその支給金額が、子どものいる世帯の所得保障として機能しているのかどうかである。藤原（2017）は、子どものいる世帯が、児童手当や児童扶養手当を受けていると仮定した場合に、それらが世帯に必要となる年収（主に稼働収入）の低下と労働時間の短縮にどれほど寄与するか検証し、児童手当だけでは必要年収や労働時間はほとんど変わらなかったことを示している▼8。支給された児童手当の使い道がたびたび調査されるのも、その位置づけの曖昧さを示しているといえるだろう。確かに児童手当制度は「小さく産んで大きく育てる」といわれ、様々な課題が指摘されながらも1971年に成立した経緯があり▼9、現在の支給要件や支給金額も過去と比較するとよくなってきているという評価はできる。しかし他方で、半世紀近くの歴史を経てもなお、所得保障制度として位置づけることができないままである

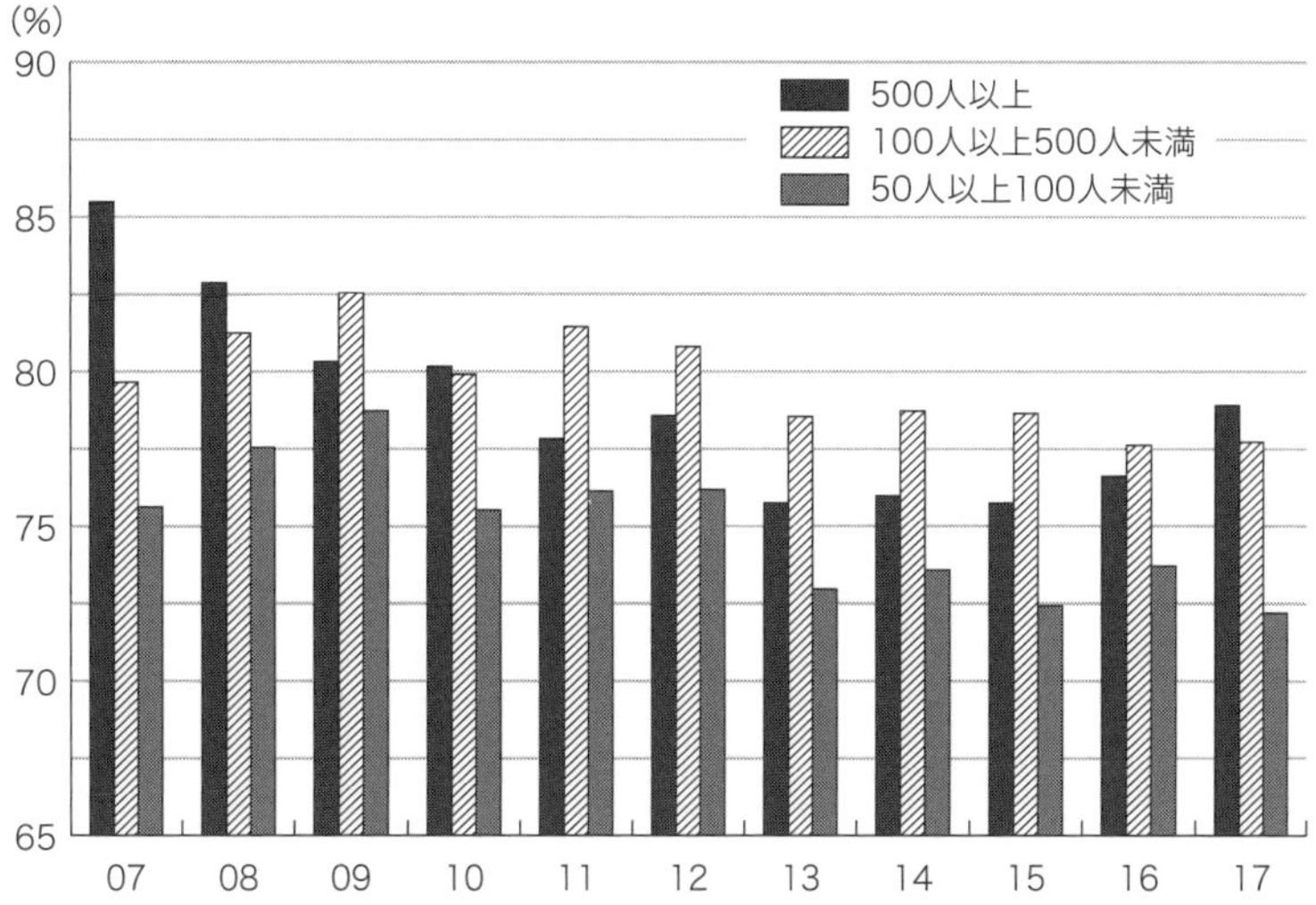

図９　企業規模別にみた家族手当支給ありの割合

出所：人事院「職種別民間給与実態調査の結果」より作成。

という評価もできよう。

（３）児童手当の拡充を阻むもの

大塩（1996）は、日本の児童手当が「未発達」である理由として、第一に企業からの反発、すなわち企業がすでに福利厚生の一環として家族手当制度を導入している中で、児童手当の財源となる事業主負担に消極的だったこと、第二に家族の私的扶養に依存した日本の家族制度の因習（家族主義）の根強さを挙げ、これらが児童手当の改正をめぐる議論でたびたび登場してきたことを指摘する（大塩 1996：34－36）。企業による日本的雇用慣行は、性別役割分業を基本とした日本的な家族制度と親和性が高い。これらが互いに作用することで、児童手当の拡充が妨げられたといえる。

特に家族主義の影響は、90年代後半以降の新自由主義的な流れの中においても色濃く（むしろ強調されるかたちで）残っており、自己責任論を背景とした家族による扶養の強調が、児童手当をめぐる政策的な局面において折に触れて登場する。例えばそれは、2010年に民主党政権が所得制限を撤廃した「子ども手当」をスタートさせたが、その後の支給増額がバラマキと批判されたことや、2012年に自民党政権で実施された「児童手当」には、「父母その他の保護者が子育てについての第一義的責任を有するという基本的認識の下」(第1条)という文言が加えられ、緩やかとはいえ所得制限が復活したことからも見て取れよう。

しかし他方で、企業による福利厚生としての家族手当が今後も期待できるという状況ではない。先にみた図8では、家族手当を含む企業の法定外福利費は90年代後半から低下傾向にあったが、図9にみるように、それは企業規模の小さいところが影響を受けていると推測できる。今後、福利厚生としての家族手当が支給されないケースが増えるのであれば、あらためて児童手当の存在意義が問われなければならないだろう。しかし支給金額の問題を含め「未発達」である児童手当が、子どものいる世帯の所得保障としての機能をもつようになるためには、日本社会に根強く存在する家族主義を乗り越える必要がある。

4　規範的選別機能を持つ生活保護

(1)　稼働能力活用の背景にある「勤労の義務」という規範意識

生活保護は、理念的にいうと、社会保険をはじめとする社会保障制度からこぼれ落ちる人の〝最後の砦〟であり、最低生活保障を具現化したものである。それは、世帯収入が保護基準にもとづいて算定される最低生活費を下回る場合に、その差額が支給されるという仕組みで、制度上は誰であれ無差別平等に生活保護を利用できる。しかし、その生活保護が、本当に必要な人に行き渡っていないという指摘がしばしばされる。この指摘は二つの意味を含んでいる。一つは真に必要とする人が受給できていないということであり、もう一つは、必要としていない（と思われる）人が受給しているという意味である。例えば、先ほど見た、社会保険制度からも排除される非正規雇用労働者の中には、生活保護基準以下の生活を強いられている人が少なくなかっただろう。しかし彼らがすんなりと生活保護制度につながることは稀である。

生活保護法第4条「保護の補足性」には、保護の利用に先立って、資産、能力その他あらゆるものを生活の維持のために活用することを要件とし、また、扶養義務者の扶養および他法他施策が優先されることが明記されている。冨江（2010）は「戦後日本の生活保護運用史を振り返ると、『適正化』の名の下に、稼働能力層に対する保護抑制が繰り返されてきた観がある」（冨江 2010：204）と述べるが、それは稼働能力の活用を厳格に求める運用が保護申請の現場で行われているということだけではなく、「勤労の義務」という規範意識が社会全体から生活保護制度（の利用者）に注がれていたためでもあった。

稼働能力を持つ者を生活保護から極力排除しようとする流れは、戦後日本の社会保障制度が目指した方向性とも合致する。先の1950年勧告は「社会保険制度の拡充に従ってこの扶助制度は補完的制度としての機能を持たしむべきである」と述べたが、実際に高度経済成長期を経て、稼働能力を持つ者（稼働年齢層）は労働市場へ参入しつつ近代家族を形成し、社会保険の保障を得ることが標準化されるようになった。他方で、生活保護は稼働能力を失った者に対する残余としての位置づけを与えられるようになったのである。その結果、稼働世帯による生活保護の利用は特殊なケースとして扱われるようになり、図10にみるように、生活保護受給世帯における働いている者のいる世帯の割合は激減する。

（2）規範意識が及ぼす影響としての捕捉率の低さ

しかし、90年代後半以降に起きたのは、就労していても非正規という不安定な雇用と低所得での生活を余儀なくする層の増加であった。実際、図10においても、働いている者のいる世帯による生活保護の利用数は90年代後半以降増加傾向にある。これは、勤労の義務という規範意識をもってしても、歯止めにならないほどの生活困窮が、働く者の中にも表れているとみることができよう。ただこれによって、生活保護が適正に実施されていると評価するわけにはいかないだろう。表2は、生活保護基準以下の低所得世帯の割合とその中に占める被保護世帯数の割合を示したものである。後者はいわゆる捕捉率に近い数値といえる。総数でみると被保護世帯割合は、所得のみで2割程度、資産を考慮した場合でも半数に満たない状況にある。つまり生活保護基準以下の生活水準にある多くの人たちは、実際に生活保護の利用には至っていない。

また、世帯主の大半が稼働年齢層である子どものいる世帯[11]に注目すると、状況はより深刻である。すなわち、総数と比較して生活保護基準以下の低所得世帯の割合は高く、かつ実際に生活保護を受給している割合は総数の半分以下となっている。ここからは、生活保護の利用をめぐって、稼働能力を持っていること（＝勤労の義務を果たすべき）に対する規範的な機能が強力に作用していることが推測できる[12]。

90年代後半以降になって、働いているにもかかわらず社会保険をはじめとする社会保障制度からこぼれ落ちた人たちが、働けるという理由で最後の砦である生活保護の利用から排除されている。また、それは子どものいる世帯にも大きな影響を及ぼしているのである。

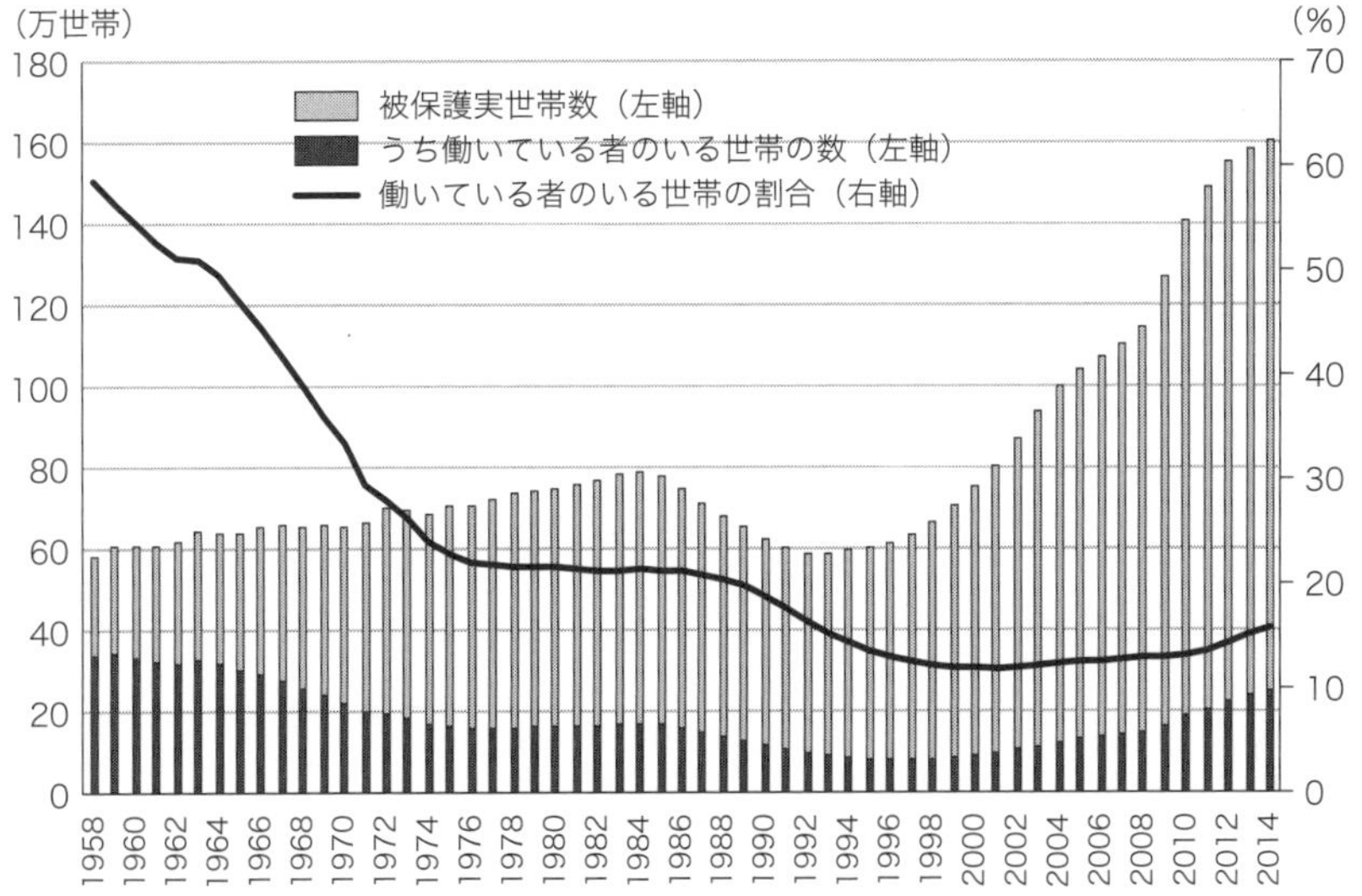

図 10　被保護実世帯数と働いている者のいる世帯割合の推移

出所：国立社会保障人口問題研究所「社会保障統計年報」より作成。

表 2　生活保護基準以下の低所得世帯の割合及びその中に占める被保護世帯数の割合

単位：%

			2010 年	2013 年	2016 年
低所得世帯割合	所得のみ	総数	11.5	12.7	10.9
		子どものいる世帯	11.8	14.5	11.2
	資産を考慮	総数	3.9	5.1	4.2
		子どものいる世帯	4.0	6.2	4.6
被保護世帯割合	所得のみ	総数	19.6	19.7	22.6
		子どものいる世帯	9.4	8.3	9.3
	資産を考慮	総数	41.8	38.1	43.3
		子どものいる世帯	23.2	17.4	19.8

注 1：数値は国民生活基礎調査のデータを基に推計している。
注 2：基準とする最低生活費（生活保護基準）は生活扶助費と教育扶助費の合計金額である。
注 3：資産には保有する住宅・土地等の不動産や自動車、貴金属等の資産の評価は含まれない。
出所：厚生労働省社会・援護局保護課「生活保護基準未満の低所得世帯数の推計について」より作成▼10。

（3）子どものいる世帯の置かれている状況にもう少しみてておこう。生活保護基準の引き下げ

ここで子どものいる世帯の置かれている状況についてもう少しみておこう。2013年1月27日、厚労省は生活保護基準を見直し、生活扶助の基準額を3年かけて総額約670億円を削減すると発表した。その理由は、一般低所得世帯の消費実態との均衡という観点から、年齢、世帯人員数、地域差による影響の調整と2008年以降の物価動向を勘案したデフレ分の調整を行うためとのことであった。先にみたように一般低所得世帯には、生活保護基準以下の生活水準でありながら生活保護を受給していないという世帯が多い。にもかかわらず、それとの比較で生活保護費の水準を検討するというのは、倒錯した状況と言わざるをえないだろう。この結果96％の被保護世帯で保護費が減額になると見込まれた。

このため「見直し」の動きそのものに対して様々な問題点が指摘された▼13が、生活扶助基準額はほぼ予定通りに引き下げられた。先の**表2**をみると、2013年から2016年にかけて低所得世帯割合は減少しているが、これは世帯所得が底上げされたのではなく、この間の生活扶助基準額の引き下げが影響していると思われる。

また、特に「見直し」では、世帯人員数による規模の経済性（スケールメリット）が注目され、多人数世帯の生活保護費の妥当性が問われた。多人数世帯には子どものいる世帯が多く含まれており、実際、**表3**で見直し前（2012年度）と見直し後（2015年度）の生活扶助基準額の差をみてみると、単身世帯や夫婦のみ世帯に比較して、子育て世帯において引き下げ幅が大きくなることが示されている。

もちろん「子どもの貧困」に注目が集まる中で、こうした事態は看過できない問題として捉えられ、社会保障審議会生活保護基準部会は2016年から2017年にかけて、「見直し」の影響及び生活扶助基準と有子世帯の扶助・加算の検証を行ってきた。しかし、基準部会の議論をたどった岩永（2018）は、委

表3　生活扶助基準額の見直しの具体例（都市部）

単位：万円

	2012年度①	2015年度②	②−①
夫婦と子2人（40代夫婦と小・中学生）	22.2	20.2	−2.0
夫婦と子1人（30代・20代・4歳）	17.2	15.6	−1.6
母と子1人（30代・4歳）	15.0	14.1	−0.8
20〜40歳単身	8.5	7.8	−0.7
70代以上夫婦	11.4	10.9	−0.6
60代夫婦	12.2	11.7	−0.5
41〜59歳単身	8.3	7.9	−0.4
70代以上単身	7.7	7.4	−0.3
60代単身	8.1	7.9	−0.2

注：生活扶助は世帯員がいれば必ず支給される冬季加算、母子加算、児童養育加算を含む。
出所：第14回社会保障審議会生活保護基準部会資料（2013年10月4日）より作成。

員からの意見が反映されて議論が進んだとは言えなかったと評価する。また、基準部会の論点設定では、子どもの貧困対策に結び付けるのは困難な面があったという。なぜならそこでの議論はあくまで「子どものいる世帯」であって、子ども本人そのものに焦点をあてていたわけではないからである。ここには「世帯単位の原則」という生活保護制度の仕組みの問題が関わっているが、同時にそれは生活保護における扶養義務関係や稼働能力の活用要件といった課題を乗り越える必要があることを示している。これまでの議論に即して言うと、それは一般的に多くの人が持つ（就労や扶養についての）規範意識を問い直す作業がやはり必要であることを意味する。

おわりに

多くの稼働年齢世帯では、社会保障によって可処分所得が低下する。これは日本の社会保障制度の中で、稼働年齢世帯は専ら支える側として位置付けられていることを示している。もちろん大きな方向性としては、それ自体否定すべきことではない。社会保障には、高所得世帯から低所得世帯への所得移転によって生活を安定させる「所得再分配機能」があると言われており、実際、稼働年齢世帯の多くは支える側になることが少なくないと思われる。

ただ問題なのは、日本の社会保障制度が「支えられる側＝稼働能力を喪失した人」という対象像を過度に強調し、稼働年齢世帯が支えられる側にまわる事態をほとんど想定していないということだろう。ここで前提となっているのは、稼働可能な世帯は（働きさえすれば）貧困に陥らないという条件設定である。しかしながら、90年代後半以降の労働市場の不安定化は、非正規雇用労働者をはじめ稼働能力はあるが貧困状態に陥っているという層を生み出し、日本の社会保障が前提としていた条件を覆してしまった。

本章でみたのは、そのような中で社会保障制度としての社会保険と生活保護が、稼働能力のある貧困層に対応できていない状況であり、また、家族主義が世帯への所得保障としての現金給付（児童手当）の拡充を阻んでいる状況であった。家族主義は、生活困難を家族内で解決することを迫るという側面があり、私的な範囲を強調する点で、現行の社会保障制度の前提（稼働能力の活用が優先される）と方向性は同じである。当然のことながら、この方向性は子どものいる稼働年齢世帯の生活にも影響し、子どもの貧困を生み出す要因となっている。

今後社会保障が取り組むべき課題は、稼働年齢世帯が「支えられる側」になることを想定した施策を検討することだろう。そのためには現在の賃金依存度の高い生活構造を見直し、雇用と生活を切り離した制度設計を構築する必要があるが、そこには「勤労の義務」や「家族主義」など人々の規範意識に訴える課題に取り組む必要もある。これらの課題を乗り越えるのは容易ではないが、生活の基盤を安定させるためには避けて通れない道でもあろう。

注

1　ここでは稼働年齢層とは18～50歳代の年齢の者とし、稼働年齢世帯とは世帯主が稼働年齢層の者をいう。また子どものいる世帯とは世帯に18歳未満の者がいる世帯を指す。

2　現物給付とは医療サービスを中心に介護サービス、保育サービス等を合計したものである。埋橋（2011）は所得再分配調査ではこの再分配所得と当初所得でジニ係数を比較するため、現金給付に限った場合よりも再分配効果が高く表示されることに留意する必要があると指摘する（埋橋 2011：25）。本章では世帯所得と現金給付の関係に注目するため、再分配所得については考慮しない。

3　所得については、社会保障制度だけでなく税制上の観点からも検討が必要であるが、本章では紙幅の関係で検討できていない。

4　国民年金の保険料などは定額であるが、その場合も低所得世帯に逆進的に作用する。

5　世帯の当初所得を世帯員数の平方根で割った数値で、1人当たりの所得に換算したものとされている。

6　ただし、図4の世帯主の年齢別グラフは子どものいない世帯も含まれているので、数値自体は母子世帯よりも低く算出されてしまうことには留意が必要である。とはいえ、それでも児童手当より児童扶養手当（満額）の方が給付される金額が高いことは事実である。

7　これらには所得に応じた保険料負担の減免措置はあるが、それでも逆進性は残る。

8　藤原（2017）では、児童手当の支給金額の低さを問題にするというよりも、母子世帯の場合、児童手当と児童扶養手当を組み合わせたときに、最低賃金でもフルタイムで働けば残業なしで生活扶助基準を満たすことができるとして、二つの現金給付の重要性を説いている。

9　児童手当法成立までの経緯については浅井（2014）を参照。

10　この資料は日本共産党参議院議員田村智子氏の求めに応じて厚労省から田村智子事務所へ提出されたもので、２０１９年1月の段階で厚労省から公表されているものではない（なお、表2と数値は異なるが２０１０年のデータについては厚労省HPで公表されている）。こうした資料は重要であるため早急に公表されることが望まれる。

11　調査データによると、子どものいる世帯のうち、世帯主の年齢が18歳以上65歳未満の世帯数は、２０１０年調査で１２３２万世帯中１１３１万世帯、２０１３年調査で１２０９万世帯中１１１１万世帯、２０１６年調査で１１６７万世帯中１０６６万世帯と9割以上を占めている。

12　また、子どものいる世帯に対しては、このほかにも家族主義に根差した規範的な機能の影響も大きいと推測できる。つまり勤労の義務と家族による扶養の義務という二重の規範意識が働いているとみることもできよう。

13 詳しくは吉永（2015）。また、『貧困研究』vol.9では「緊急企画　生活保護基準見直しの動きを検証する」という特集が組まれている。

引用・参考文献

阿部彩（2017）「『女性の貧困と子どもの貧困』再考」松本伊智朗編『「子どもの貧困」を問いなおす　家族・ジェンダーの視点から』法律文化社

浅井亜希（2014）「児童手当制度の形成過程にみる日本の家族政策の限界と可能性」菅沼隆・河東田博・河野哲也編『多元的共生社会の構想』現代書館

藤原千沙（2016）「なぜ子育て世帯・母子世帯が貧困に陥るのか　若い世代と雇用・労働と社会保障」秋田喜代美・小西祐馬・菅原ますみ編著『貧困と保育　社会と福祉につなぎ、希望をつむぐ』かもがわ出版

藤原千沙（2017）「新自由主義への抵抗軸としての反貧困とフェミニズム」松本伊智朗編『「子どもの貧困」を問いなおす　家族・ジェンダーの視点から』法律文化社

岩永理恵（2018）「生活保護と子どもの貧困対策――生活保護基準部会の議論からの考察」『貧困研究』vol.20

黒田有志弥（2016）「社会手当の意義と課題　児童手当制度及び児童扶養手当制度からの示唆」『社会保障研究』Vol.1 No.2

蓑輪明子（2017）「新自由主義下における日本型生活構造と家族依存の変容」松本伊智朗編『「子どもの貧困」を問いなおす　家族・ジェンダーの視点から』法律文化社

永瀬伸子（2013）「非正規雇用と社会保険との亀裂」濱口桂一郎編著『福祉＋α福祉と労働・雇用』ミネルヴァ書房

大沢真理（2013）『生活保障のガバナンス　ジェンダーとお金の流れで読み解く』有斐閣

大塩まゆみ（1996）『家族手当の研究　児童手当から家族政策を展望する』法律文化社

社会保障制度審議会（1950）「社会保障制度に関する勧告」

冨江直子（2010）「最低生活保障の理念を問う　『残余』の視点から」駒村康平編『最低所得保障』岩波書店

埋橋孝文（2011）『福祉政策の国際動向と日本の選択　ポスト「三つの世界」論』法律文化社

吉永純（2015）『生活保護「改革」と生存権の保障――基準引下げ、法改正、生活困窮者自立支援法』明石書店

第3章

子どもの育ちを支える保育士の現状

——保育労働の変容がもたらすもの

…小尾晴美

はじめに

本章では、乳幼児期の教育とケアに大きく関わる保育所保育士を中心とした児童福祉職の現状と課題について考えてみたい。近年、女性の労働市場への参加の拡大により、保育へのニーズが急増しており、保育の供給・整備は日本政府にとって喫緊の課題となっている。また、保育の需要側である子どもと親の生活が困難になっていることは本書に限らず多くの報道、文献、研究などから報告されているとおりである。社会の子育て環境が変化している状況下で、子どもたちや家庭の問題は多様化しており、保育士にとっては、子どもや保護者を理解するだけでも苦労が大きくなっている。このような中で、あらゆる子どもが質の高い保育を受けるための環境整備と、子どものケアと発達を保障する専門職としての保育者の存在が、社会にますます求められている。

しかし、保育士の処遇は、困難を抱えた親子を支え、すべての子どもたちの発達と安心して生活できる環境を十分に保障しうるものになっているだろうか。OECDは、2000年代初頭から乳幼児期の教育とケアに関する国際調査を実施し、提言を行ってきた。このOECDレポートによると、園舎や園庭、遊具や素材・教材といった物的環境や、保育者の養成と研修、保育者と子どもの人数比率、クラスサイズ、労働環境等の人的環境は、保育の質を向上させていくにあたって検討するべき重要な要素であることが明らかになっている▼1。そして、同レポートでは、日本の保育の質向上の優先課題として保育者の資格、訓練、労働条件の改善が挙げられている。現在、有資格の保育士▼2の確保がままならないために、保育所の増設や既存の保育所の運営に重大な影響が生じている。保育士不足の要因の一つとして、処遇の問題、特に、賃金水準と労働時間の問題が認識されつつあり、日本において保育士の養成と労働条件に関わる諸問題への対策は大きな課題となっている。

以下では、主に政府統計や各自治体が実施している保育士を対象にした労働条件の実態調査を元に、保育士の処遇の現状について把握する。その上で、特に2000年代を中心に起きた、日本における保育士の労働環境や労働条件の変化について、政策の展開に触れながら検討していく。これらの作業を通じて、あらためて保育士の労働環境の変容が保育の質にもたらす影響と、保育士の処遇改善への課題について考えてみたい。

1 保育士の労働条件の現状

（1）民営保育所における賃金水準の低下

まず、保育士の処遇について、現状を把握していこう。保育士の労働条件は、公営か民営[▼3]か、民営施設の中でも社会福祉法人やNPOなど、勤務先の施設の運営形態による差が大きい。ここでは、保育士の処遇の問題を検討するにあたり、民営保育所における賃金の水準について考察するところからはじめる。

1980年以降の民営保育所の保育士の月当たり賃金の傾向を見ると、2000年代に、保育士全般の賃金水準が低下したことがわかる（図1）。保育士の所定内給与が2000年の22万2900円をピークに減少し始め、2013年には20万6900円まで下がっている。また、減少傾向に転じた2000年からは、保育士の賃金が女性労働者全体の水準を下回るようになり、2016年には3万円の差が開いている。2013年以降、再び上昇傾向にはあるが、女性労働者や全体の平均から見れば、その差は縮まって

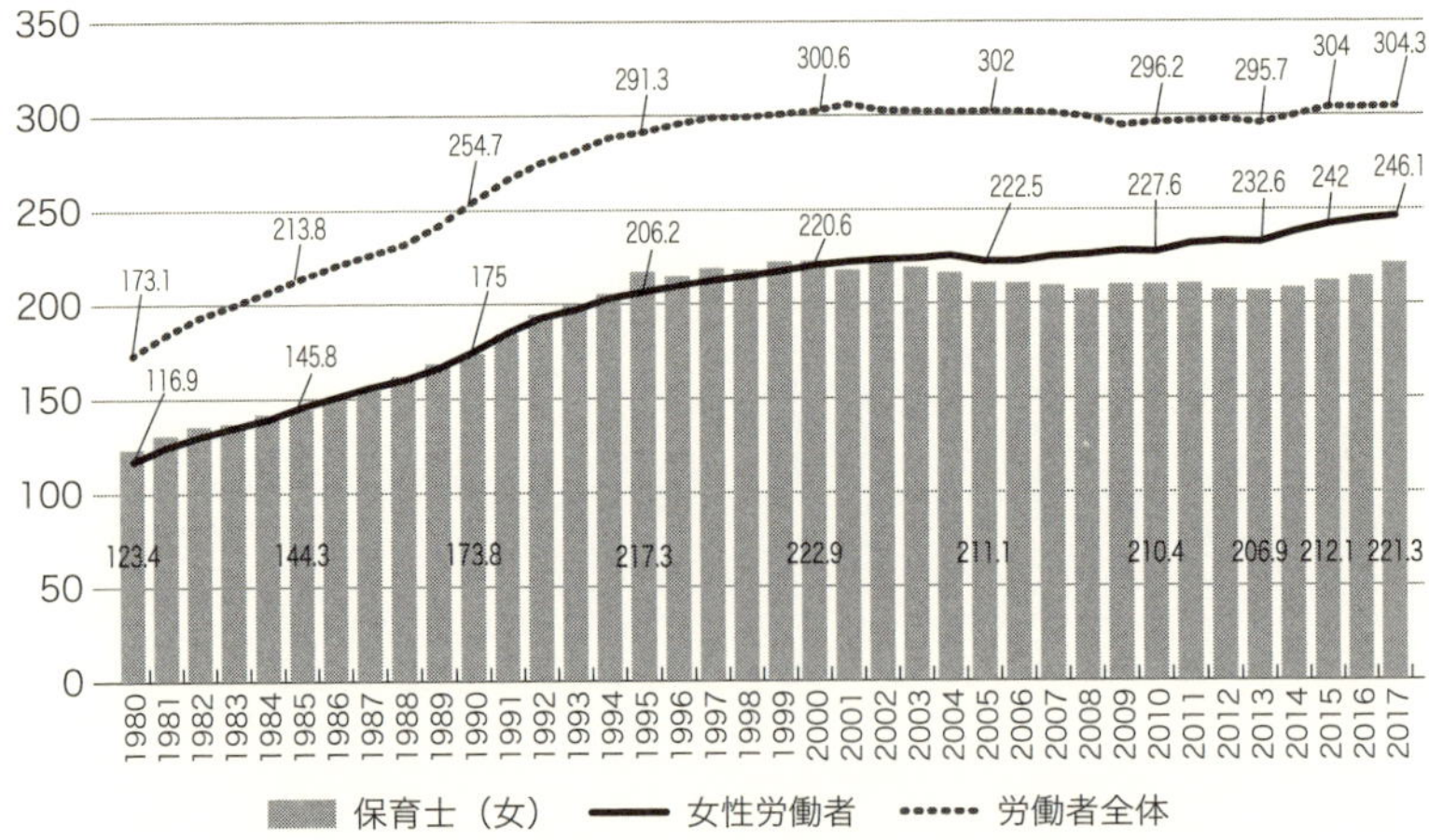

図１　保育士（民営・女）の所定内賃金の推移（単位：千円）

出所：賃金構造基本統計調査各年版より作成。

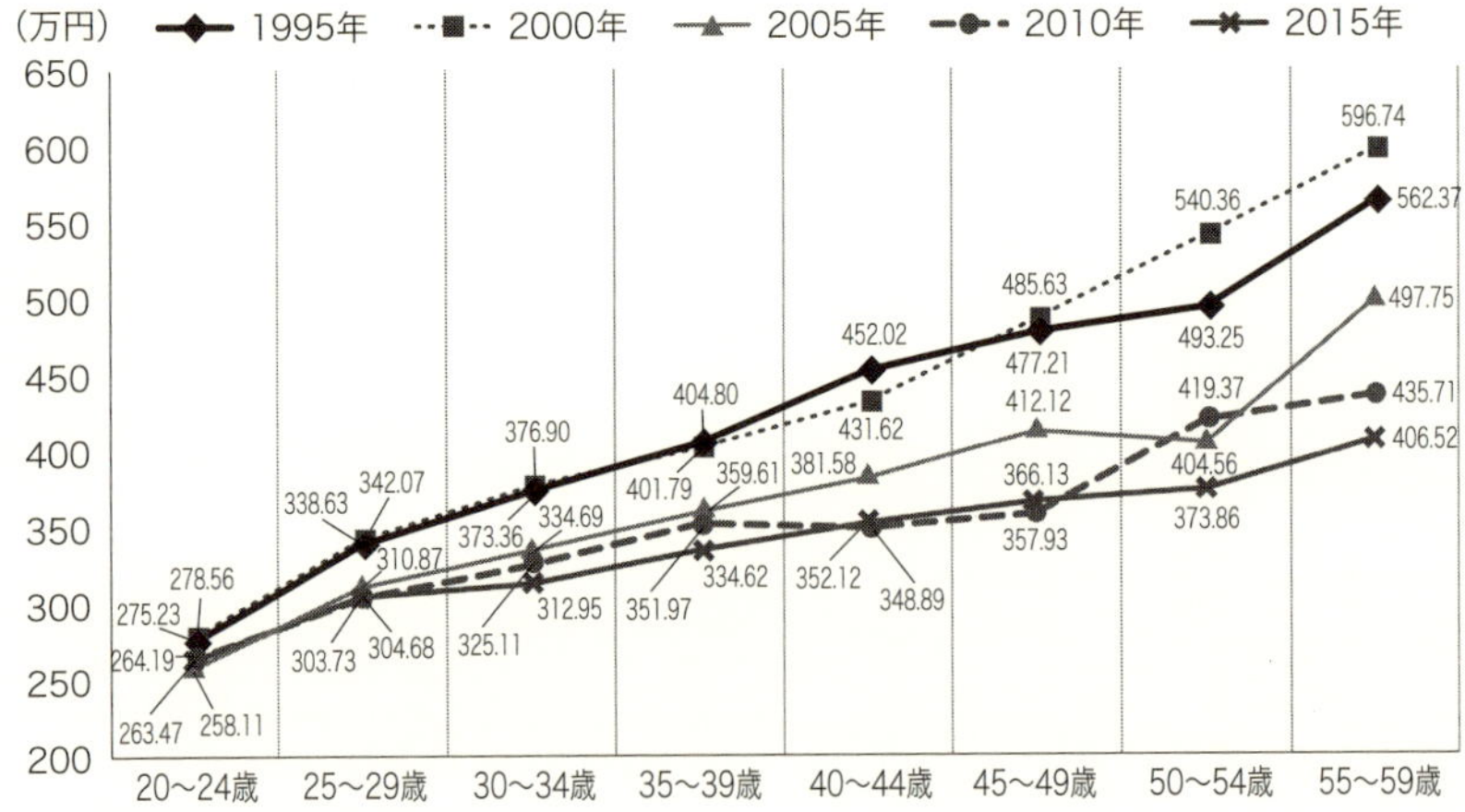

図２　保育士（民営・女）の年齢別年収平均額

注：「決まって支払われる給与額」の2か月分に「賞与・期末手当特別給与額」を加えたものを各年齢階級の「年収額」として試算したもの。

原資料：賃金構造基本統計調査各年版。

出所：蓑輪明子（2018）「保育政策と保育士処遇の現状」『保育白書2018』：162。

いないと言えよう。

また、蓑輪（2018）によると、保育士の賃金水準が最も高くなった2000年以降、それまで形成されていた年功的な賃金カーブも解体された。図2を見ると、2000年以降、全年齢で賃金低下が生じ、年齢が上がるにつれて減少額が大きくなっていることがわかる。20歳代前半と50歳代後半の年収額の差は、1995年には約287万円だったのが、2015年には約143万円にまで縮小している▼4。

なお、先に述べたとおり、施設の運営形態によって格差が存在するため、保育士の処遇を評価する場合、公営セクターの賃金も考慮に入れなければならない。公営セクターの保育士の賃金は、他の福祉関連職種の公務員とないまぜになる形で統計が取られているため、公営保育所の保育士の賃金のみを抽出して把握することができない。仮に総務省「地方公務員給与実態調査結果（2015年）」より、福祉職の正規職員の平均年収を推計すると、政令指定都市では585万8千円、市では533万7千円、町村では490万9千円である▼5。

(2) 非正規雇用の増加

保育士の労働条件は、施設の経営形態に加えて、正規雇用か非正規雇用か、という雇用形態でも大きく左右される。そして、ここ20年ほどの間に、保育士の中に非正規雇用が急増している。

2015年の国勢調査によれば、「国勢調査」において自らの職業を「保育士」と回答したもののうち、正規雇用者は32万3200人（58％）、非正規雇用者は23万4100人（42％）となっている。日本保育協会が実施している「保育所実態調査」によると、保育士の雇用形態別の構成比が1995年時点では正規が69・2％で非正規が30・8％であったのが、2011年には正規が54・4％で非正規が45・6％と非正

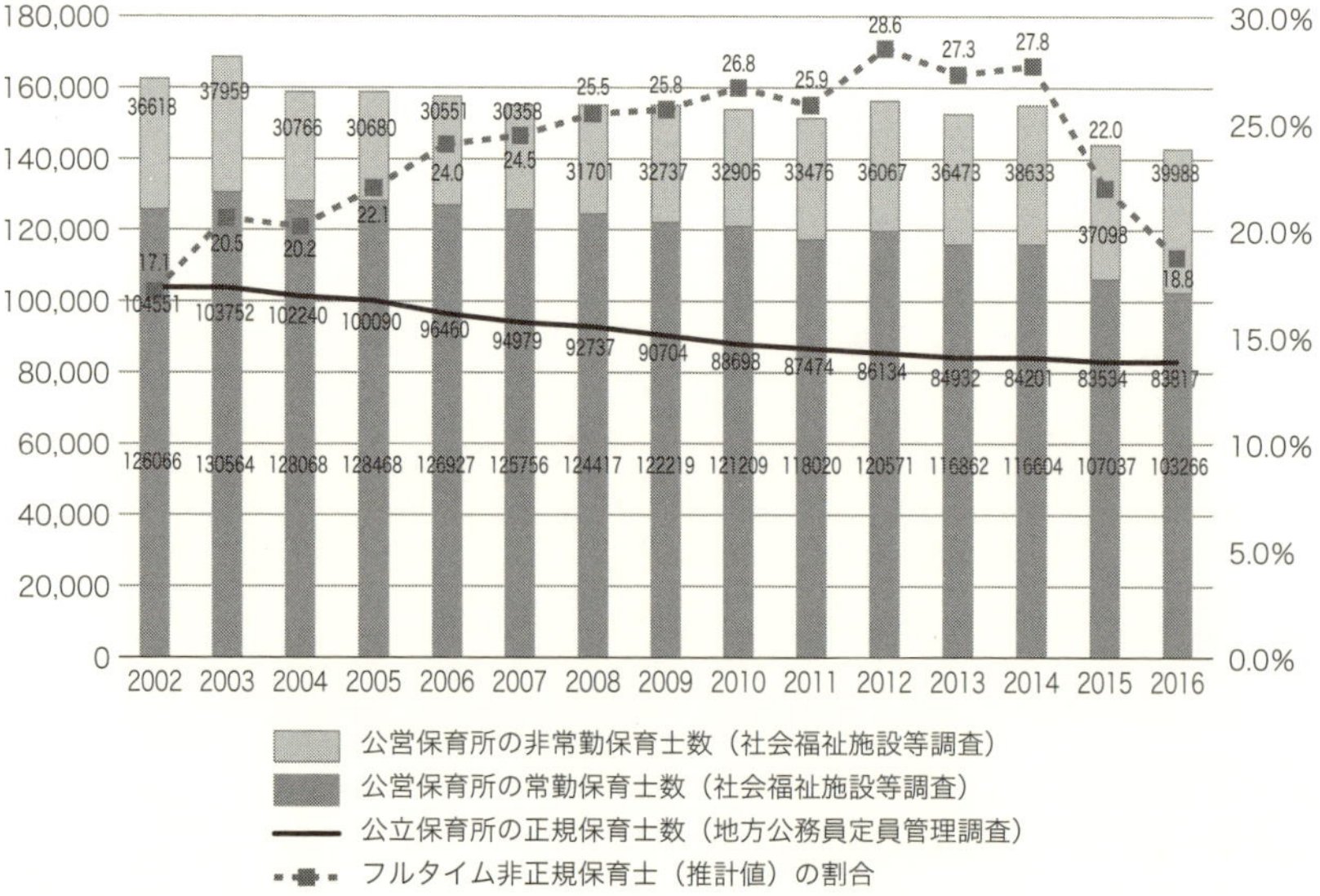

図３　公営保育所の非正規問題

注１：「社会福祉施設等調査」における常勤とは、施設等が定めた、常勤の従事者が勤務すべき時間数のすべてを勤務している者をいう。
注２：「地方公共団体定員管理調査」は、原則として正規公務員の数を把握しており、「社会福祉施設等調査」ではフルタイム勤務している者を正規/非正規問わず把握しているため、その差を求めることによってフルタイム非正規保育士の数を推計した。
注３：本図では認定子ども園、小規模保育所等は含まない。
出所：「社会福祉施設等調査」「地方公務員定員管理調査」各年版より筆者作成。

規雇用の割合が大きく上昇している。また、同協会が２０１４年に実施した調査によれば民営保育所における雇用形態別配置人数の平均値は、正規職員（11・6）〈フルタイム非正規職員（４・８）〉パートタイム非正規職員（４・２）の順に人数が多くなっており、フルタイム勤務の保育士の中にも非正規雇用の配置がなされていることが確認されている。

非正規雇用化の問題は、特に公営保育所で大きく進展した。公営保育所において、非正規雇用の職員の人数が正規保育士のそれを上回るようなケースは、東京23区など保育事業への補助金が多い自治体を例外として、もはやスタンダードになっている。総務省が２

016年に実施した「地方公務員の臨時・非常勤職員に関する実態調査結果」では、保育所の非正規雇用の割合は全ての自治体の合計で51・4％であった。図3では、「社会福祉施設等調査」で把握されている公設公営の保育所の常勤・非常勤の保育士数を縦長の棒グラフで示し、「地方公務員定員管理調査」で把握されている公務員保育士数（折れ線）と公設公営の保育所のフルタイムの非正規保育士の割合を折れ線（破線）グラフで示している▼6。2003年から2016年にかけて、公営保育所の常勤保育士（社会福祉施設等調査）は27298人、公営保育所の正規公務員は20743人減少している。他方で、パートタイム勤務の非常勤保育士は2002年から2016年36618人から39988人へと増加しており、非正規雇用でフルタイム勤務している保育士の割合も、2002年から2014年までに17・1％から27・8％へと増加していることがわかる。すなわち、この間、公営保育所においては、非正規職員が正規公務員の減少分を代替してきたとみなすことができる。

それでは、非正規雇用の中でも、正規雇用と同様フルタイムで勤務する職員の賃金水準はどの程度なのだろうか。東京都が2013年に実施した「東京都保育士実態調査」（回答数15369名）によると、正規雇用の保育士の平均年収は269・2万円なのに対し、フルタイムの非正規雇用の保育士は206・2万円で、76％の水準である（公営・民営を含む）▼7。また、総務省が2016年に実施した「地方公務員の臨時・非常勤職員に関する実態調査結果」をもとに、公設公営の保育所に勤務する非正規職員の年収額をフルタイム勤務するものとして推計すると、非正規職員の年収は200万円前後に過ぎない▼8。すなわち、公営の保育所では、非正規職員がフルタイムで勤務したとしても、正規保育士の年収の3分の1から4割の水準である。

2 なぜ保育士の労働条件が悪化したのか

これまで見てきたように、2000年代から賃金の低下、非正規雇用化など、保育士の労働条件が劇的に悪化している。その要因について、この間の政策の変化に触れながら検討していく。

(1) 民営保育所における運営費の問題

この間の保育士の労働条件をめぐる最も大きな変化として、民営保育所の保育士の賃金低下が挙げられる。日本における保育所運営に関わる費用の枠組みは、市町村の事業として保育が実施されるとの考えのもと、保育の現物支給に要する費用の委託費を、行政が負担するというものであった。民営認可保育所の運営に対する費用の負担額の割合は国が50%、都道府県が25%、市町村が25%である。国が負担する50%の負担金のうち、人件費部分は厚労省が定める最低基準に基づいた保育単価により計算されており、その基準を超える部分を各自治体が独自に上乗せしている。保育所を運営するための委託費は、2015年度から運用されている新制度では入所児童の年齢ごとに設定された「公定価格」と呼ばれ、利用時間が異なる入所児童一人当たりの月額経費が計算され、合計されたものが各施設に給付される。「公定価格」が何をもとに積算されているのかは具体的には公表されていないが、ここに含まれる保育士の給与基準額は、国家公務員の給料表のうち、特定の技能や責任が同等レベルとみなされた月給20万2470円で計算されている[9]ことが指摘されている。この金額を、法定労働時間の上限（週40時間×4週間）で割ると、時間当たり賃金は1265円になるが、ほとんどの民営保育所は1日11時間開所しているため、週当たりの開所時間で計算すると、1時間当たり766円に過ぎない。2017年10月以降の最低賃金は最も高い東京では958円、最も低い8県では737円である。開所時間11時間を通じて必要な職員数を確保しようとすれば、最低賃金と同等レベルの水準である。しかも、この金額は運営費としての「公定価格」を積算するさいに参照される目安に過ぎず、各施設が保育士に払う賃金額として規制されているものではない。特に、それまで使途制限があった保育所委託費の「弾力運用」が、2000年に認められたことも、保育士の賃金の低下の大きな要因である。委託費の弾力運用が認められたことによって、民営保育所は一定の基準を満たせば、人件費を事業費等に回すことができるようになったのである[10]。そのため、もともと低水準であった民営保育所の保育士の賃金水準がさらに低下したと考えられる[11]。

さらに、民営保育士の賃金水準は、公務員である公営保育所の保育士と比較して低水準である。これが「公私間格差」として問題とされ、1970年代以降長年にわたって、東京都や大阪府、名古屋市などの自治体は、公務員保育士の給与に準拠し、民営保育所の保育士の給与を国の補助金に上乗せして引き上げる公私間格差是正措置を導入していた。しかし、2000年代には、公私間格差是正のための処遇改善策が相次いで廃止された。このように、民営保育所における保育士の賃金低下は、2000年代に行われた規制緩和と補助金削減の結果、引き起こされたのである。

（2）運営主体の多様化と賃金配分の低下

さらに、保育所の運営主体の規制緩和による運営主体の多様化と、公営保育所の民営化も、保育士の処

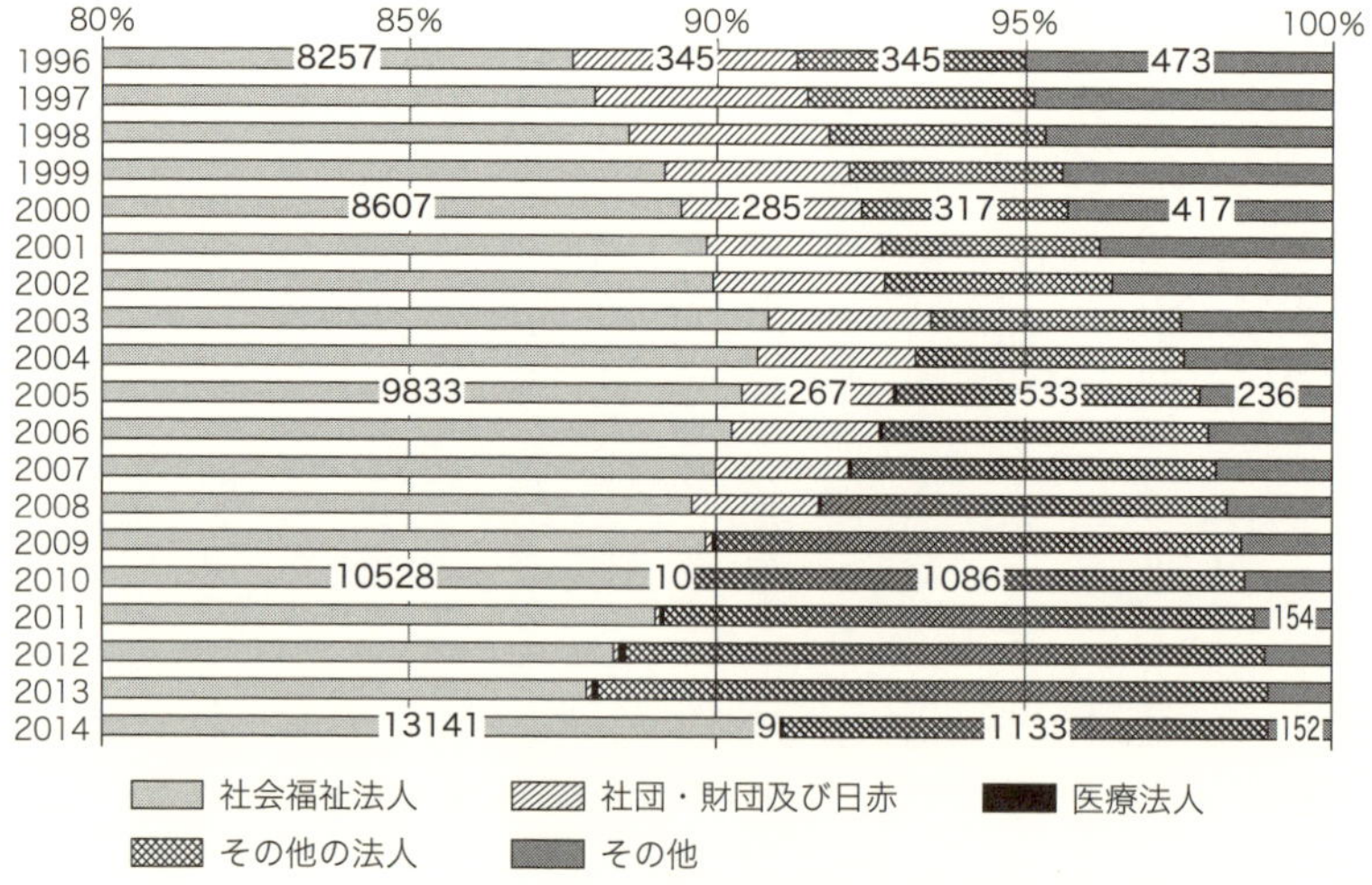

図４　民営保育所の経営主体内訳

注：営利企業は、その他の法人に含まれる。2008年以降、その他の法人には、営利企業のほかに、一般社団法人、一般財団法人、協同組合、特定非営利活動法人、学校法人、宗教法人などが含まれる。
出所：「社会福祉施設等調査」各年版より筆者作成。

遇悪化の大きな要因である。

１９９０年代後半以降、待機児童数の増加にも関わらず、保育施設はそれほど増えていない。他方でこの時期進行したのは、自治体の財政難を理由に進められた公営保育所の民営化（民営委託および指定管理者制度の導入）である。この時期から、公設公営の保育所数は一貫して減り続け、民営保育所数が増加している。公営保育所は１９９６年に１４３９１か所だったものが、２０１４年には９３１２か所に減少している。一方、民営保育所はその数を増やし、１９９６年には９４２０か所だったものが、２００７年には１１５９８か所となって公営保育所数を上回り、２０１４年には１５１９７か所となって全認可保育所の62％を占めるまでに至っている。

図４は、民営の認可保育施設の経営主体の内訳を示したものである。これを見ると、民営保育所の経営主体は常に社会福祉法人の割合が最も高く、85％から90％を占めているが、２００

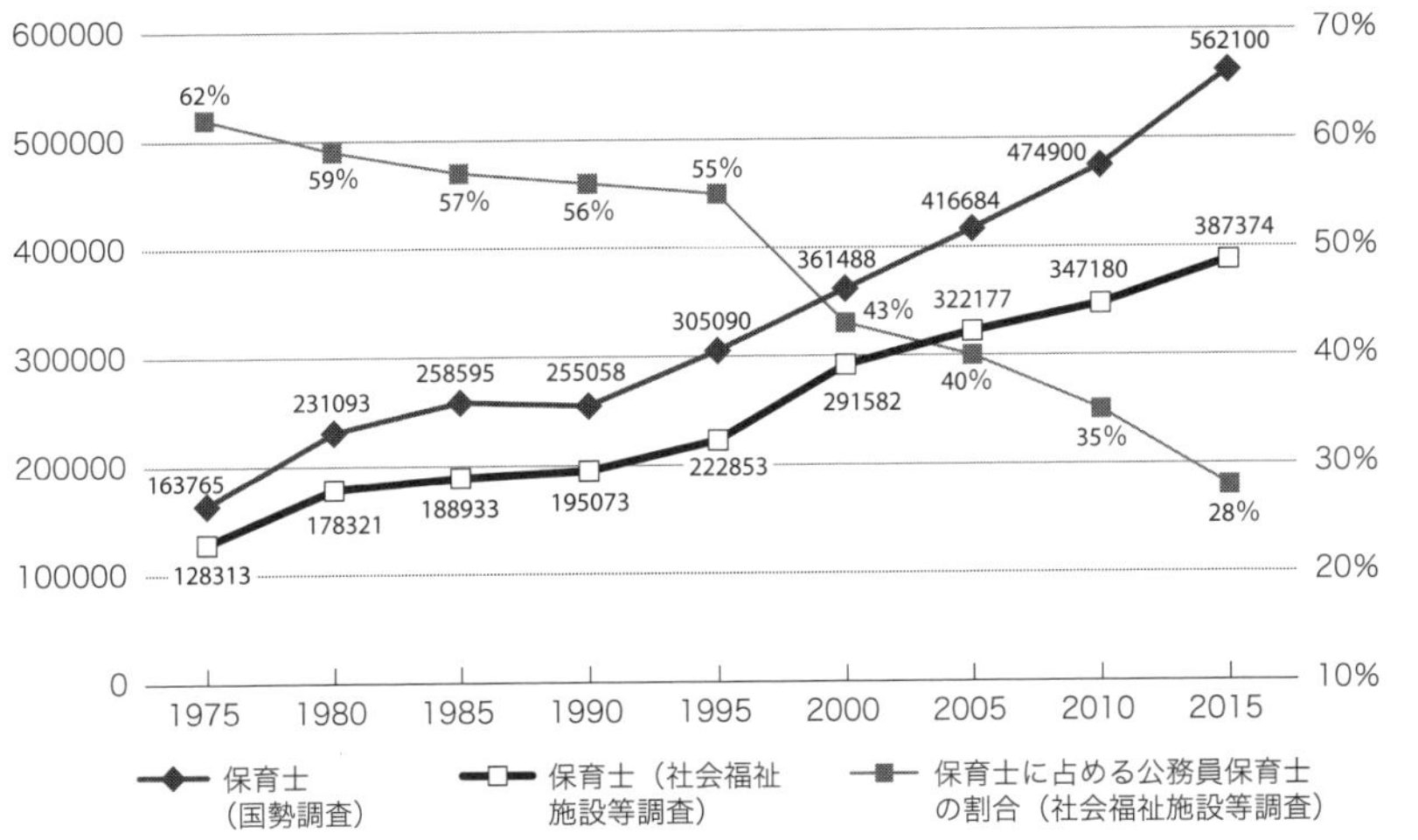

図５　多様な施設で働く保育士の急増

注１：社会福祉施設等調査については、保育所の常勤保育士数（専任＋兼任）を示している。
注２：社会福祉施設等調査では2015年度から保育士と幼保連携型認定子ども園等で勤務する保育教諭とを分類して集計している。本図には保育教諭の数を含む。
出所：『国勢調査』『社会福祉施設等調査』各年版より筆者作成。

０年代には社会福祉法人の割合が相対的に低下し、その他の法人の割合が増加していることがわかる。その他の法人の増加には、調査での法人の分類方法が変更されたことも作用しているが、この中に含まれる営利企業やＮＰＯ法人等、多様な運営主体の増加も大きな要因である。

小林（2018）は、東京23区内の民営の認可保育所の財務諸表を分析し、人件費比率について明らかにしている。これによると、人件費比率が40％未満の施設は、社会福祉法人が４７７施設中39施設だったのに対し、株式会社では２６５施設中１０７施設と全体の半数近くに上ったという▼[12]。国や自治体は、「公定価格」の積算などに際し人件費比率を７割と想定しているが、それを大きく下回る施設が特に株式会社には多いことが浮き彫りになった。

図５は、「国勢調査」において自らの職業

を「保育士」と回答した人数と、児童福祉法に基づく福祉施設を対象とする「社会福祉施設等調査」において施設が回答した保育士数とを示している。90年代半ばから、この二つの調査における保育士数の差が拡大していることがわかる。1975年にはその差は3万5452人、1990年には5万9985人と緩慢に増加していたが、2000年以降その差がさらに拡大し、2015年には20万7755人に達している。これは、従来の公的保育制度の枠外におかれた保育供給主体（認証保育所、無認可の施設や有償保育ボランティアなど）の増加を意味している。他方で、保育士に占める公務員保育士の割合は、1995年以降急激に減少し、1975年には62％を占めていたのが、2015年には28％となっている。以上のことから、保育所運営主体の多様化は、結果として運営費における人件費比率の低い施設と、公的保育制度にのらない運営主体による保育施設の増加をもたらした。保育需要の急速な高まりの中で、保育士に必要なコストをかけることをしない施設、またはできないような脆弱な経営基盤の元に置かれた施設が許容され、行き場のない子どもの受け皿となり、保育士の新たな職場として広がっているということである。

(3) 非正規雇用増加の背景

非正規雇用の拡大が進んだ要因は、やはり2000年代を中心に規制緩和が実施された結果である。1998年には、それまで制限されていた短時間勤務保育士の配置が、定数の8割以上が常勤の保育士等で満たされている場合に容認された。さらに、2002年には、クラスごとに常勤保育士を1人配置すればよいとして短時間勤務保育士の配置制限が事実上撤廃された。「社会福祉施設等調査」によれば、民営保育所に短時間勤務する「非常勤」の保育士の割合は2002年には19・7％であったが、2016年には24・8％に増加している。

また、公営保育所において、非正規職員への置き換えが進む最大の理由は、公務員の定員削減と人件費の圧縮である。2004年度までは、保育所の運営費は公営、民営を問わず、保育所運営費という国庫負担が行われていた。この負担金のうち、人件費部分は厚労省が定める最低基準に基づいた保育単価により計算されており、その基準を超える部分を各自治体が独自に上乗せしてきた。しかし2004年度以降、公営保育所の運営費の市町村に対する国庫負担金が廃止・一般財源化が実施され、さらに、2006年には施設整備交付金が公営施設には適用されなくなったのである。このような一連の公営保育所の運営・整備にかかる国の財政補助の削減は、一方では公営保育所の民営化と正規保育士の非正規職員への置き換えへの財政的圧力となったと考えられる。日本保育協会が2007年に実施したアンケート調査では、一般財源化の影響で保育園の運営費を節減・圧縮したと答えた市は61%に達し、節減した具体的な経費として、人件費を節減した市が59・4%に達している[13]。また、保育研究所が2009年に実施した調査では、一般財源化の影響により、「公立保育園の職員の新規採用の抑制」を行ったという回答が、全体の17・2%であり、人口規模の小さい自治体になるほど割合が大きくなることが明らかになっている[14]。市町村に対する、公営保育所の運営費に関する国庫負担金廃止・一般財源化の結果、特に財政が脆弱な小規模自治体において、正規雇用の割合が低くなり、非正規化が進んでいるということである[15]。

加えて、2005年の「新地方行革指針」[16]、2006年の行革推進法等により、政府が地方公務員の定数削減を推進してきた。「地方公務員定員管理調査」によれば、地方自治体の総職員数は、対1994年比で約54万人減少している。公営保育所に勤務する保育士もその影響を受け、正規職員の退職不補充により、非正規職員への置き換えが進行していると考えられる。

先に述べたとおり、保育士の賃金は施設の経営形態と雇用形態によって階層が存在しており、公営正規

（年収平均約500万円）＞民営正規（年収平均約350万円）＞公私営フルタイム非正規（年収平均約200万円）＞公私営パートタイム非正規（有資格）＞無資格の保育従事者、といった序列になっている。この間進行したことは、最も労働条件が良い公営保育所の正規保育士が、民営化と非正規雇用化によって減少し、民営保育所の正規保育士の賃金は低下、さらに低賃金の非正規保育士が増加する中で、保育士の賃金が全般的に低下させられたということである。

3　保育労働の変容が保育環境になにをもたらすか

これまでみたように、保育士の賃金が低下し、非正規雇用の保育者の比率が高まってきている。こういった変化は、保育所の職場環境にはどのようなインパクトをもたらすのだろうか。

図6は、2013年から2018年までの全国の保育士（常用）の求人動向を示したものである。二本の棒グラフは、それぞれ保育士求人数と求職者数を表している。保育士求人数は2013年には169 42件であったものが、2018年1月には34433件に達しており、この5年間で2・03倍に急増している。他方、求職者数の傾向は同じ5年間で0・88倍と減少している。求人数と求職者数の差は年々広がっていく傾向であり、折れ線が示す全国の有効求人倍率は年々上昇を続け、2018年1月には3・82倍になっている。待機児童問題の深刻化が示しているように、保育需要の急増に、供給が追い付いていないことが保育士不足の要因である。そして、求職者が減少している背景には保育士の処遇の問題の深刻さ

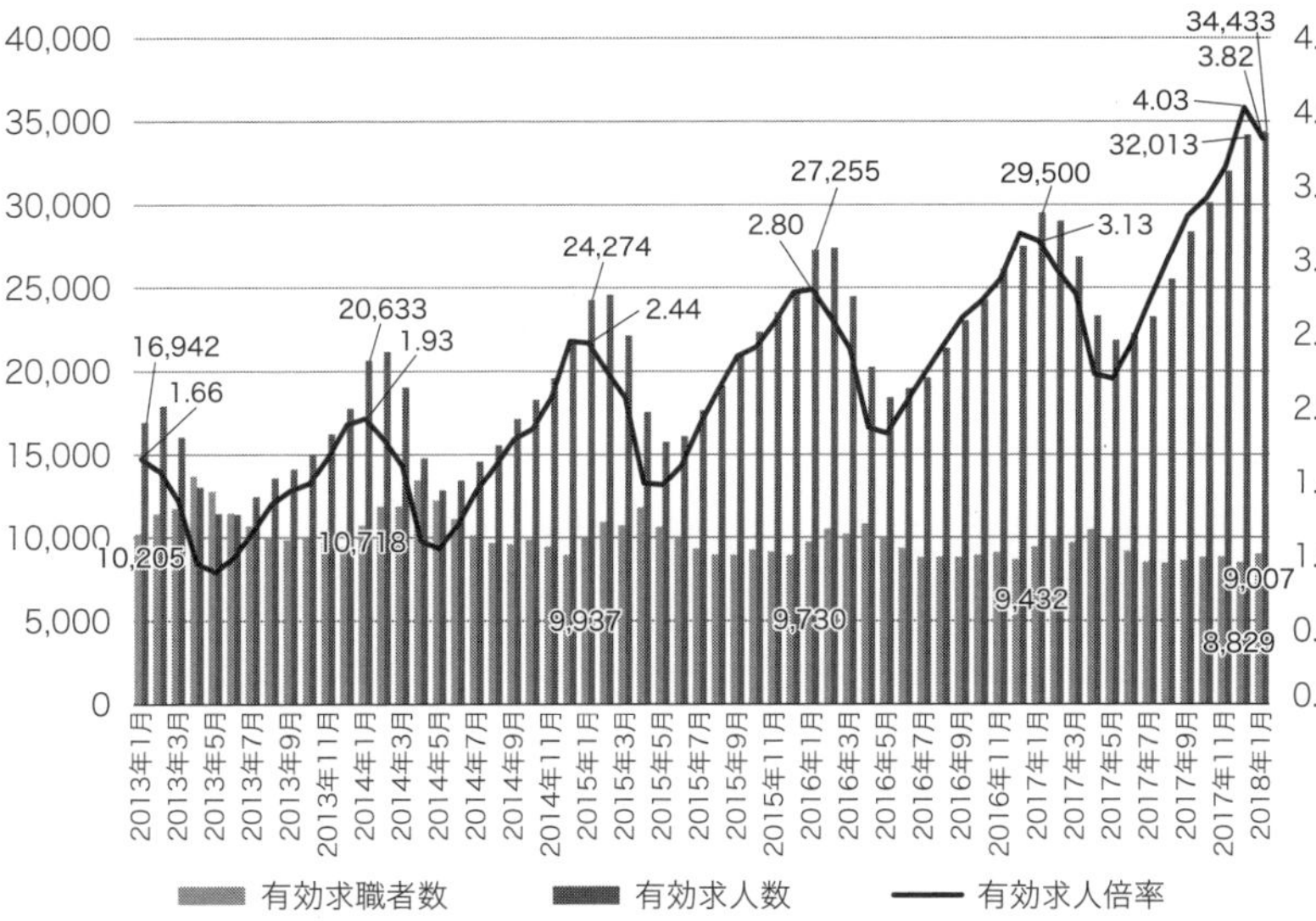

図６　保育士の有効求職者数

注：常用とは、雇用契約において、雇用期間の定めがない、または４か月以上の雇用期間が定められているものをいう。
出所：「職業安定業務統計」。

も看過できるものではないであろう。東京都福祉保健局が２０１４年に直近５年間に東京都に保育士登録した全員（３１５５０名）に対して実施した「東京都保育士実態調査」では、現在就業中の保育士で退職の意向がある者にその理由を聞いている。理由の第一位は「給料が安い」で約65％、次いで「仕事量が多い」で52・2％、「労働時間が長い」が37・3％となっている。また、厚生労働省が保育士資格を有するのに、保育士を希望しない求職者に対して実施した調査では、保育士職への就業を希望しない理由で、働く職場の環境改善に関する項目として、「賃金が希望と合わない」が最も多く、「休暇が少ない・休暇がとりにくい」ことなどが挙げられている▼17。

　これらのことは、労働条件の問題が原因で、キャリアの浅い保育士たちが就業継続を断念する可能性、未来の保育士希望者が失われる可能性を示唆している。若い保育士にとって、先輩保育士からの知識・技能の伝承がなされ、経験を通じて保育技能を身につけていくことが重要である。しかし、若い世代の保育士が職場に定着し、キャリアを積んでいく条件が失われれば、退職等による職員の入れ替わりが激しくなり、職場集団に一人の保育士が蓄積した貴重な経験的知識や技能が蓄積されず、保育の質に影響を及ぼしかねない。

このような中、現在の保育士不足への対応策のひとつとして、政府は、保育人材として足りない分を無資格の人員でまかなうという方針を打ち出している。2015年度から「子育て支援員」という認定資格制度が新たに設けられ、都道府県が実施する最長30時間の研修を受講すれば、乳児院や児童養護施設、小規模保育所等で勤務できることになった。さらに、厚生労働省は2016年2月28日、保育職場に保育士資格をもたない者の導入を拡大する省令改正を公表した[18]。これは、①朝夕の保育士配置基準の弾力化、②幼稚園教諭及び小学校教諭等の活用、③加配人員における保育士以外の配置を弾力化、などの内容である。

これらの対策は、職場の中に資格のレベルや雇用形態に基づく階層の形成や、保育士間の分業の複雑化を招きかねない。垣内国光らが2013年に都内公立保育園で働く非正規職員に対して行ったアンケート調査[19]によると、東京都内の公立保育園では、2013年4月時点の職員計1万6478人（正規職員も含む）のうち、非正規雇用の職員は44・7％（7366人）であり、区部は非正規職員の比率が41・8％だったのに対し、市町村部は57・6％であった。67・1％の非正規職員のうち、7時間未満の間で働くパートタイマーが57・3％と多くを占めており、非正規職員が資格を有していないことがわかった。パートタイマーが多数を占めるということは、短時間勤務の非正規職員が1日の保育の中で次々と入れ替わる状況になっていると考えられる。そして、このようなことは、非正規職員に仕事上必要な情報が十分に共有されていないという問題として表れている。非正規職員の69・0％が、保育計画の作成に関わっておらず、69・4％が打ち合わせ・会議に関わっていない。また、「あなたの職場では仕事をするうえで必要な情報の共有が行われていますか」という質問に対して、37・4％が「非正規にはほとんど情報がない」と回答しており、「非正規職員のみなさんが働きやすい職場であるために必要なものとして、どのようなものがありますか」という質問に対しては、「園児のことなどもっと情報がほしい」という選択肢を回答者の半数（50・5％）が選択している。さらに、「研修・講習を受けた経験がない」と回答した非正規職員は65・1％であった[20]。

以上のように、配置基準緩和前の状況であっても、無資格の職員が保育に従事していること、同僚間の連携と情報共有が困難であり、非正規職員に研修等の機会も保障されていないなどの事実が明らかになっている。会議や方針決定の場に参加できないことで、保育所の職員間には保育方針の共有不足、情報の行き違いなどの問題が生じかねない。保育所において扱われる情報は、子どもの健康や生命にかかわるものや、極めてセンシティブなプライバシーに関わる問題もある。職員間の伝達ミスによる子どもの安全や保護者への信頼喪失は、安定した保育所運営への重大な障害である。また、会議や研修に参加できないことによって、非正規職員の知識・技能の習得や蓄積にマイナスの影響を及ぼすことにもなりかねない。無資格者の導入によって保育士不足を補おうとする対策は、保育職の階層化による分業の複雑化と、連携の困難化による保育の質の低下につながる可能性をはらんでいるのである。

まとめにかえて

2000年代の日本の保育行政は、待機児童対策を主要政策として取り組んできたにも関わらず、認可保育所を増やし、保育士の待遇を改善して保育士の不足を解消するための新規の予算措置は行ってこなかった。むしろ既存施設の受け入れ定員を拡大する形で保育の供給の増加を進め、保育士の賃金をより低水準に置き換えてきたのである▼21。以上のことが、全体として保育士の賃金水準の減少の大きな要因となっている。

冒頭に述べたOECDの乳幼児期の教育とケアに関する日本の現状の報告書には、他国と比較して特に3〜6歳児の子どもの人数当たりに対する職員配置の割合の少なさが、改善すべき問題として指摘されている▼22。にもかかわらず、課題の解決を目指すのではなくむしろ職員の負担を増加させる形で保育量の供給を増やそうとしているのが日本政府の方針である。ここで言及しておかなければならないのは、職員配置最低基準の問題である。保育所には、子どもの実際の人数に対する職員の配置基準が児童福祉法に基づく厚生労働省令によって決められており、子どもの人数が決まれば、配置基準に基づいて保育士の数が決まるという仕組みになっている。現在の保育所は11時間開所を前提にしているにもかかわらず、保育士の配置基準は依然として8時間を前提として定められており、保育士は一日の勤務時間すべてを子どもの保育にあてなければ保育所の運営ができない仕組みとなっている。保育士が担わなければならない業務は、子どもと関わる以外にも、教材準備や保護者との連絡・相談、職員間での打ち合わせ、保育計画や記録の作成、地域や専門機関との連携、研修など多種に及ぶが、これらを勤務時間内に保障することが実質的に困難なのである。そのため、保育現場では国基準の職員配置に上乗せして人員を配置するケースが多い。全国保育協議会が2011年に実施した「全国の保育所実態調査」において、年齢ごとの平均児童数と職員配置数を照らし合わせてみると、実際の職員配置は国基準で計算する配置数よりも多くなっている▼23。しかし、施設に支給される運営費は国基準を基本に設計されているため、人員配置を増員している部分は法人内での資金のやりくりを行わざるを得ない。保育士の低賃金と長時間労働は、保育士配置基準の構造的な問題であり、児童福祉施設の最低基準が改善されないまま放置されてきた結果なのである。

本稿で確認してきたとおり、保育士の中での非正規雇用の増加も顕著である。前述のＯＥＣＤのレポートでは、日本の乳幼児期に関わる職員の養成の質は国際的な平均よりも高いとされているが、この点は、近年急速に増加している非正規雇用の職員については全く考慮に入れられていないと言ってよい。非正規雇用の職員に関する調査からは、同僚間の連携と情報共有が困難化することによって、職務の達成度が低下する可能性が高いことが明らかになっている。さらに無資格者の導入によって保育士不足を補おうとする対策は、保育士集団の連携に影響し、保育の質の低下につながる可能性がある。

また、職場の中に資格のレベルや雇用形態に基づく階層が形成され、保育士間の分業が複雑化することによって、保育に携わるものの間に生じる処遇格差についてどこまで、どのような基準で是認するのかという課題が生じている。蓑輪（2018）は、地域別最低賃金とは別に職種に応じて適用される「保育最賃」の創設を提唱する。雇用形態間に不当な格差が存在する日本において同一労働同一賃金を目指すとき、職種別最賃の設定ができれば、少なくとも時間給ベースでの格差解消と賃金底上げによる待遇改善を実現することができる。ただし、資格のレベルが多層に設けられることによって、「保育士」の有資格者と、より低レベルの資格保有者、無資格者の処遇格差をどのように考えるのか、という課題はなおも残るであろう。

保育所は、あらゆる境遇におかれた子どもたちが日々安心して生活し、育つ場であり、保育所で働くものはそのような場を保障する重要な役割がある。保育の仕事は、子どもに関わる多数の大人たちのチームワークによって成り立つ。保育所に働くすべての職員の得た情報や意見が子どもたちに生かされ、すべての職員が自分の役割と仕事のやりがいを実感しながら保育に携わることが、保育の質にとっても欠かせない条件である。しかし、保育士の労働環境は、困難を抱えた親子を支え、すべての子どもたちの発達と安心して生活できる環境を十分に保障しうるものになっているだろうか。現状を見る限り、その条件はますます失われつつある。

保育士同士の意思疎通やコミュニケーションの機会を保障し、対等な職員同士の人間関係を作っていくためには、保育士に対する専門的知識・技能習得の保証、職場内でのより公平性の高い労働条件の保障と、経済的・心理的・時間的余裕が必要であることはいうまでもない。国や地方自治体にまず求められているのは、保育の質を犠牲にしない形での保育供給量確保であり、「保育の質」を確保するにふさわしい労働条件や職員配置に見直すことである。

注

1 OECD,2012：*Starting Strong III：A Quality Toolbox for Early Childhood Educationand Care*, OECD Publishing,

2 保育士とは名称独占の資格であり、制度上無資格の者は保育士とは呼べない。本稿では保育士資格を保有する者のみを保育士と記載している。

3 2003年の地方自治法改正により、地方自治体の公立保育所にも指定管理者制度が適用され、社会福祉法人のみならず株式会社、NPOなどの様々な団体が公立保育所の管理運営に携われることになった。指定管理者が管理運営する保育所は、「公設民営」の保育所である。本稿では、「公設民営」と「公設公営」の保育所を区別するため、一般的な「公立保育所」という表現は使わずに、地方自治体が設置し、保育士を直接地方自治体が雇用して運営する保育所は、(公設)「公営保育所」と呼ぶこととする。また、これと対比していわゆる「私立保育所」児童福祉法で認可された民間保育所を「民営保育所」とし、それ以外の多様な運営形態の保育施設・サービスを民間保育所と表現する。

4 蓑輪明子（2018）「保育政策と保育士処遇の現状」『保育白書2018』、162頁

5 総務省「平成27年地方公務員給与実態調査結果」より、平均給与月額（諸手当を含む）に平均期末、勤勉手当額を加えることによって平均年収を推計した。この調査では保育士のみのデータは公表されていないため、福祉

職の数値である。

6 この分析方法は以下の論文を参考にした。上林陽治（2015）「私は非正規公務員［4］非正規化・雇用劣化が同時進行する保育現場」WEBRONZA、2016年07月12日
(http://webronza.asahi.com/business/articles/2016070800002.html)

7 東京都保健福祉局（2014）『東京都保育士実態調査報告書』、17頁

8 小尾晴美（2018）「公立保育所職員の処遇の現状と課題」『保育白書2018』、161頁

9 この金額は、国家公務員福祉職俸給表の1級29号俸に相当する。内閣府子ども・子育て本部参事官（子ども・子育て支援担当）・厚生労働省子ども家庭局保育課長「平成30年度における私立保育所の運営に要する費用について」2018年6月29日。

10 厚生労働省雇用均等・児童家庭局長「保育所運営費の経理等について」（児発第299号、平成12年3月30日）。この経緯については、小林美希（2018）「職業としての保育園（上）情報公開資料から見る保育士の人件費」『世界』2018年2月、No.904、136～138頁参照。

11 以下の論文が参考になる。逆井直紀（2016）「保育所最低基準と規制緩和政策」『保育学講座②保育を支えるしくみ』東京大学出版会、147～176頁。萩原久美子（2017）「保育供給主体の多元化と公務員保育士」『社会政策』第8巻3号、ミネルヴァ書房、68～70頁

12 小林美希（2018）「職業としての保育園（下）株式会社立保育園」『世界』2018年3月、No.905、119～121頁参照。

13 日本保育協会『保育所運営費等に関するアンケート調査結果報告書』社会福祉法人日本保育協会、2008年、8～10頁

14 保育研究所・保育行財政研究会（2009）『保育行財政に関する市町村アンケート調査報告書』日本自治体労働組合総連合、11頁

15 日本保育協会『保育所運営の実態とあり方に関する調査研究報告書』社会福祉法人日本保育協会、2011年、49頁。同頁には、「このこと（公立保育所の非正規化）は、2004年度からの公立保育所運営費の一般財源化以降、指摘されてきたことと符合している」と言及されている。

16 2005年3月に総務省によって策定された「地方公共団体における行政改革の推進のための新たな指針」（以下「新地方行革指針」と略記）において、05年度から21年度までの行政改革計画「集中改革プラン」を策定し、

住民にわかりやすく明示することが各地方公共団体に義務づけられたためである。この「新地方行革指針」では、公務員の定員削減と給与の適正化、民営委託等の推進、行政評価制度の導入、情報公開やパブリックコメントなど公正の確保と透明性の向上、という取り組みが地方公共団体に要請され、区市町村には地方公務員の定員管理の数値目標、給与の適正化、民営委託等の推進、事務事業の再編・整理等、公営企業・第三セクターの見直しが、都道府県にはこれに加えて出先機関の見直し、区市町村への権限委譲が「集中改革プラン」の取り組み項目として挙げられた。

17 厚生労働省「保育人材確保のための『魅力ある職場づくり』に向けて」平成29年4月

18 「児童福祉施設の設備及び運営に関する基準及び家庭的保育事業等の設備及び運営に関する基準の一部を改正する省令」（平成28年厚生労働省令第22号）。２０１６年4月1日に施行。

19 都内公立保育園で働く非正規保育者３６３２人の回答による「公立保育園における非正規職員の仕事と生活に関するアンケート」垣内国光研究室（2014）『東京都の公立保育園における非正規職員の実態調査報告書』明星大学人文学部垣内国光研究室

20 小尾晴美（2015）「パートタイム職員に依存する東京都の公立保育園――自治体・非正規職員に対するアンケート調査結果に基づいて」『保育情報』No.462、23～31頁

21 １９９７年には保育所利用児童は１７０万１６５５人であったが、２０１４年には２２３万５５２人、２０１６年には２３３万２７６６人となり、63万人の増加、利用児童数は１・37倍となっている。しかし、認可保育所の増加率は20年間で１・1倍程度に過ぎない。施設の増加率に比べ、利用児童の増加率の方が高いということは、既存の施設に対して詰め込み保育等による定員増が進められており、これらは待機児童の解消が現場での保育士の負担に依存してきたことを示すものである。

22 OECD（2012）*Quality Matters in Early Childhood Education and care JAPAN*: 9-21.

23 全国保育協議会（2011）「全国の保育所実態調査報告書２０１１」資料編、81～82頁。子どもの年齢別平均人数から国基準での職員配置数を求め、常勤の職員数と比較すると、約4～5人の差が出る。

第4章
子どもをケアする時間の格差

…大石亜希子

子どもを育てるには時間とお金の両方が必要である。日本では2014年に「子どもの貧困対策法」が施行され、教育面を含めて「貧困の状況にある子どもが健やかに育成される環境を整備する」ことが明記された。足元では改善がみられるとはいうものの、日本の子どもの貧困率は13・9％（2015年）とOECD（経済開発協力機構）諸国の中ではいぜんとして高く、特にひとり親世帯の貧困率は50％を超えて国際的にみても突出して高い。子どもの貧困問題では所得面での貧困がとかく注目されがちであるが、実際には所得面での貧困は時間面での貧困と不可分の関係にある。そこで本章では、母子世帯と二親世帯の生活時間配分の比較を通じて、子育てに必要な「時間」の面から子どもの貧困の実態を明らかにする。

はじめに1980年代以降の働き方の変化を振り返った後、近年の母親就業率の上昇とその背後にある要因について検討する。

1　人々の働き方はどう変化したか

いまから約30年前の1987年に経済審議会の経済構造調整特別部会が発表した「新・前川リポート」では、当時年間2100時間台であった年間総実労働時間を、1990年代末までに1800時間にすることが政府目標とされた。これを受けて法定労働時間は週48時間から段階的に短縮され、1997年には全面的に週40時間制に移行した。実際に年間総実労働時間が初めて1800時間を下回ったのは2008年であり、公約から20年を経て目標が達成されたことになる。その後も年間総実労働時間は減少を続け、

２０１７年には１７２１時間と過去最低を記録した。

このように表面上は「時短（労働時間の短縮）」が進んだにもかかわらず、長時間労働や過労死はいぜんとして社会問題となっている。その理由として、以下の3点を指摘することができる。第1に、総実労働時間の減少はパートタイム労働者比率の上昇によってもたらされた。パートタイム労働者を除く一般労働者についてみると、年間総実労働時間は20年以上にわたり２０００時間台で高止まりしており、時短は進んでいない。第2に、年間総実労働時間がほとんど変化しない中で週休二日制が普及したことにより、出勤日一日当たりの実労働時間はむしろ増加した。結果として第3に、所定外労働時間（残業時間）は１９９０年代初めよりも増加している（小倉 2011）。とくに、子育て期にあたる30〜40代の男性雇用者では、今日でも7人に1人が週に60時間以上就業しており、ワーク・ライフ・バランスを実現することが難しい状況にある（総務省「労働力調査（基本集計）」２０１７年）。

女性の働き方については、２００５年ごろから注目すべき変化が生じている。まず、30〜40代女性の就業率が大幅に上昇した（大石 2017）。なかでも就学前児童のいる母親の就業率上昇が顕著で、そのかなりの部分が正規雇用者として働く母親の増加によってもたらされている。図1は、末子の年齢別に仕事をもつ母親の割合を示しているが、２００５年と２０１７年を比較すると末子が3歳以下の母親で上昇幅が大きい。また、正規の職員・従業員として働く母親の割合の上昇幅もこの年齢層では目立っている。

かつて女性は結婚や出産を機に退職し、子育てが一段落したら労働市場に再参入するという就労パターンをとることが多かった。そのため年齢階級別の女性就業率を図にすると、30代に「凹み」のあるM字型のカーブを描くことが知られていた。しかし今日ではM字カーブはほぼ消失している。この背景には、正規雇用者として働く女性が育児休業制度を利用して継続就業するようになったことと、保育サービスの量

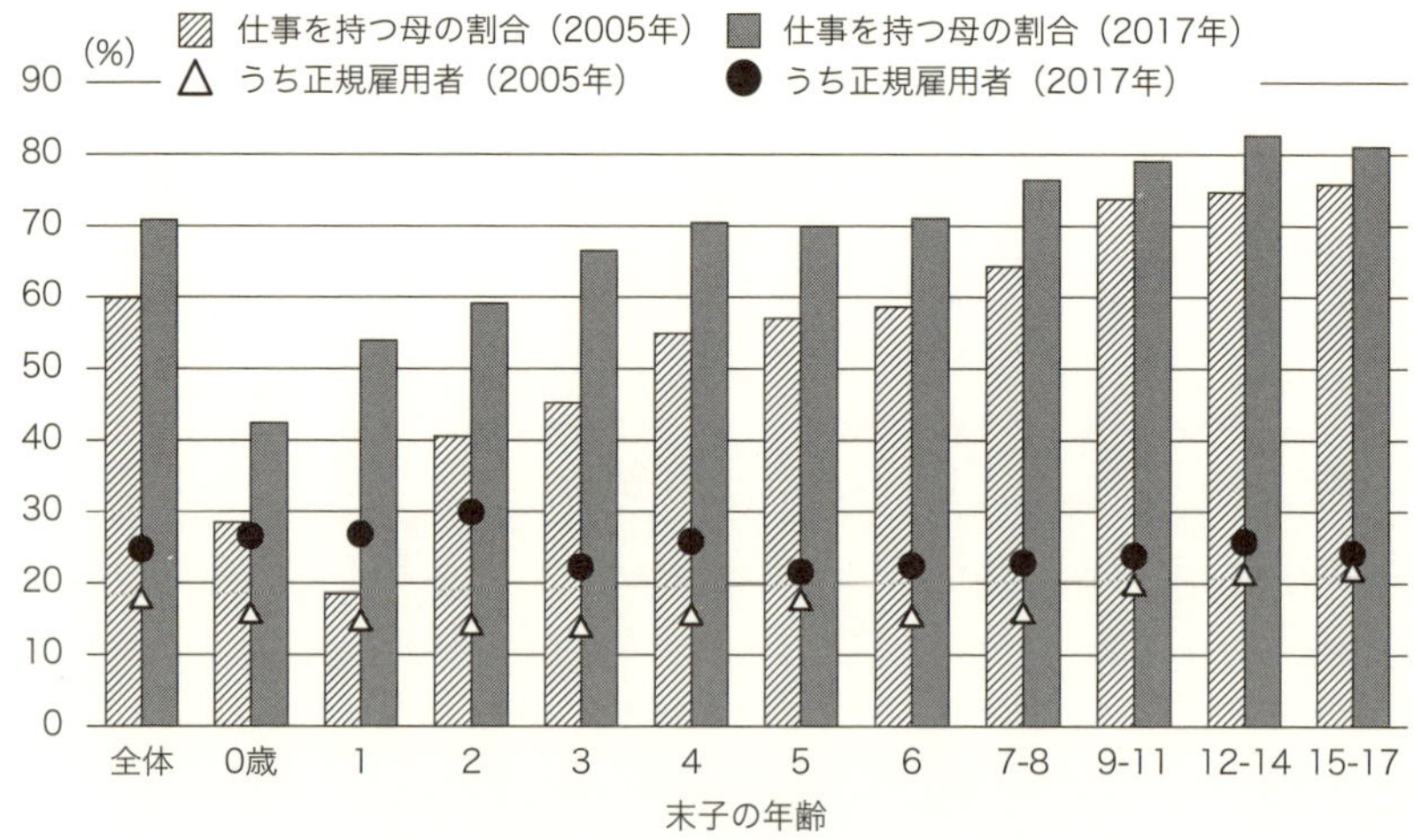

図１　末子の年齢別、仕事を持つ母親の割合

出所：「国民生活基礎調査」（厚生労働省）。

的拡大がある。

育児休業を取得する被用者には雇用保険から育児休業給付金が支給されるが、その給付率は２００７年にそれまでの40％から50％へ引き上げられ、さらに２０１４年には取得開始から１８０日までの期間の給付率が67％へと引き上げられた。このように育児休業中の所得保障が拡充される中で、女性の初回受給者数は２０１６年度には約32万人に達した（厚生労働省「平成28年度雇用保険事業年報」）（図２）。これは年間出生数の三分の一に相当する。つまり、その年に子どもを生んだ女性の３人にひとりは育児休業制度を利用したということになる。従来は「第１子出産前正規就業→出産退職→パートとして再就職」という就労パターンをとる女性が多くを占めていたが、近年は「育児休業を利用して出産前後も継続就業」という就労パターンをとる女性も増加しており、女性のライフコースが多様化している。

保育サービスに関しては、都市部ではいぜんとして待機児童問題が深刻であるものの、全国的にみると大

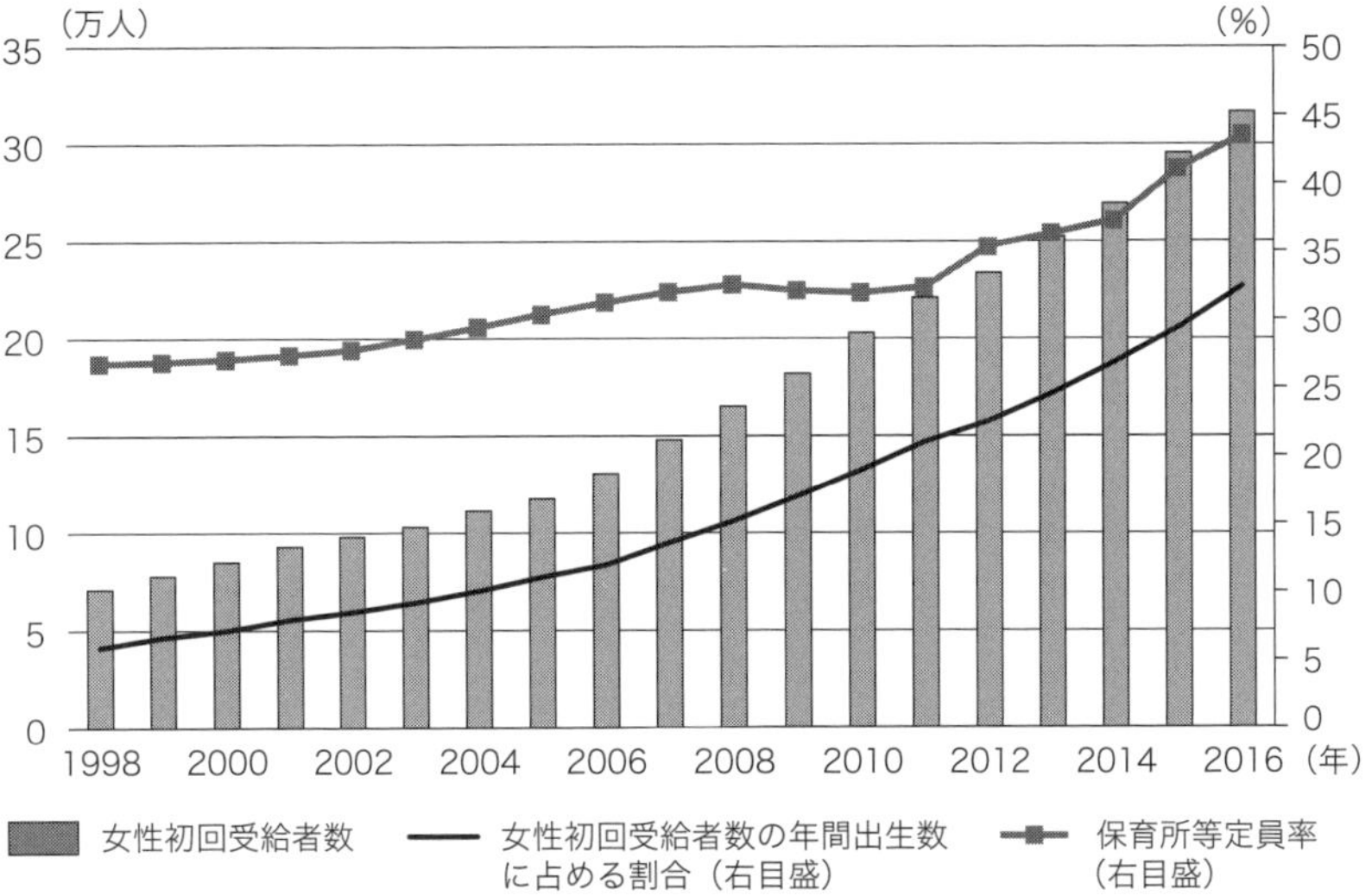

図２　育児休業給付受給者数と保育所等定員率

注：2002年までは女性初回受給者数に男性が含まれている。受給者数は年度単位、出生数は年単位での数値を使用。保育所等には認可保育所のほか、子ども・子育て支援新制度に基づくこども園などの保育施設を含む。
出所:「雇用保険事業年報」「人口動態統計」「保育所等関連状況取りまとめ」（厚生労働省）。

幅な定員拡大と少子化の進行により、保育サービスへのアクセスは改善している。就学前児童数に対する全国の保育所等定員の比率は、２０１２年から顕著に上昇しはじめ、２０１８年４月時点では47％に達している。１～２歳児の保育所等利用率も同じく47％であり、２人にひとりが保育所等でケアされていることになる。

　このような変化を子どもの立場からみれば、生育過程において、親が家庭外で市場労働に従事する時間が格段に増加したことを意味する。戦後日本をふり返ると、高度成長期にも多くの母親は働いていた。ただしその時代は農業や自営業（内職を含む）で働く母親が多く、職場と家庭は分離されていなかったのである（八代 1983；大石 2017）。しかし現代では、家庭外での雇用労働が一般化したため、家庭に親が不在となる時間が増加した。問題は、そのような不在が①子どもをケアする時間の減少につながるのか、という点と、②子どもや家族のウェルビーイングにどのような影響を及ぼすのかという点である。

2 子どもをケアする時間の意味と格差

まず、本章の基本的なアプローチである、子育てを巡る時間とお金の関係について整理しておこう。伝統的な経済理論では、個人は効用を最大化するように自分の持ち時間を労働と余暇に配分すると考える。労働は不効用をもたらす半面、得られた賃金で財やサービスを購入することが可能となり、そうした消費から個人は効用を得る。また、余暇はそれ自体が効用をもたらすものとされている。これに対して、ノーベル経済学賞を受賞したG・ベッカーをはじめとする経済学者らは、従来、余暇とされてきた時間の多くが家事や育児などの家計内生産のための労働に費やされていることに着目し、持ち時間を市場労働に費やす時間と家計内生産に費やす時間、そして純粋な余暇の3つに分けることを提唱した。さらに近年では、家計内生産に費やす時間のうち、子どものケアに費やす時間を家事などとは分けて扱う研究も増加している。その理由は主に3つある。

第1に、子どものケアは市場労働や家計内生産のための労働とは異なり、その行動自体から親が楽しみや喜び（効用）を得るという面がある。第2に、洗濯や掃除などの家事は週末にまとめてするなどの集約化が可能であるのに対し、子どもをお風呂に入れたり寝かしつけたりするといったケアは集約化できず、日々行わなければならない。第3に、子どものケアには、子ども自身の資質の向上をもたらすという人的資本投資としての側面がある。

このうち第3に挙げた子どもの人的資本投資としての側面はとくに重要である。家事労働の生産物である美味しい食事や掃除された住環境は、生産されるや否や消費されて後に残ることはない（片付けても部屋はすぐに散らかる）。他方、子どものケアは子どもの心身両面の発達を促すので、将来的には子ども自身や家族だけでなく、社会がその果実を得ることのできる「投資」である。ただしこの場合、親が子どもをケアする時間だけが子どもの人的資本投資のインプットになるわけではなく、市場で購入できる財やサービス（食品、衣類等）も同様にインプットになる。親は、これらの市場財と自分自身の時間の両方を投入して子どもの人的資本を形成する。

留意すべきは、親自身の時間と市場財が相互にある程度は代替可能な点である（子どもに手作りの服を着せる代わりに既製服を購入したり、自分がケアする代わりにベビーシッターを雇ったりすることができる）。したがって、親が働きに出て子どもをケアする時間が減少したとしても、就労収入でより多くの財・サービスを購入できるようになれば、子どもの人的資本形成に必ずしもネガティブな影響が出るわけではない。

しかし貧困世帯の場合は、就労収入はもっぱら住居費や食費などの必需品に費消されるので、親の不在を埋め合わせるような財・サービスを購入する余裕はほとんどないと考えられる。また、ひとり親世帯の場合は、利用可能な時間資源が二親世帯の半分しかない。つまり、貧困世帯やひとり親世帯の子どもたちは、経済面だけでなく時間面でも、親から少ないインプットしか受けられない可能性が高い。それにより、子どもの間で人的資本形成の格差が生じ、将来の所得格差として表面化する懸念がある。

そこで次節では、ひとり親世帯の大半を占める母子世帯の母親と、二親世帯の親の生活時間配分――とくに仕事時間と育児時間――に注目し、両者の比較を通じて子どもの貧困問題を考える。

3 先行研究

1970年代以降、アメリカでは女性就業率の上昇に伴い、子どものいる世帯の共働き化が進んだ。このような変化は子どもをケアする時間の短縮化をもたらしそうに見えるが、実際には父親・母親のどちらについても、育児時間は増加したことが多くの研究から明らかにされている（Sayer, Bianchi and Robinson 2004）。たとえばフォックスらは、アメリカの親たちの労働時間と育児時間の長期的な変化を分析し、興味深い発見をしている（Fox et al. 2013）。それによると、1967-2009年の約40年間に、あらゆる子育て世帯で母親の労働時間が増加したにもかかわらず、母親が子どもと過ごす時間はむしろ増加した。これは母親たちが家事時間や育児以外の活動に充てる時間を節約したためである。ただし、シングルマザーが子どもと過ごす時間は、増加したとはいえ変化幅は二親世帯の母親よりもはるかに小さく、子育て世帯間の育児時間格差が拡大した。所得面でも、二親世帯が共働きによって40年前よりも実質所得を増加させたのに対し、母子世帯はインフレによる実質所得の目減りを長時間労働による増収で埋め合わせるにとどまった。結果としてフォックスらは、時間と所得の両面で、二親世帯と母子世帯の間の格差が拡大したと指摘する。

日本については、田宮・四方（2007）が1986年と2001年の「社会生活基本調査」（総務省）を用いて母子世帯と二親世帯の仕事時間と育児時間の格差を分析している。その結果、どちらの世帯でも育児時間は増加しているものの、母子世帯と二親世帯間での育児時間格差が拡大していることを明らかにしている。また、所得の貧困と時間の貧困の関係について二次元的貧困尺度を用いて分析した石井・浦川（2014）は、ひとり親世帯と末子が6歳未満の共働き世帯で時間の貧困に陥る確率が高く、なかでもひとり親世帯は時間の貧困だけでなく、所得の貧困にも陥る確率が顕著に高いとしている。さらに石井・浦川（2017）は、２０１０−12年の「21世紀成年者縦断調査」（厚生労働省）を用いて正規・非正規の雇用形態に着目して時間の貧困率を算出した。そこでは夫婦とも正規雇用で働く子どものいる二親世帯で時間の貧困率が高いことに加えて、ひとり親世帯の場合は正規・非正規に関係なく時間貧困率が高いことが明らかにされている。

このように、子育て世帯間でも時間面での格差が存在し、母親の就労参加が進む中でその格差が拡大していることを指摘する研究は多い。次節では、子育て世帯の生活時間の変化を把握する。

4　生活時間配分の変化と格差

図3は子どもをもつ親たちの生活時間の変化を行動の種類別に示したものである。取り上げているのは夫婦と子どもから成る核家族の二親世帯と母子世帯であり、いずれについても祖父母等が同居する三世代世帯は除外している。それぞれの行動時間は、土日を含む週全体の平均値で、その行動をまったくしなか

った人も含めて算出している。たとえば、仕事時間の場合は無業の人も含めた平均値であり、家事時間についても、一切家事をしなかった人が含まれている。なお、「社会生活基本調査」における育児時間とは、「乳幼児の世話、子供のつきそい、子供の勉強の相手、子供の遊びの相手、乳幼児の送迎、保護者会に出席」などを内容とする行動を指し、子どもの教育に関する行動を含んでいる。ただし、就学後の子どもの身の回りの世話は、育児ではなく家事に分類される。

二親世帯の母親に注目すると、この20年間に仕事時間が増加しているにもかかわらず育児時間も顕著に増加しており、アメリカと同じような変化が起きていることが確認できる。とくに就学前児童がいる二親世帯の母親の場合、仕事時間と育児時間の両方が大幅に増加しており、これを家事時間と余暇時間の減少で相殺している。なお、ここでの余暇時間は、Aguiar and Hurst（2007）に従って「真の余暇」に該当すると考えられる行動群から構成されるものとしている（図3注参照）。図には示していないが、余暇時間の構成項目の中で減少幅が最も大きいのは「テレビ・ラジオ・新聞・雑誌」に費やす時間で、20年間に二親世帯の母親全体では36分、うち就学前児童がいる母親では68分減少している。

一方、二親世帯の父親の生活時間には大きな変化はみられない。ただし就学前児童がいる二親世帯の父親の場合は仕事時間が12分、育児時間が31分、家事時間が12分増加しており、これらを余暇時間の大幅な減少（70分減）で埋め合わせる形となっている。余暇時間の減少はすべて「テレビ・ラジオ・新聞・雑誌」に費やす時間の減少（72分減）によってもたらされている。

母子世帯の母親に目を向けると、全体的に生活時間の変化は小さいが、時間配分については二親世帯の母親との比較で顕著な違いが見られる▼1。第1に、仕事時間が長く、土日も含めた週平均で二親世帯の母親より一日当たりで2時間半程度長く働いている。二親世帯の場合は片方の親が仕事で不在でも、もう

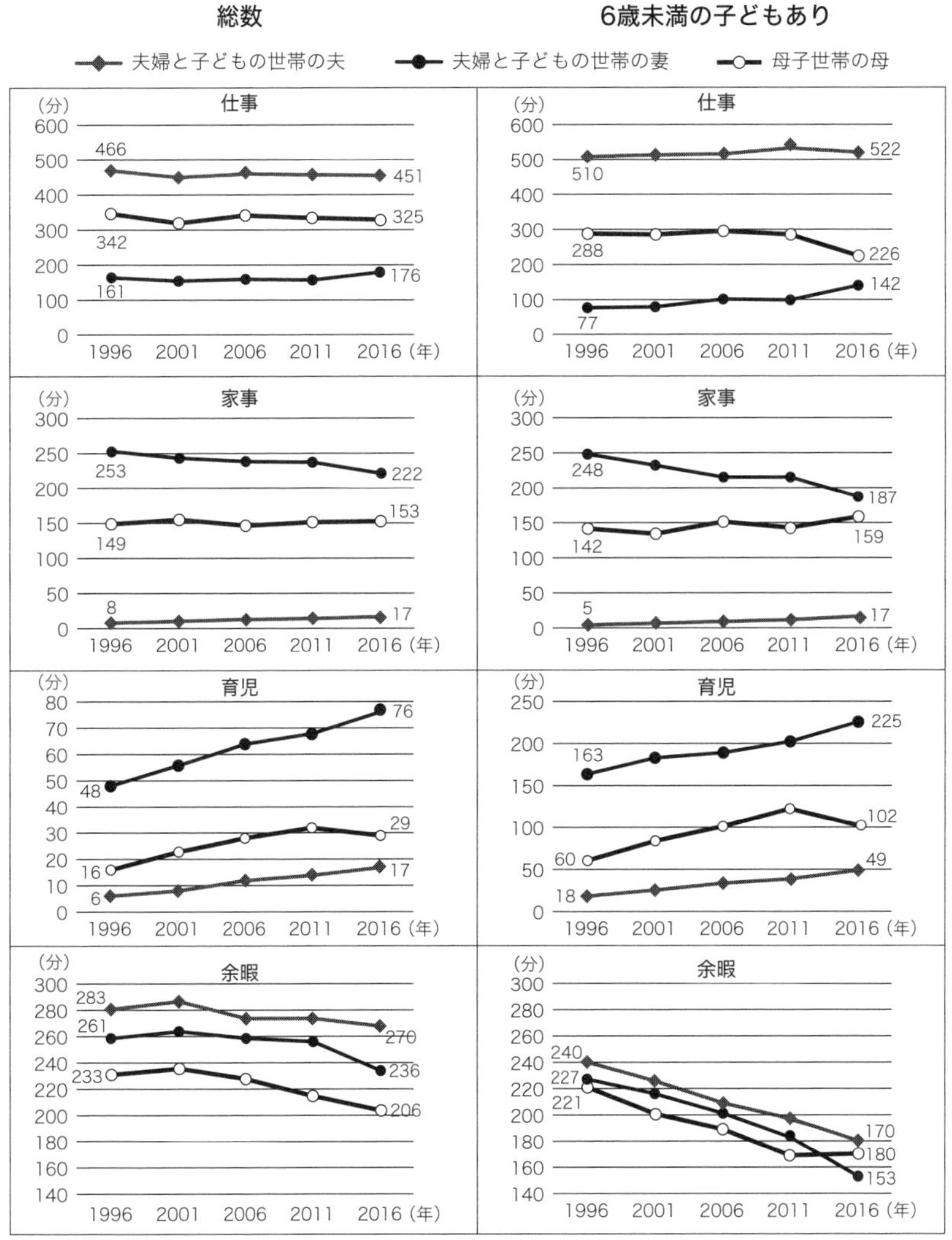

図3　行動の種類別生活時間の推移:夫婦と子どもの世帯の夫・妻、母子世帯の母（週全体）

注：仕事には通勤・通学のための移動時間も含まれる。余暇＝テレビ・ラジオ・新聞・雑誌＋休養・くつろぎ＋趣味・娯楽＋スポーツ＋ボランティア活動・社会参加活動＋交際・つきあい。母子世帯＝有配偶でない母と 20 歳未満の未婚の子供から成る世帯。

出所：「社会生活基本調査」（総務省）。

片方の親が在宅している可能性もあるが、ほとんどの母子世帯では、母親の仕事時間はそのまま大人が家庭に不在の時間であることを意味する。

第2に、母子世帯の母親の家事時間は二親世帯の母親よりも1時間以上短い。二親世帯では母親が家事時間を減少させているものの、父親が若干ながら増加させているため、二親世帯と母子世帯の家事時間の格差はあまり縮小しないままに推移している。母子世帯の母親の家事時間に経年変化がみられないのは、これ以上短縮できないところまで圧縮されているからかもしれない。

第3に、母子世帯の母親の育児時間は二親世帯の母親より短く、しかも世帯間での格差が20年前よりも拡大している。これは1996-2016年までの20年間に二親世帯の母親と父親が育児時間をそれぞれ28分と11分増加させているのに対し、母子世帯の母親は13分の増加にとどめているためである。この点も、アメリカで観察される変化と一致している。なお、余暇時間は世帯の種類を問わず減少しており、母子世帯の母親の余暇時間は二親世帯の父親よりも1時間、同じく母親よりも30分短いという傾向が持続している。

就学前児童のいる世帯に限定して母子世帯の母親と二親世帯の母親を比較すると、仕事時間や家事時間、余暇時間の面で両者の差が縮小してきている。「社会生活基本調査」における、就学前児童をもつ母子世帯の母親の標本数は年々減少しているので比較には注意が必要であるが、母子世帯の母親の有業率が2016年に低下した半面、二親世帯の母親の有業率は上昇したことが仕事時間と家事時間の格差縮小をもたらしている。その一方で、二親世帯では父母ともに育児時間を大幅に増加させており、母子世帯との育児時間格差の拡大は就学前児童のいる世帯においてより顕著になっている。

このように、二親世帯と母子世帯の間の生活時間配分の違いは大きく、母子世帯の子どもが親から受け

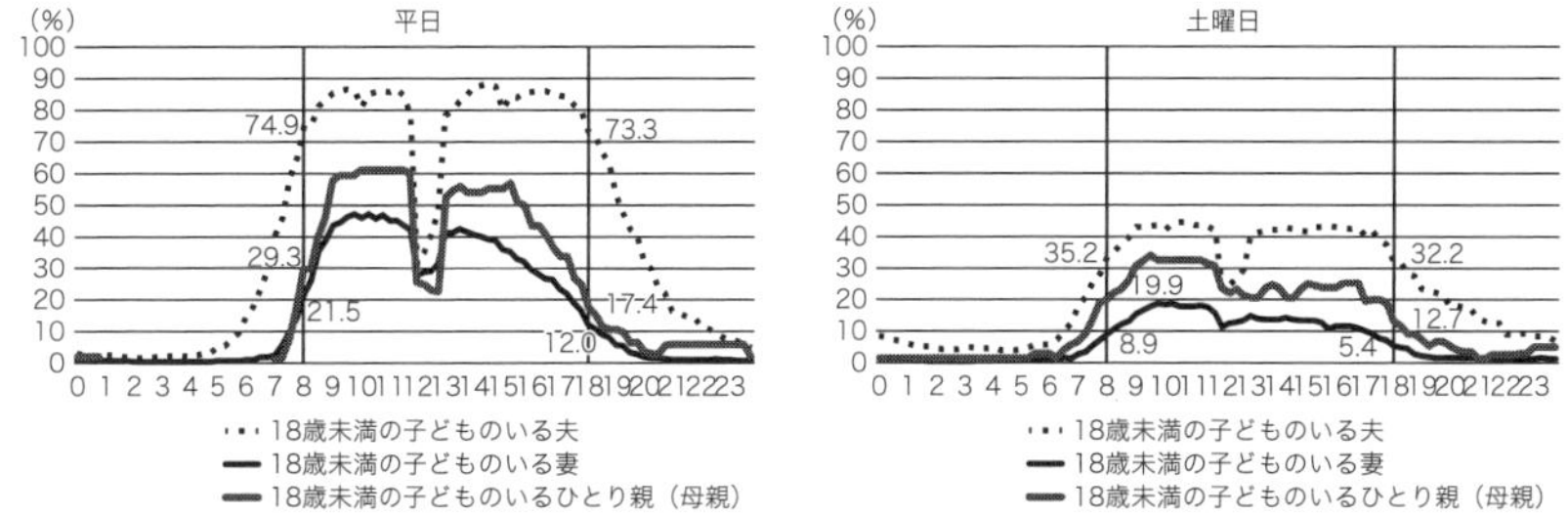

図4　時間帯別・曜日別、有償労働についている割合（18歳未満の子どものいる親）2016年

注：有償労働には仕事の時間のほか通勤時間を含む。祖父母と同居している世帯も含まれる。
出所：「社会生活基本調査」（総務省）。

とる時間的インプットの少なさが際立つ結果となっている。ただし、こうした解釈についてはいくつか注意すべき点がある。まず、図3は週全体の平均を表しているため、平日と土曜日・日曜日という曜日の違いをとらえていない。それに加えて時間帯の違いという問題もある。たとえば、子どもが学校等に行っている間に働いているのであれば、子どもにとって親の不在は問題とはならないかもしれない。次節ではそれらの点を検討する。

5　親の就業時間帯の違い

子どもの日常生活を中心に考えると、親と過ごす時間の「長さ」も重要ではあるものの、どの「時間帯」に親が在宅し、一緒に過ごせるのかという点も重要である。図4では18歳未満の子どもがいる親の就業率（有償労働についている割合）を、平日と土曜日について時間帯別に示している。

まず、早朝から深夜までの幅広い時間帯にわたり、二親世帯の父親の就業率は高く、平日は家庭にほぼ不在であることがわかる。これを

表１　子どもと夕食を一緒にとる回数（週あたり）　（%）

	ほぼ毎日	週４日以上	週 2,3 日程度	週１日程度	ほとんどない
二親世帯の母親	82.4	7.6	6.7	0.9	1.7
うち末子６歳～８歳	85.6	7.8	5.6	0.6	0.6
母子世帯の母親	65.2	14.0	13.7	3.6	2.2
うち末子６歳～８歳	76.4	13.2	9.4	―	0.9

注：対象は18歳未満の未婚の子どもがいる母親。祖父母と同居している場合も含まれる。無回答は除外。
出所：労働政策研究・研修機構「子どものいる世帯の生活状況および保護者の就業に関する調査　2016年（第4回子育て世帯全国調査）」JILPT調査シリーズNo.175，2017年9月。

補うように二親世帯の母親の就業時間は午前中を中心とした日中に集中している。一方、二親世帯の母親と比較して母子世帯の母親は、早朝、夜間、深夜などのいわゆる非典型時間帯に働く割合が高い（大石 2017; Oishi 2017）。平日の午前8時の時点では、母子世帯の母親の29・3％（二親世帯の母親は21・5％）が既に仕事に出ており、午後6時時点では17・4％（同12・0％）がいぜんとして就業中である。また、午後10時過ぎの深夜時間帯でも5・7％が就業している。母子世帯の母親は土曜日の就業率も二親世帯の母親よりおしなべて高く、平日よりも朝早くから仕事に出ている割合が高い。また、午後6時の時点でも12・7％が就業している。このように、母子世帯と二親世帯の育児時間の格差は、母親の平日における在宅時間の違いに加えて、土曜日の就業率の違いからも生じていることがわかる。

なお、「社会生活基本調査」では同時に2種類以上の行動をした場合は、主なものを一つだけ記録することにしているため、いわゆる「ながら育児」が把握できない。母子世帯の母親が食事の支度をするかたわらで子どもの勉強をみるといった「ながら育児」をしているのであれば、子育て世帯間の育児時間格差は数字に表れるほどには深刻ではないかもしれない。しかしその場合も、主な行動として子どものために費やされる育児時間と「ながら育児」時間とでは、インプットの質は異なるものと考えられる。すなわち、主な行動としての育児時間のほうが、子どもへの人的資本投資としての効果は高いものと予想される。

母子世帯の子どもが親と過ごす時間をもちにくい状況は、食事面にも表れる。表1は、母親が子どもと夕食をとる回数の分布を示している。集計対象は18歳未満の未婚の子がいる母親である。毎日子どもと夕食をとっている割合は、二親世帯で80％を超えるのに対し、母子世帯の母親の場合は65％にとどまり、週1～3日程度という回答も少なくない。ただし、子どもが大人と同じ食事が食べられない乳幼児であったり、あるいは部活や塾通いで帰宅が遅くなる中学生・高校生であったりする場合もあるので、子どもの年齢の違いの影響を取り除くために末子が小学校低学年（6～8歳）である世帯に限定してみた結果が下段である。母子世帯では「ほぼ毎日」の割合が10％強上昇するものの、いぜんとして二親世帯よりも低い。

親子で食事をする頻度は子どものウェルビーイングと大きく関わっていることが知られている（Musick & Meier 2012）。親子でとる夕食は、子どもの生活リズムを規則的にする効果をもつだけでなく、好きな食べ物や家族内の役割意識、感謝の気持ちの表明などを通じて子どもに癒しと親密さを与える。これが日々のストレスからの解放をもたらし、子どもに良い影響を与えるとされている。しかし日本では、より大きなストレスにさらされているはずの母子世帯の子どもほど、親子の食事を楽しむ機会がないという現実がある。

それではなぜ母子世帯の母親は非典型時間帯に働くのであろうか。筆者の分析では、年齢や学歴などの個人属性や子どもの数・年齢などの世帯属性の影響を除去した後でも、子どもに高等教育を受けさせたいと考える母子世帯の母親ほど夜間に働く確率が有意に高かった（大石 2015b）。したがって、子どもの教育費は母子世帯の母親が夜間に働く重要な動機であることが示唆される。さらに、母子世帯の母親同士で子どもに対する支出額を比較してみると、各種属性の影響を統御した後では、非典型時間帯に働いているかどうかで支出額に有意な差はなかった。その一方で、非典型時間帯に働く母子世帯の母親は、子どもと過ごす時間や子どもとの夕食回数が有意に少なかった。つまり、非典型時間帯に働く母子世帯の母親は、子どもとの時間を犠牲にしながら、他の母子世帯と同程度の子どもに対する支出を達成していることになる。なお、これはあくまでも母子世帯の母親同士の比較であり、二親世帯と比較すると、母子世帯の子どもに対する支出は明確に少ない。

皮肉なことに、子どものために長時間労働をするシングルマザーの懸命な努力が、良好な結果をもたらすとは限らない。海外ではむしろネガティブな影響を指摘する研究が多く、たとえばアメリカの研究は、母親の非典型時間帯労働が子どもの素行や学力および健康に負の影響をあたえると指摘している（Li et al. 2014）。しかも、母親が非典型時間帯に働く年数が増すにつれて子どもの問題行動が増加したり、子どものＢＭＩ（肥満度の指標）が高まったりする傾向が観察されている（Han 2008; Miller and Han 2008）。

6　子どもが親と過ごす時間の保障を

以上の検討に基づき、筆者としては、今後のひとり親世帯施策を立案するにあたり、子どもが親と過ごす時間を確保することを提言したい。政府の「基本的な方針」はいぜんとして母親の就労による収入増加を重視しているが、それによって親と過ごす時間をはく奪されている子どもの存在にはほとんど目が向けられていない。ひとり親世帯の子どもへの学習支援や日常生活支援も実施されているものの、それらが親によるケアを十分に代替しうるかどうかは疑問である。

労働市場の構造的な問題を踏まえれば、現状では母子世帯の母親が増収を図るには長時間労働をする以外に選択肢はほとんどない。しかし、多少の増収によって児童扶養手当の削減が可能となったとしても、親による時間的インプットの少なさから母子世帯の子どもたちの人的資本形成が阻害され、貧困の再生産につながれば、長期的な財政負担はむしろ増加する。住宅費や教育費など、子どもの生育に不可欠な部分の経済的保障を拡充すべきである。

付記

本稿は大石（2015a）を大幅に改稿したものである。また、本稿の作成にあたりＪＳＰＳ科研費17H02585「非典型時間帯就労に着目したワーク・ライフ・バランスの国際比較研究」（研究代表：大石亜希子）の助成を受けている。

注

1　就学前児童がいる母子世帯の母親の場合、直近の5年間については、過去のトレンドとは異なる動きが生じている。これは２０１６年の「社会生活基本調査」において、就学前児童がいる母子世帯の母親の無業比率が上昇したことが影響しているが、同年の「国民生活基礎調査」「全国母子世帯等調査」（いずれも厚生労働省）では就学前児童のいる母子世帯の母の就業率低下（無業率上昇）は観察されていない。「社会生活基本調査」は15分毎の行動記録を要するものであり、就学前児童のいる母子世帯の有業の母親という、最も時間制約の厳しい人々が調査から脱落した可能性も考えられる。なお、「社会生活基本調査」における就学前児童がいる母子世帯の母親の標本数は、２０１１年が３３３、２０１６年が２２５である。

引用・参考文献

Aguiar, M., and Hurst, E.（2007）Measuring trends in leisure: the allocation of time over five decades. *Quarterly Journal of Economics,* 122（3）: 969–1006.

Fox, L., Han, W. J., Ruhm, C., and Waldfogel, J.（2013）. Time for children: Trends in the employment patterns of parents, 1967–2009. *Demography,* 50（1）: 25–49.

Han, W. J.（2008）. Shift work and child behavioral outcomes. *Work, Employment & Society,* 22（1）: 67-87.

石井加代子・浦川邦夫（2014）「生活時間を考慮した貧困分析」『三田商学研究』57（4）、97～121頁

石井加代子・浦川邦夫（2017）「所得と時間の貧困からみる正規・非正規の格差」阿部正浩・山本勲編『多様化する日本人の働き方――非正規・女性・高齢者の活躍の場を探る』慶應義塾大学出版会

Kawaguchi, D.（2016）Fewer school days, more inequality, *Journal of the Japanese and International Economies,* Vol. 39: 35-52.

Li, J., Johnson, S. E., Han, W. J., Andrews, S., Kendall, G., Strazdins, L., & Dockery, A.（2014）Parents' nonstandard work schedules and child well-being: a critical review of the literature, *Journal of Primary Prevention,* 35（1）: 53-73.

Miller, D. P., & Han, W. J.（2008）. Maternal nonstandard work schedules and adolescent overweight. *American Journal of Public Health,* 98（8）: 1495-1502.

Musick, K., & Meier, A.（2012）. Assessing causality and persistence in associations between family dinners and adolescent well－being. *Journal of Marriage and Family,* 74（3）: 476-493.

小倉一哉（2011）「時短（特集 あの議論はどこへいった〈賃金・福利厚生と働き方〉）」『日本労働研究雑誌』53（4）、50～53頁

大石亜希子（2015a）「母子世帯の「時間の貧困」――子どもの権利として「親と過ごす時間」の確保を」『週刊社会保障』２８１９号、54～59頁

大石亜希子（2015b）「母親の非典型時間帯労働の実態と子どもへの影響」『子育て世帯のウェルビーイング――母親と子どもを中心に』資料シリーズ No.146、労働政策研究・研修機構、21～44頁

大石亜希子（2017）「24時間週７日経済におけるワーク・ライフ・バランス」『大原社会問題研究所雑誌』No.701（２０１７年３月号）、24～39頁

Oishi, A. S. (2017). Effect of mothers' nonstandard work hours on children's wellbeing in Japan. In M.C. Tsai and W.C. Chen (eds.) *Family, Work and Wellbeing in Asia*: 151-175. Springer, Singapore.

Raymo, J. M., Park, H., Iwasawa, M., and Zhou, Y. (2014). Single motherhood, living arrangements, and time with children in Japan. *Journal of Marriage and Family*, 76 (4): 843-861.

Sayer, L. C., Bianchi, S. M., & Robinson, J. P. (2004). Are parents investing less in children? Trends in mothers' and fathers' time with children. *American Journal of Sociology*, 110 (1): 1-43.

田宮遊子・四方理人（2007）「母子世帯の仕事と育児――生活時間の国際比較から（特集 多様化する「子育て支援」の在り方をめぐって）」『季刊社会保障研究』43（3）、219～231頁

八代尚宏（1983）『女性労働の経済分析』日本経済新聞社

第Ⅱ部
子育ての場としての家族

第5章

近代家族の特質と女性の隠れた貧困

…丸山里美

はじめに

ここ数年、子どもの貧困とあわせて、女性の貧困に注目が集まっている。メディアでしばしばその例としてとりあげられるのは、シングルマザーや性産業で働く女性、高齢もしくは非正規労働で働く単身女性だろう。彼女たちは基本的に男性世帯主をもたない女性たちである。女性の収入は一般的に男性に比べて少ないことが多いが、ともに暮らす男性世帯主が稼いでいる限り、そのことが貧困の問題としてあらわれることはほとんどない。それが男性世帯主を失ってしまうと、とたんにその貧困が顕在化することになる。

しかし女性の収入の少なさが男性世帯主によってカバーされている状態を、貧困になる「リスク」だと考えれば、夫に経済的に依存している女性はみな、そのリスクが高いといえるだろう。実際、結婚生活に問題があっても、貧困になることをおそれて、子どものために離婚しないという女性は少なくない。また子どもの生活費や教育費を捻出するために、自身の消費を我慢するという母親の姿は、ごく一般的なものだろう。そしてそれが低所得世帯だった場合には、そのことによって母親の生活水準だけが容認できないレベルに低下するということもありうる。また夫に十分な収入があっても、必要な額の生活費を渡してもらえず、妻や子どもは生活に困窮していることもある。ドメスティック・バイオレンス（ＤＶ）のある家庭の中では、よく見られる暴力の形である。これらの状態はいずれも、女性の貧困のひとつの形態だと考えられるが、世帯としての生活が続いている限り、その中に隠れてなかなか見えてこない。それゆえに、これは女性の貧困としてはほとんどとらえられておらず、研究もされていないのが現状である。

以上をふまえて本稿では、女性の貧困の中でも、近代家族の特質ゆえに見えなくなってしまっている、世帯の中に隠れた女性の貧困をとりあげることにしたい。そして日本と、おもにイギリスの研究において、これまでの研究でわかっていることを整理していきたい。

1　近代家族と女性の貧困

近代家族とは、子どもを中心に強い情緒的絆で結ばれた、性別役割分業を規範化した家族のことを指す。日本では家父長制家族に代わって、こうした家族のかたちが戦後とくに広まり、標準的なものと考えられるようになった。

労働市場においても社会保障制度においても、こうした家族が標準的なものとされ、それを基本に制度設計がなされてきた。その中で女性は、家庭において家事・育児・介護などの無償労働を担うことが期待され、労働市場においてはそうした役割と抵触しない働き方が求められることになる。女性の就労率は年々高まっているが、現在でも男性の就労率82・9％に対して女性は67・4％と低く、そのうち非正規雇用者の割合は、男性は17・5％であるのに対して女性は53・6％と、女性は無業であったり、不安定な雇用形態で働いていることが多い（総務省 2017）。そのため女性の賃金は低く、一般労働者同士で比べても、男性を100としたときの賃金は73・4しかなく、女性に多い非正規雇用者だとさらに低くなる（厚生労働省 2017）。こうしたことから女性は、経済的に他者に依存しなければならない状態になりがちである。

性別役割分業を前提に設計された税制も、女性が無業か低賃金労働に就くことを後押ししてきた。近年、税や社会保障制度は見直しが進められているが、現在でも年収201万円以下の妻をもつ男性は、高額所得者を除いて所得控除が受けられることになっており、女性が低賃金労働を選ぶことをうながす制度になっている。また年金制度においても、批判はあるものの、依然として雇用者の妻は自ら拠出することなく第3号被保険者になることができ、男性は賃労働をし、女性は家で家事・育児・介護を担うという家族が優遇されていることがわかる。

最近では未婚率や離婚率の上昇により、単身世帯やひとり親世帯の数は年々増加しており、全世帯のうち単身世帯は26・9％、ひとり親と未婚の子からなる世帯は7・3％を占めている。かつて標準的とされた夫婦と未婚の子からなる世帯は、いまや29・5％にすぎない（厚生労働省 2017）。しかしこうした家族形態の変化に、労働市場や社会保障制度の変化が追いついているとは言いがたく、年々その数を増している単身非正規女性やシングルマザーの貧困は、特に深刻である（本書の第6章鳥山論文参照）。こうしたことを背景として、近年、女性の貧困が社会問題として顕在化するようになっているのである。実際、貧困率を男女別でみると、男性は14・4％、女性は17・4％と、女性は男性に比べてより貧困である（内閣府男女共同参画局 2010）。

この貧困率は近年よく耳にするが、直近の値では15・7％で（厚生労働省 2016）、先進国の中でも高いことがしばしば指摘されている。貧困率は、世帯を単位として貧困を把握した数値であり、世帯のすべての所得を、すべての構成員で均等にわけあっていることを仮定したものである。しかし実際にはそのようにはなっておらず、夫は十分な小遣いをもっているが妻にはわずかの生活費しか渡さない、妻が他の家族を優先して自分の消費を切り詰めるなど、世帯の中で資源が不均等に配分されていることがしばしばある。しかしこのような仮定では、世帯の中はブラックボックスにされてしまい、そこで何が行われているのかが見えてこない。

以上のような問題意識から、世帯を一体のものとは考えず、世帯の中で資源がどのように配分されているかを明らかにしようとした一連の研究がある。英語圏では１９８０年代以降に研究が発展した分野で、日本ではそれに影響を受ける形で、おもに家計経済研究所を中心としたグループによって、１９９０年代以降に研究が行われてきた。近年では開発学の分野でも、世帯内の個人の消費や栄養摂取などの配分の違いに焦点をあてた研究が行われている。本稿ではこれらのうち、おもに先進国の研究状況を見ていくことにする。また、世帯の中で配分される資源としては、金銭や物品など物質的な資源以外にも時間や労働などがあり、夫婦間でのこれらの配分に関する研究は別途蓄積があるが、貧困をテーマとする本稿では、おもに物質的資源の配分に焦点をあてた研究をとりあげることとする。

2 貧困に陥るリスク

まず、貧困に陥るリスクに焦点をあてた研究を見ていきたい。先に述べたように、女性の収入は男性に比べて少ないことが多く、夫の収入に依存して生きている妻の存在は広く見られるものである。したがって現にいま貧困の中で生活していなくても、夫と離れれば貧困に陥るリスクがあるということで考えると、多くの妻はそのリスクが高いといえるだろう。

こうした女性の貧困リスクを明らかにしようとしたものとして、カップル内部の女性の経済的依存度に焦点をあてた研究をあげることができる。日本では三具淳子（2018）が、英語圏でのこれらの研究を整理したうえで、日本でのこの数値を算出している。これらの研究の背景にあるのは、本稿の問題意識と同様、妻の夫への経済的依存が世帯内での権力の不平等をもたらし、女性の隠れた貧困の原因になること、そして依存できる対象を失うと妻は貧困に陥る可能性が高いことを可視化させたいということである。しかしこの経済的依存度を把握しようとする際、日本において問題になるのは、男女の不平等に焦点をあてた研究やそれを実証するデータの多くが一般的な男女の比較をしており、同一カップル内の男女を比較できるデータはわずかしかないということである。

そのうえで三具は、入手できるデータとして、1993〜1997年の「消費生活におけるパネル調査」を用いて、日本における妻の経済的依存度を算出している。そして妻の就労形態ごとの数値の5年間の変化を追うことで、常勤で働く妻の経済的依存度は低下しているものの、パート・アルバイトの妻には変化がないこと、アメリカやオランダに比べて、日本の妻の経済的依存度がかなり高いことなどを明らかにしている。こうした分析によって、どのような女性が貧困リスクが高いのか、その状態が時代を経てどのように変化しているのか、他国と比べたときの日本の状態等をとらえることができる。

経済的依存度を把握することは、貧困に陥るリスクを明らかにすることにつながるが、貧困リスクが高いということが、ただちに貧困状態の中で暮らしているということを意味するわけではない。家族関係が継続しており、世帯内での資源配分が良好に行われていれば、そのリスクが顕在化することはない。貧困リスクの高さは、夫がいなくなれば高い確率で貧困に陥る危険があることを意味するにすぎないが、妻の夫に対する経済的依存度に着目することは、世帯の中に潜在化した女性の貧困を可視化させることにつながるといえるだろう。

3 経済的暴力

つぎに、世帯の中に隠れた貧困のもっとも極限的な形として考えられる、「経済的暴力」をとりあげたい。経済的暴力とは、パートナーからの暴力すなわちＤＶのひとつの形態であり、「生活費を渡さない」、「外で働くなと言ったり、仕事を辞めさせたりする」などの形をとる。

内閣府男女共同参画局のホームページのＤＶの概要を説明した箇所では、経済的暴力の事例として、つぎのようなものがあげられている▼1。

- 生活費として、光熱費分ぴったりのお金はくれるんですけど、食費やそのほかのお金はくれない。光熱費の領収書とぴったりのお金しか、くれない。食費は、自分が独身の時に貯めていた貯金で、まかなっていました。（20代）
- 1か月数千円しかもらえなくて、「居候だ」と言われました。「私が働いて、そのお金全部渡してるでしょ」と言っても、「家の中では何もしないから、居候だ」と言われました。（40代）
- 全部管理されていて、お金も一切もたせてもらえなければ、着るものについてもまったく自由がない。相手の都合のいい時だけ、私に「何か好きなものでも買え」と言ってお金をくれるけれども、私の自由になるお金は何もない。（20代）

いずれの事例においても、夫は自由になるお金を持っているのに対して、妻は経済的に困窮していたり、自由を奪われていることがわかる。

結婚経験者にＤＶを受けた経験があるかをたずねた調査（内閣府男女共同参画局 2017）では、「身体的暴行」「心理的攻撃」「経済的圧迫」「性的強要」の４つの形の暴力のうち、「経済的圧迫（たとえば、生活費を渡さない、貯金を勝手に使われる、外で働くことを妨害されるなど）」を経験したことがある人は、６・８％にのぼることが明らかになっている（うち「何度もあった」３・３％、「１〜２度あった」３・４％）。男女別でみると、女性で10・０％、男性で２・９％と、男性被害者もいるものの、経済的暴力の被害は女性により多く見られ、少なくない女性に共有された経験であることがわかる▼2。

しかしこの経済的暴力は、十分に問題化されているとはいいがたい状況にあるだろう。「配偶者からの暴力防止及び被害者の保護等に関する法律」（ＤＶ防止法）では、「配偶者からの暴力」とは、「配偶者からの身体に対する暴力又はこれに準ずる心身に有害な影響を及ぼす言動」をいうと定義されており、身体的な暴力以外も対象となっているが、保護命令の対象となる暴力は、「配偶者からの身体に対する暴力又は生命等に対する脅迫」と、経済的な暴力を受けていても、身体や生命に関わる暴力がなければ、ＤＶ被害者としての支援を受けることもできないことがほとんどである。またＤＶに関する研究の中でも、経済的暴力を貧困の問題として扱ったものはほとんど見られない。

以上のように、世帯の中に隠れた貧困は、経済的暴力という形では、約１割の結婚経験のある女性に見られること、しかしそれだけでは支援の対象にはなっていないこと、またそれが貧困の問題としてはとらえられていないことがわかる。

4　世帯内での資源配分

（1）資源配分の結果に関する研究

つぎに、世帯の中での資源配分を対象にした研究を見ていきたい。この分野の研究は、英語圏では、「結果」と「過程」に焦点をあてたものの2つに分類されるのが一般的である。「結果」は、世帯内での個人の消費や福祉の状態、「過程」はこれがどのように資源の管理や支配と結びついているかを見ている。ここでは、まず結果に関する研究から見ていく。

この分野の代表的な研究としては、世帯の中の個人消費を把握しようとしたものがある。日本では1970年に社会保障研究所によって行われた調査において、世帯員ごとの収入・支出が詳細に記録・分析されている。そこからは、多くの世帯で支出の割合は夫が最大で、2番目に多いのが長子、複数子がいる場合は年齢の高い順に続き、妻の支出割合が最小であることが明らかにされている。つまり、もっぱら妻が自分の個人消費分を圧縮して子の養育費を捻出しているのである（前田・湯本・松村 1971）▼3。また最近では、首都圏の核家族を対象にした調査において、家族の生活費のために妻が自分の消費を切り詰めた経験を聞いているが、それによれば、よくある37・1%、ときどきある16・6%、たまにある32・1%、まったくない14・1%と、多くの妻にこの経験が共有されていることがわかる（家計経済研究所 2009）。

イギリスにおいても、母親の収入は子どもの貧困防御に効果があることが、早くから指摘されてきた。たとえばジャン・パールは、夫と妻の所得が同額だけ上昇すると、家計費に充当するのは夫が増加分の16

％であるのに対し、妻は28％であることを、家計調査を用いて実証している。すなわち、もし1ポンドが母親の手を通して家計に入ってくるとすると、世帯の食料費に使われる割合は、父親によってもち込まれる場合よりも大きいというのである（パール 1989＝1994: 145）。またサラ・カンティロンの最近の研究は、父親の役割について興味深い知見を示している。それによれば、子どもがいる世帯はいない世帯と比べて、妻の方がよりその程度が大きいとはいえ、妻も夫もともに剥奪されている割合が増える（Cantillon 2016）。つまり、母親だけでなく父親も、自分の消費を切り詰めることで、子どもが貧困に陥ることを防御していると考えられるのである。

また女性の貧困を考える際、この分野の研究における重要な知見は、女性の収入が世帯全体の収入に占める割合が高いほど、妻自身の消費も妻が自由に使えるお金も増加するということである。このことは、日本やイギリスの多くの研究において実証されていることである（重川 2004；坂本 2008；家計経済研究所 2009; Cantillon et al. 2016など）。つまり、女性が自分自身の収入をもち、経済的に自立するほど、女性の世帯内に隠れた貧困は改善することが期待できるということである▼4。

さらに最近のイギリスの貧困研究では、所得によって貧困を把握するだけではなく、実際の生活水準を直接測定することで貧困を把握しようとする剥奪アプローチが補完的に用いられるようになっている。これは、所得によって得られるであろう生活水準を想定するのではなく、朝食を食べられるか、病気になったときに病院に行けるかなど、多くの人が実現している生活水準を具体的にリストアップし、そこからの乖離の程度によって貧困を把握するという方法である。

カンティロンはアイルランドの量的データを用いて、この剥奪アプローチを世帯の中の個人の状態を把握することに適用しようとしている。それによれば、一般的に用いられている剥奪を測定する指標は、貧困率の測定と同様に、世帯の中で資源が平等に配分されていることを前提にしている。したがってこうした指標を世帯内の個人にあてはめただけでは、世帯の中で特定の個人が経験している貧困や剝奪はとらえられない。日に3度食事を食べられているかと世帯を対象にたずねるだけでは、母親だけが食べずに我慢することもあるという現実をとらえきれず、車をもっているか、エアコンがあるかについても、実際に自分のために使えるかは夫と妻では回答が異なりうるというのである。したがって、世帯内の個人の剝奪を明らかにするためには、指標から開発しなければならないとカンティロンはいう。またインタビュー時にパートナーが居合わせると、妻は夫に遠慮しているためか、自分の剝奪を話さない傾向にあり、単独のインタビューを保障するか、できない場合はそのバイアスも考慮する必要があるという、調査方法の検討も行われている（Cantillon & Nolan 1998; Cantillon & Nolan 2001; Cantillon 2013）。

一般的な剝奪指標を個人用に修正して実施された調査では、女性は男性に比べて食べ物、エアコンや車の使用などはやや剝奪されている割合が高いのに対して、自由に使えるお金、社会生活や余暇についてはその差は大きく、特に後者2つはお金よりも時間の制約によるという結果が示されている。また子どもがいる場合、妻と夫の剝奪の程度は差が大きく、妻は子どものために自分自身の生活水準を落としている。さらに妻自身に収入があることは、夫と妻との生活水準の差を縮める効果があることも明らかにされている（Cantillon 2013）。

他にも最近のイギリスの貧困研究では、お金と時間はトレードオフの関係にあるため、所得と時間を組み合わせて貧困をとらえる研究も行われるようになっている（本書の第4章大石論文と第6章鳥山論文でもこれらの研究が紹介されている）。こうした時間を組み込んだ貧困の把握は、ジェンダー不平等をその視点にもち込むものとして、女性の貧困を扱う研究においては重要なものであり（Jenkins 1991）、これらの中にも世帯の中の個人の状態を見ようとするものが存在する。

タニア・バーチャードは、こうした研究をしようとする一人である。バーチャードは、人が生活するのに最低限必要な食事・睡眠・身づくろいや、子どもがいる場合には育児などに費やす最低限の規範的な時間を算出し、それに就労時間と家事時間を足して残る時間を、自由に使える裁量時間と定める。家事・育児などは他の大人がいれば分担することができ、外部サービスを購入することで、裁量時間を増やすこともできる。そうして、イギリスの大規模な時間利用調査のデータを用いて、いくつかのモデル的な家族・賃金ごとに、その人の裁量時間と可処分所得の幅を理論的に導き出している。ここから明らかになるのは、調査対象者の2・4％は、自分の生存と育児、家事等に必要な最低限の時間を確保しながら、最大限就労に時間を費やしても、貧困ラインを超える収入を得ることができないということである。特にひとり親（そのほとんどはシングルマザー）、幼い子を抱えたり子どもの数が多い人、障害がある人、学歴が低い人などが、こうした裁量時間と可処分所得の幅が少さくなりやすいという（Burchardt 2010）。これは直接女性の貧困をとらえているわけではないが、世帯の中の個人の生活状態を収入と時間の両面から把握し、その中で容認できない状況に置かれている人を明らかにしようとする方法として、今後も発展させていく可能性があるだろう。

世帯単位の収入を把握することで貧困をとらえようとする方法がこれまで主流だったのは、簡便さによるものだった（Jenkins 1991）。それに対して、その方法では覆い隠される、世帯の中の個人の貧困をとらえようとする研究は、より複雑なものになるが、従来の方法とは異なる側面から貧困を把握できるやり方として重要だろう。

(2) 資源配分の過程に関する研究

つぎに、世帯の中で資源がどのように管理されコントロールされているか、資源配分の過程に焦点をあてた研究を見ていく。これらの研究では、各世帯での金銭管理方法の把握とともに、それがどのような世帯の特徴や配分の結果と結びついているのかを明らかにしようとしている。

各世帯での金銭管理の方法については、日本では御船美智子ら家計経済研究所を中心としたグループによって、類型が精緻に整理されて把握されてきた。その流れを汲む、首都圏30キロ県内に住む妻が35～49歳までの核家族1020世帯に対して行われた調査では、家計管理のタイプを4分類している。それによれば、妻が世帯の収入を管理する(夫は収入をすべて渡す56・4％、夫は収入の一部を渡す12・6％、すべてか一部か不明2・3％)は71・3％、共同の財布があり、夫と妻はそれぞれの収入の一部を入れるのは6・8％、夫は家賃光熱費、妻は食費などのように支出を分担するのは15・1％、夫が世帯の収入を管理するのは2・9％であるとされている(家計経済研究所 2009)。これは首都圏に住む、子育て世帯の核家族のみを対象とした調査であるという限界があるが、7割を超える世帯で妻が家計を管理しているということがわかる。日本ではしばしば「妻が財布のひもを握っている」といわれるが、これはこうした実態を反映した言葉であろう▼5。なお岡本政人は、家計管理の方法を17か国の国際比較データを用いて分析しているが、それによれば、日本は他国と比べて妻管理が圧倒的に多く55・9％(17か国平均では14・9％)、共同管理は11・2％(17か国平均では52・1％)と少ないという(岡本 2015)▼6。

しかしたとえ妻が財布のひもを握っていたとしても、妻は自分のためには消費しない傾向があることが、実証的に明らかにされている。妻自身の消費は管理類型にかかわらず、夫に比べて収入の割に少ないが、特に家計の共同度が高く、妻が家計を管理するタイプの場合に夫妻の支出格差が大きい。一方で、夫が管理するタイプの世帯では夫の消費が少なく、管理を任されている方が、自分の消費を抑制する傾向があることも指摘されている（御船 1995）▼7。

このような世帯の中の資源配分の過程を把握する研究が、世帯の中に隠れた貧困を問題にしたい本稿において重要なのは、特に低所得の世帯の場合である。ここまで見てきたように、妻がやりくりの責任を負うことが多いという実態は、低所得の世帯においては、つじつまをあわせるために、妻が特に貧困に陥りやすいということを示しているからである▼8。ここにはやはり、世帯全体が貧困ではなかったとしても、その中の特定の誰かだけが貧困に陥っているという隠れた貧困が潜んでいる可能性がある。

5 税・社会保障制度の世帯内の個人への影響

ここまで見てきたような、世帯の中での個人の資源配分をとらえようとする研究は、英語圏においては、社会保障給付を誰に対してどのような形で行うと、世帯の中の個人にどのように影響を与えるかを検証するという、政策研究にもつながっている。日本ではそもそも社会保障給付が少なく、労働者が企業から得る賃金に過度に依存した生活構造であること（箕輪 2017）、また社会保障費は世帯主の口座に給付されることがあたりまえのようになっていることから、こうした点が議論されることはほとんどない。しかし女性個人への社会保障給付は、女性が自身の収入を確保するひとつの手段であり、他国ではそのあり方が議論されてきた。

イギリスでは１９７０年代に、フェミニズム運動の影響も受けて、税控除が児童手当に変更されたことがある。これは世帯収入は同じだったとしても、夫の収入を増加させる形の配偶者控除から、母親の口座に直接給付される児童手当への変更、つまり夫の収入の一部が母親の収入になったということを意味する▼9。この変更が世帯内の個人に与えた効果を検討した研究では、所得控除から児童手当に切り替わったことで、女性と子どもの衣服・履物への支出が増大した、すなわち女性と子どもの個人支出が増大したことが明らかにされた（Lundberg & Pollack 1997）。この研究の結果は有名になり、ＮＧＯや政策立案者によって、子どもの福祉を増大させるためには母親に手当を払うことが有効だと議論された。男性より女性に直接支払いをすることが家族の福祉に与えるインパクトを検証した研究レビューでも、第三世界の多くの国において、これが特に子どもの健康と教育の状態をおおむね増大させることが指摘されている（Yoong et al. 2012）▼10。

またフランチェスコ・フィガリらは、どのような税や社会保障制度が、世帯内の男女の収入格差を減少させたり働くインセンティブを増加させるのかを、ＥＵ加盟９か国の政策を比較することで検討している。それによれば、個人課税と比較して共同課税は、男女の収入格差を拡大させる効果がある。というのも、所得税には累進性があり、個人課税だと夫妻の高所得の方が負担税額が大きくなるため、夫妻の間の平等化がより進むからである。また通常、夫妻の高収入の方が受ける配偶者控除や扶養控除の形をとる給付も、男女の収入格差を拡大させる。一方、社会保険料の負担は、所得によって免除があったり額に上限があったりするため、低所得者の場合には収入格差を減少させ、高所得者の場合には収入格差を拡大させる効果があるという（Figari et al. 2011）。こうした研究は、どのような税や社会保障制度が、世帯内の個人の収入にどのような影響を与えるかを検討する際の基礎資料として、日本においても活用できるだろう。

日本でこのような論点から議論を行っている研究は数少ないが、大石亜希子（2010）は、日本は早くから夫妻の収入を平等化する程度の高い個人課税のシステムを導入してきた一方で、税・社会保障制度の中に世帯単位の発想にもとづくものが多々あるために、世帯内の男女の平等化は国際的に見ても進んでいないことを指摘している。また北明美は、各国の児童手当の理念と成立過程を検討する中で、イギリスやスウェーデンなどではフェミニズム運動の影響を受けて母親への直接給付が実現されたのに対して、日本では父親が受給者になるのは当然とされたことを、制度成立の経緯から明らかにしている（北 2004）。最近では坂本和靖が、消費生活に関するパネル調査のデータを用いて、子ども手当が導入されたことの効果を検証している▼11。それによれば、受給者は有配偶世帯では95％以上が夫であったこと、9割以上の世帯で子どものために割り当てられたこと、そのことは家計管理のパターンによってほとんど違いがなかったという。そしてランドバーグら（1997）が検証した1970年代のイギリスの男性と比べて、「現代日本の男性は、給付金の取得者、管理者が夫自身であっても、子どものために配分すると考えられる」（坂本 2011: 38）と述べている。この分析は、男性への給付に比べて女性への給付が子どもの福祉を増大させるというこれまでの研究の知見に反する可能性があるため興味深く、さらなる検討が必要だと思われる。

以上で見てきたように、税や社会保障制度も、世帯を単位とすることを当然視するのではなく、誰にどのような名目で給付するのが有効かは、各制度の目的に照らして検討するに値することだろう。世帯の中に隠れた女性の貧困を改善するという点からは、女性個人の収入を増加させることは、就労収入だけに限らず社会保障給付においても、目指されるべきである。

またこれまでの研究において、母親の収入は子どもの福祉を増大させることが実証的に明らかになっているということは、子どもの貧困対策を考えるうえで重要な点だと思われる。世帯主に給付されることが当然だと考えられている現状の社会保障給付の受給者を女性に変更することは、世帯内の資源配分を平等化し、子どもの生活状況の改善につながる可能性がある。ただし母親に対するこのような期待は、女性の生活の中で母親としての面のみを強調し、母親役割を過度におしつけることにつながりうることには注意が必要である。多くの母親は子どもを優先して自分の消費を切り詰める傾向があることは、すでに先行研究で指摘されていることであり、こうした政策が母親を新たに抑圧する危険性も見逃してはならないだろう。

おわりに

本稿では、女性の貧困、その中でも世帯の中に隠れた形のものに焦点をあてて、それを把握しようとしている研究を見てきた。最近では共働き世帯が増加し、女性の収入が世帯全体において果たす役割や、そのことが世帯の中の個人に与える影響を見ることの重要性は増している。しかし日本においては、それを検討することができる世帯の中の個人に焦点をあてたデータが、イギリスなどと比べて圧倒的に少ないことは、指摘しておかなければならない。今後は貧困を多面的にとらえるためにも、世帯だけではなくその中の個人の状態に焦点をあてた調査が行われることが望まれる。

また世帯の中に隠れた貧困の存在を考えることからは、そもそも貧困をどのようなものとしてとらえるのかという、貧困概念を検討する必要も示唆される。ここで見てきた研究においても、貧困を時間や自由との関連でとらえたものや、ある条件下では貧困に陥る可能性が高いというリスクまで含めた状態を考えているものもあった。スティーブン・ジェンキンスは、フェミニズムが問題にしてきた女性の貧困の概念は、「最低限の経済的自立の可能性に対する個人的権利」であると述べている。そしてフェミニズムの視点から貧困概念を検討する際の鍵となるのは、アマルティア・センのケイパビリティの概念だという

(Jenkins 1991: 464)。今後は世帯内に隠れた女性の貧困をとらえられるような貧困概念に関する議論も進めていく必要があるだろう。

女性の貧困を改善するためにもっとも重要なことは、個人が自分の収入にアクセスできるようにすることである。そのためには、家事・育児・介護などを世帯内で平等に共有することや、社会的に負担することが合わせて行われてなければならない。それがシングルマザーや単身女性という形ですでに顕在化している女性の貧困だけではなく、世帯内に隠れた女性の貧困の顕在化を防ぐことにつながっていくだろう。

付記

本研究は、日本学術振興会科学研究費補助金（基盤研究（C）、課題番号18K11910、16K02030）による研究成果の一部である。

注

1 ここでは暴力は「身体的なもの」「精神的なもの」「性的なもの」の3つにわけられており、経済的暴力は精神的暴力の一部として位置づけられている。またこれらの事例は、内閣府（2003）によるＤＶの事例調査から引用されている。

2 この調査からは他にも、「身体的暴行」「心理的攻撃」「経済的圧迫」「性的強要」のいずれかの経験がある人は26・2％と、3割弱にのぼること、経済的暴力は他の形態の暴力に比べて、男女の経験差が大きいことなどがわかる。これは、女性は低賃金であるという社会構造を反映した結果であろう。さらにこれらの4つの形態の暴力のいずれかが重複しているのは29・6％と、様々な暴力が重なりあうことも少なくないことがわかる（内閣府男女共同参画局 2017）。

3 妻が夫に比べて個人消費を切り詰めているという実態は、多くの研究において実証されているが、坂本（2008）

では、世帯の中で個人消費を特定できる衣類・はき物・娯楽・交際費を妻と夫とで比較すると、多くの場合、妻の消費が夫の消費をうわまわるという結果を導き出しており、他の調査とは逆の結果になっている。

4　貨幣から貧困を把握する研究では、収入に代表されるフローをとらえるものが主流だが、ストックつまり資産を把握しようとしたものもある。日本でも、世帯内の個人の資産に着目したものとして、預貯金や不動産の名義人をたずねる調査がなされているが（御船 1999など）、資産の名義と、実際にそれに個人がアクセスできるか、法的権限があるかは必ずしも一致しておらず、その結果を世帯内の個人の貧困と結び付けて解釈することは難しい。

5　イギリスの世帯内の資源配分の過程に焦点をあてた研究では、資源の管理と支配は異なるとされるのが一般的である（Bennett 2013など）。つまり、妻が日常的なお金を管理していても、妻が金銭的な決定者だとは限らないということである。日本でも家計研究所の調査などでは、大きな買物の決定を誰がするのかを質問しているが、そのことを資源の管理と区別される支配として解釈した分析は、日本ではほとんど行われていない。

6　この調査では、家計の管理類型は、夫管理（夫がすべて管理し妻に必要なだけ渡す）、妻管理（妻がすべて管理し夫に必要なだけ渡す）、共同管理、準個別管理（一部を共同で、残りを個別に管理）、各自の収入を個別に管理（個別管理）の5つに分類されており、家計経済研究所の分類方法（2009）とは異なっている。

7　家計の共同度が高い管理類型の世帯において、女性がより剥奪を経験しているというのは、イギリスの研究でも指摘されていることである（Cantillon et al. 2016など）。しかし木村清美は、御船（1995）の分析とは異なり、夫妻で使える金額は金銭管理のタイプで違いはないという調査結果を導いている。このことについて木村は、御船が分析に用いた調査では「実際に妻のために支出した金額」をたずねているのに対し、木村が分析に使用した調査は「（使おうと思えば）使える金額」をたずねているためであると考えている。つまり、妻は使おうと思えば使えるお金はあるが、それを自分のためには使っていなかった可能性を指摘している（木村 2001）。

8　フラン・ベネットらは、低所得の世帯ではより女性が金銭管理を担う傾向にあること、この金銭管理の責任は女性にとって負担になる反面、プライドの源にもなっていることを指摘している（Bennett & Daly 2014）。

9　貧困対策という点では、税控除は、非課税となる低所得の世帯は恩恵を受けられないため、児童手当の方が有効であったということも指摘しておかなければならない。

10　第三世界を対象にしたこの研究レビューでは、女性への給付が、男の子と女の子の栄養状態や体格に与える影響の違いについても言及があり、日本を含む先進国においても、子どもへの影響は性別によって違いがあると考えられるが、先進国では性別による違いについてはあまり議論されていない。

11　子ども手当は、２０１０〜２０１２年に実施された児童に対する給付制度で、それまでの児童手当の所得制限が撤廃されて、全児童を対象に（対象年齢も12歳から15歳に引き上げられた）それまでの給付額より多い月額１万〜１万５０００円が給付された。しかし2年後にふたたび所得制限のある児童手当に戻ったという経緯がある。

引用・参考文献

Bennett, F. (2013). "Researching Within-Household Distribution: Overview, Developments, Debates, and Methodological Challenges", *Journal of Marriage and Family*, 75: 582-597.

———— and Daly, M. (2014) *Poverty through a Gender Lens: Evidence and Policy Review on Gender and Poverty.*

Burchardt, Tania (2010). "Time, income and substantive freedom: A capability approach", *Time and Society*, 19 (3): 318–344.

Cantillon, S. and Nolan, B. (1998). "Are "Married Women More Deprived Than Their Husbands?", *Journal of Social Policy*, 27-2: 151-171.

———————— (2001). "Poverty Within Households: Measuring Gender Differences Using Nonmonetary Indicators", *Feminist Economics*, 7 (1): 5-23.

———— (2013). "Measuring Differences in Living Standards within Households", *Journal of Marriage and Family*, 75: 598-620.

————, Maître, B. and Watson, D. (2016). "Family Financial Management and Individual Deprivation", *Journal of Family and Economic Issues*, 37 (3): 461-473.

Figari, F., Immervoll, H., Levy, H. and Sutherland, H. (2011). "Inequalities within couples in Europe: market incomes and the role of taxes and benefits", *Eastern Economic Journal*, 37: 344-366.

Jenkins, S. (1991). "Poverty Measurement and the Within-Household Distribution: Agenda for Action", *Journal of Social Policy*: 457-483.

家計経済研究所（2009）『現代核家族のすがた――首都圏の夫婦・親子・家計』
木村清美（2001）「家計の共同性と夫妻関係」『家計経済研究』49、14～24頁
北明美（2004）「児童手当制度のアイロニー」『季刊経済理論』41（2）、15～27頁
厚生労働省（2016-2017）『国民生活基礎調査』
――（2017）『賃金構造基本調査』
Lundberg, S., Pollak, R. and Wales, T. (1997). "Do Husbands and Wives Pool Their Resources? Evidence from the United Kingdom Child Benefit", *The Journal of Human Resources*, 32 (3): 463-480.
前田正久・湯本和子・松村祥子（1971）「家計の配分体系への考察と共働き家計の分析」中鉢正美編『家族周期と家計構造』至誠堂
御船美智子（1995）「家計内経済関係と夫婦間格差――貨幣と働く時間をめぐって」『家計経済研究』25、57～67頁
――（1999）「女性と財産の距離と家族共同性」『法社会学』51、206～211頁
箕輪明子（2017）「新自由主義下における日本型生活構造と家族依存の変容」松本伊智朗編『「子どもの貧困」を問いなおす――家族・ジェンダーの視点から』法律文化社
内閣府男女共同参画局（2003）『配偶者等からの暴力に関する事例調査』
――（2010）『生活困難を抱える男女に関する検討会報告書』
――（2017）『男女間における暴力に関する調査報告書』
大石亜希子（2010）「社会保険・税制におけるジェンダー」木本喜美子・大森真紀・室住眞麻子編『社会政策のなかのジェンダー』明石書店
岡本政人（2015）「世界と日本の家計管理の実態と動向――国際社会調査データを用いてパネル分析および多項ロジット分析」『家計経済研究』107、54～63頁
Phal, J. (1989). *Money and Marriage*（＝室住眞麻子・木村清美・御船美智子訳（1994）『マネー＆マリッジ――貨幣をめぐる制度と家族』ミネルヴァ書房）
坂本和靖（2008）「世帯内における消費・余暇配分の構造」チャールズ・ユウジ・ホリオカ・財団法人関係経済研究所編『世帯内分配と世代間移転の経済分析』ミネルヴァ書房
――（2011）「子ども手当の配分状況と世帯支出への影響」『家計経済研究』92、32～45頁
三具淳子（2018）『妻の就労で夫婦関係はいかに変化するのか』ミネルヴァ書房

重川純子（2004）「夫妻の収入バランスが夫妻関係に及ぼす影響」『家計経済研究』64、35～44頁
総務省（2017）『労働力調査』
Yoong, J., Rabinovich, L. and Diepeveen, S. (2012). *The impact of economic resource transfers to women versus men: A systematic review.*

第6章

ひとり親世帯の貧困
──所得と時間

…鳥山まどか

はじめに

ひとり親世帯の貧困は、貧困率などの形で「見えやすい」。貧困にある子どものいる世帯の構成としては、ひとり親世帯よりもふたり親世帯の割合が大きいものの（阿部 2017）、「等価可処分所得の中央値の50％」という貧困率でみたときの、ひとり親世帯の貧困率は子どものいる世帯の中でも特に高い。これは、子育て世帯の中でも、特にひとり親世帯は貧困基準を下回る生活水準に陥る可能性が高い、言い換えれば貧困リスクが高いことを意味する▼1。それではなぜ、ひとり親世帯は貧困リスクが高いのだろうか。

本書第4章で大石が述べているように、所得の貧困と時間の貧困は密接に関連する。このことを前提に、大石は母子世帯とふたり親世帯の生活時間の配分を比較し、特に子どものケアの時間の面から子どもの貧困の実態を明らかにしている。本章では所得および時間の貧困からみたときの、ひとり親世帯の貧困の特徴について確認する。次節では、所得と時間の貧困に関する先行研究での議論を整理する。続く第2節では、北海道で実施した調査を用いて、ひとり親世帯の実際の生活を「所得」と「時間」の側面に着目しながら確認する▼2。

1　所得の貧困と時間の貧困

時間の側面から貧困について議論する研究では、ひとり親世帯の時間貧困リスクの高さが指摘される。

たとえば石井・浦川（2014）は、母子世帯が所得だけでなく時間の貧困という点でも、おおむね同年代の他の世帯類型と比べて貧困リスクが高いことを示している。この研究では生活保護基準を用い、世帯収入が基準を下回る場合を「所得貧困」（income poverty）としている。一方で「時間貧困」（time poverty）は、24時間から睡眠や食事などの基礎的活動時間および世帯類型ごとの最低限必要な家事・育児時間を差し引いた残りの時間を、各世帯が配分可能な時間としたときに、労働時間がこれを上回る場合とする。これらの基準でみたとき、母子世帯は所得貧困と時間貧困の両方の状態にある割合が他の世帯類型に比べて高い。

この石井・浦川（2014）をはじめ、多くの研究では所得貧困と時間貧困をそれぞれ独立して扱っている▼3。したがって、「時間貧困」である人の中には、たとえば給与水準が高く長時間労働をしている専門職の人なども含まれ得る。そうであるなら、「時間貧困」は「忙しくて時間がない」ことを言い換えたに過ぎないようにも思われる。これに対し、バーチャード（Burchardt 2008）は、所得と時間を組み合わせた形で貧困を測定する重要性を指摘する。たとえば、「所得貧困」の基準を下回らない収入は、その状態を維持するために長時間働かなければならない（したがって睡眠時間を削らざるを得なかったり、子どもの世話に時間を割けない）結果である可能性がある。所得を基準とした従来的な貧困研究ではこうした問題は見逃されやすい――この例は所得貧困ではない世帯としてカウントされる――が、時間貧困の測定を組み合わせることでこの問題を捉えることが可能となる。

バーチャード（2008）『Time and income poverty（CASEreport 57）』では、税と社会保険料の支払いおよび子どものケアに要する費用を差し引いた所得を「可処分所得」とし、これが基準▼4を下回る場合を「所得貧困」とする。時間については、1日24時間から睡眠・食事・入浴など自身の生存のために要する時間、所得を得るための労働時間、家事・育児に要する時間を差し引いた「自由時間」が基準▼5を下回る場合を「時間貧困」とする。所得の貧困基準を上回り、かつ、本来必要とされる睡眠時間や育児時間などを確保しながら、時間の貧困基準を上回る形での時間配分が不可能である場合を「時間－所得ケイパビリティの貧困」（time-income capability poverty）とする。この貧困には、睡眠時間や子どもと過ごす時間を削って賃労働の時間にあてなければ所得貧困の基準を上回る所得を得られない場合や、必要な時間を削って賃労働の時間を最大限に増やしてもなお基準を上回る所得が得られない場合などが含まれる。さらに生活時間調査の分析から、次の要素が「時間－所得ケイパビリティの貧困」のリスクを高めるとする。①女性である、②16～29歳である（30～44歳がこれに続く）、③配偶者がいない、④世帯により多くの子どもがいる、⑤世帯により低年齢の子どもがいる、⑥教育資格がより低い、あるいはない、⑦特定の地域に住んでいる。

子どもがいる世帯では必ずケアが行われる。このケアには時間と金銭の両方のコストが発生する。この2つはある程度まで相互に代替可能であるが、コストそのものがゼロになることはない。子どもの人数が多いほど、また、子どもが小さいほど、ケアに要するコストは一般的に大きくなる。他方で世帯に大人が複数いれば、その世帯員の時間をケアや賃労働の時間にあてることが可能になり、時間配分の余地が大きくなる。したがって、ひとり親世帯は「時間－所得ケイパビリティの貧困」のリスクが特に高い世帯類型ということになる。

藤原（2017）によると、たとえば就学前の子どもが2人いる母子世帯の母親が、生活扶助基準に相当する収入を最低賃金による労働から得るためには、年間で３０００時間近い労働が必要である。この労働時間では子どもたちと向き合うケアの時間は確保できない。しかし同じ世帯が児童扶養手当と児童手当を受け取ることで、この労働時間は１７００時間程度まで下がる。このように、所得保障は所得の貧困だけでなく、時間の貧困――とりわけ、「時間－所得ケイパビリティの貧困」としてみたときの時間資源の配分において――のリスクを下げることを可能にするといえる。

2 ひとり親世帯の生活――北海道ひとり親家庭生活実態調査から

（1）調査の概要

ここで用いる「2017年 北海道ひとり親家庭生活実態調査」は北海道保健福祉部子ども未来推進局子ども子育て支援課が、北海道大学大学院教育学研究院に委託し実施したものである。札幌市を除く北海道全域で、児童扶養手当を受給しているひとり親世帯を対象に実施した。対象世帯の抽出、調査票の配布と回収は北海道が行い、調査票の作成と調査結果の集計および分析は北海道大学が行っている。詳細については北海道大学大学院教育学研究院発行の『2017年 北海道ひとり親家庭生活実態調査報告書』を参照されたい。

以下からは、前節で紹介したバーチャードの研究を手がかりとしながら、所得の貧困と時間の貧困がひとり親世帯の生活にどのような形であらわれているかを確認する。

（2）世帯の概況

回答世帯の内訳を**表1**に示す。以下では、母子世帯（1904世帯）と父子世帯（232世帯）の結果をみていく。回答者の年齢は**表2**の通りである。母子世帯、父子世帯ともに40歳代が最も多く、30歳代がそ

表１　世帯類型（単位：世帯）

母子世帯			父子世帯			不明	
1,904			232			33	
単独	＋祖父母	＋その他	単独	＋祖父母	＋その他	単独	＋祖父母
1,558	334	12	176	55	1	30	3

出所：筆者作成（以下の表も同様）。

表２　本人の年齢（単位：％）

	20歳代以下	30歳代	40歳代	50歳代以上	無回答
母子世帯（1,904）(1)	8.2	37.4	45.3	7.9	1.1
父子世帯（232）	3.9	31.0	45.7	19.0	0.4

注：（1）カッコ内は世帯数。表中の割合はこの世帯数を母数としたもの。以下の表も同様。

表３　末子年齢（単位：％）

	就学前	小学生	中学生	高校生	不明等
母子世帯（1,904）	21.2	35.0	20.3	21.4	2.0
父子世帯（232）	13.4	33.6	25.0	26.3	1.7

表４　子どもの健康状況（単位：％）

	みんな健康である	通院している病気がある子がいる	入院している子がいる	通院していないが体調の悪い子がいる	障害がある子がいる	難病の指定を受けている子がいる	発達に遅れのある子がいる	その他
母子世帯（1,904）	72.7	14.0	0.3	2.0	9.3	0.7	7.4	2.5
父子世帯（232）	75.4	9.5	0.0	2.2	8.6	0.4	7.3	1.7

注：複数回答の設問。

れに続く。

子どもの人数は１人の世帯が半数（母子56・1％、父子50・0％）、子ども２人の世帯がおよそ３割（母子33・7％、父子36・6％）である。

子どもの年齢を末子の学校段階で確認しておくと（**表３**）、末子が小学生である世帯が最も多く３割を超え、就学前の子どものいる世帯もみられる。

また、子どもの健康状況を**表４**に示しているが、通院を必要とする子ども、体調が悪い子どものいる世帯があり、子どもに障害がある、発達に遅れのある子どもがいる世帯もある。

子どもの年齢が小さいほど、

表5　世帯年収（単位：%）

	100万円未満	200万円未満	300万円未満	400万円未満	400万円以上	無回答
母子世帯（1,904）	11.1	40.5	28.3	9.9	4.6	5.6
父子世帯（232）	2.2	16.8	40.5	25.4	12.0	3.0

表6　貯金、借金、未納の状況（単位：%）

	貯金なし	生活費のための借金がある	他の借金の返済のための借金がある	未納4項目以上（全9項目[(1)]中）
母子世帯（1,904）	34.4	18.5	7.4	12.2
父子世帯（232）	40.1	24.1	16.4	18.5

注：それぞれ別の設問についての結果を1つの表にまとめた。
（1）9項目は次の通りである。①電話料金（携帯電話、スマートフォンを含む）、②電気、ガス、水道のいずれかの料金、③家賃、住宅ローンのいずれかの支払い、④公的年金、⑤公的医療保険、⑥税金、⑦給食費、⑧学校や幼稚園、保育所へのその他の支払い、⑨クレジットカードや他の借金の支払い。

また子どもの人数が多くなるほど、ケアに要する時間は長くなり、それを代替しようとする場合の金銭的コストも大きくなる▼6。同様に、子どもに障害や健康上の問題がある場合にも、ケアに要する時間や代替のための金銭的コストは大きくなる。

（3）家計の状況

ここでは「所得貧困」と関連する結果について確認する。世帯年収は表5の通りである。所得制限のある児童扶養手当受給世帯であるということもあり、全体的に収入が低い。家計収支については、およそ半数の世帯が「黒字でも赤字でもなくぎりぎり」の状況である（母子52・6%、父子49・1%）。それ以外の世帯については赤字世帯が黒字世帯を大きく上回り、特に困難な家計状況であると思われる「赤字で借金をして生活している」世帯が母子世帯で14・8%、父子世帯で22・4%ある。

貯金や借金の状況からも、家計上の困難が大きい世帯の存在がうかがわれる（表6）。貯金がない世帯は母子世帯の3割、父子世帯の4割にのぼる。およそ2割に生活費のための借金があり、他の借金の返済のために借金をしている世帯もみられる。また水光熱費や公的医療保険など9項目の支払いについて過去1年間で支払えなかったことがある項目が4つ以上ある世帯も1割を超えており、特に父子世帯では2割に近い。所得（収入）の低さの問題だけでなく、その低い収入の中で家計管理（所得資源の配分）をしていくことに困難を抱えているだろう世帯が一定数含まれていることが確認できる。

（4）仕事・子育て・自身への時間配分

バーチャード（2008）は、所得（賃金）を得るための労働時間、育児に代表されるケアのための時間、家事に必要な時間、そして睡眠に代表される自分自身の心身の健康を保つために必要な時間を合わせて「投入時間」（committed time）とする。前節でも述べたように、24時間からこの投入時間を差し引いた残りの時間が自由時間（free time）ということになる。時間貧困の議論においては、この自由時間が発生するような時間配分が可能であるかどうかというのがまず問題になる。さらに、投入時間を構成するそれぞれの活動（賃金を得るための労働時間、ケアと家事に使う時間、自身の心身の健康を保つための時間）への時間配分のありようも問題となる。つまり、ケアに時間をとられるために所得貧困の基準を超えるだけの労働時間が確保できないとか、労働時間が長いためにケアに必要なだけの時間を割くことができないとか、労働時間とケア時間を何とか確保した結果として睡眠時間が極端に少なくなるというような問題である。以下からは、①（賃金を得るための）仕事、②子育て、③自分の心身の状態を保つことの3つの活動に分けて、調査結果をみていく。

表７　雇用形態（単位：％）

	正規の職員・従業員	臨時・パートタイマー	派遣社員・契約社員・嘱託	自営・内職・家族従事者	その他	無回答
母子世帯（1,904）	38.6	41.8	13.9	3.3	1.8	0.5
父子世帯（232）	70.3	11.9	7.3	10.0	0.5	0.0

表８　仕事についての悩みや不安（就労している人のみの回答、単位：％）

	時間について(1)	収入について(2)	安定性について(3)
母子世帯（1,707）	45.6	50.7	35.9
父子世帯（219）	53.0	52.5	37.0

注：(1)　仕事についての悩みや不安として19の選択肢からあてはまるものすべてを選ぶ回答方式。このうち「朝が早い」、「帰りが遅い」、「通勤時間が長い」、「勤務時間が長い」、「夜勤や交替勤務がある」、「残業が多い」、「休みが取りにくい」の７項目のうち１つ以上を選択している割合。
(2)　「収入が少ない」を選択した割合。
(3)　「雇用や身分が不安定」、「雇用期間が限られている」、「先の見通しがもちにくい」の３項目のうち１つ以上を選択している割合。

①仕事

回答者のほとんどが就労しており（母子89・7％、父子94・4％）、その雇用形態は**表7**の通りである。父子世帯は正規の職員・従業員が多く、母子世帯では正規の職員・従業員と臨時・パートタイマーがおおむね同数となっている。また、現在就労している母子世帯の9・1％、父子世帯の5・5％が複数の仕事（副業）をしている。

この調査では具体的な仕事時間は明らかにできないため、ここでは「仕事に関する悩みや不安」についての回答から、仕事時間の配分の問題を考えてみたい（**表8**）。およそ半数が、勤務時間や通勤時間が長い、帰りが遅い、残業が多いといった「時間」についての悩みをあげている。バーチャード（2008）は量的調査にもとづく分析のほかに、インタビュー調査を用いた事例検討も行っているが、そこでは、仕事時間の「長さ」の問題だけではなく、ケアの事情（子どもが家に帰ってくる時間など）に合わせられる形で働くことができない問題についても論じられている。本調査におけるひとり親世帯の仕事時間に関する悩みについての結果からも、仕事時間を子育てなどの事情の方に合わせることが難しい世帯があ

表9　子どもと朝食、夕食を一緒にとる週あたりの頻度（単位：%）

	夕食				朝食			
	ほとんど毎日	週に半分くらい	ほとんどない	無回答	ほとんど毎日	週に半分くらい	ほとんどない	無回答
母子世帯（1,904）	68.3	20.6	9.0	2.1	48.5	17.3	32.4	1.8
うち末子小学校低学年[(1)]（311）	78.8	14.8	5.8	0.6	54.3	16.1	28.9	0.6
父子世帯（232）	43.1	33.2	19.4	4.3	29.7	17.2	48.3	4.7
うち末子小学校低学年[(1)]（35）	54.3	22.9	20.0	2.9	51.4	14.3	34.3	0.0

注：（1）８歳以下の小学生を「小学校低学年」とした。

ることがうかがえる。

なお、仕事に関する悩みや不安として「収入が少ない」ことをあげるものが半数を超える。さらに、就労している人のうち、収入が少ないことと時間についての悩みや不安の両方をあげる人が母子世帯で23・0％、父子世帯で32・0％いる。仕事で得られる収入が不十分であるということは、ケアを代替するためのサービスやモノを購入する余地がより少ないことを意味する。それに加えて仕事時間の調整が難しいとすれば、子育ての時間や睡眠時間などを削ってしのがなければならない場面はより多くなるだろう。

②子育て

第４章で大石は、母子世帯の子どもが親と過ごす時間をもちにくいことを、夕食を一緒にとる回数を例に示している。大石の示したデータと比較可能な形で、本章のひとり親世帯調査の結果を表9に示す。大石の使用した労働政策研究・研修機構の調査とは質問の形式が一部異なるものの、母子世帯における「ほとんど（ほぼ）毎日」は、全数でみた場合、そして、末子が小学校低学年年齢の世帯に限ってみた場合のいずれも、２つの調査で同程度の割合となっている。父子世帯では「ほとんど毎日」が母子世帯よりもさらに少なく、母子世帯以上に子どもが親と過ごす時間をもちにくいことがうかがえる▼7。

朝食については、一緒にとる割合は夕食より低い。ここには親が仕事など

表10　現在、自分の親から受けている援助（単位：%）

	末子年齢	子そだて	食料など物	住まい	お金	援助なし[3]
母子世帯	就学前または小学校低学年[1]（715）	57.2	49.0	26.3	13.0	23.1
	小学校高学年以上[2]（1,157）	38.2	44.9	20.7	12.3	31.9
父子世帯	就学前または小学校低学年[1]（66）	54.5	34.8	24.2	6.1	33.3
	小学校高学年以上[2]（163）	33.1	30.7	12.9	10.4	44.2

注：複数回答の設問である。子どもの年齢が不明である世帯を除く。
（1）末子年齢8歳以下。
（2）末子年齢9歳以上。
（3）「そのような援助はなかった」の回答割合。

の都合で朝いないためというものも含まれるだろうが、より可能性が高いものとしては、親は子どもが起き出す前に朝食をとっていたり、朝食をとっていないことなどが考えられる。こうした場合は、自分の睡眠や食事の時間を削った分を他の活動にあてていることになる。これは後述する自分の心身の状況を保つための時間を削減する形のひとつのあらわれ方だといえる。

親は子どものケアを自身のみで行うわけではなく、程度の差はあれ、外部の資源を用いながら子育てをしている。本調査におけるひとり親世帯にとっては、制度的な資源が大きな役割を果たしていることが確認できる。就学前の子どものいる母子世帯の79・2%、父子世帯の69・7%が、就学前の日中の世話を行っている主な場所（人）として保育所・幼稚園・託児所をあげている。また、小学校低学年の子どものいる母子世帯の42・5%、父子世帯の33・8%が、子どもの放課後の世話を行っている主な場所（人）として学童保育・児童館をあげる。

予想できることではあるが、子育てにおいては自身の親からの援助も大きい。**表10**に自分の親から現在受けている援助について示す。親から受けている援助としては「子育て」についてのものが多く、小学校低学年以下の子どものいる世帯で特に多い。しかしながら、比較的低年齢の子どものいる世帯であっても、半数弱の世帯では子育てについて親からの援助がない状態である。また、子どもが大きくなると教育費などでお金がかかるようになるが、

表11　受診抑制の理由（本人）（受診抑制の経験が「あった」人のみの回答、単位：％）

	仕事で時間がなかった	子どもの世話で時間がなかった	お金がなかった	病院が遠いため	保険証がなかった	その他
母子世帯（910）	70.3	20.5	50.0	5.4	1.3	3.7
父子世帯（100）	65.0	24.0	53.0	1.0	1.0	2.0

注：複数回答の設問である。

金銭的な援助がある世帯は年齢に関らず全体として少数派である。さらに、親からの援助がないという世帯もみられる。ここにはすでに親が亡くなっている、親が離別していてやり取りがないといったことだけでなく、特に父子世帯に数件みられるが、親と生計が同一である世帯の中にも親からの援助がないという世帯がある。こうした世帯ではむしろ日常的に親を支えなければならない状況にあることが考えられる。

③自分の心身の状態を保つための時間

日々、子育てや仕事をしながら生活を維持していくためには、睡眠をはじめとする自身のメンテナンスも重要である。親たちは自分のために時間を使えているのだろうか。

親が自分自身に時間をかけられていない様子がうかがえるものとして、受診抑制に関する質問がある。これは、過去1年間に、病院や歯医者に行きたいのに行けなかったことはあるかどうかをたずねるものである。母子世帯の47・8％、父子世帯の43・1％が「あった」と回答している。子どもについても同様の質問をしており（受診させた方がよいと思ったが、実際には受診させなかった）、この場合の「あった」の回答割合は母子世帯26・3％、父子世帯23・3％である。

親自身に受診抑制の経験があった場合の理由が表11である。多くの人が仕事で通院の時間が取れなかったことを理由にあげている。先にも指摘したことだが、ここにも仕事時間の調整のつけにくい様子があらわれている。また半数の人が金銭的な理由を

表12　心理的ストレス得点（本人）（単位：％）

	0～4点	5～9点	10～14点	15点以上	無回答
母子世帯（1,904）	49.6	23.3	14.8	10.5	1.9
父子世帯（232）	53.9	20.7	14.2	4.7	6.5

あげている。子どもよりも親自身の方が受診抑制の経験があるものが多いのは、時間や金銭といった資源を子ども優先に配分していることが一因であると推察できる。

忙しくてつい病院に行きそびれるということは私たちの生活にはよくあることで、そうであるなら、そのことを問題視する必要はないとみえるかもしれない。しかしこの調査からは、少なくない数の親たちが、健康上の不安や問題を抱えていることがうかがえ、受診抑制を「特に問題ないこと」と片付けることはできない。たとえば、現在の健康状態について、「健康である」と答えた人は母子世帯で63・3％、父子世帯で67・7％にとどまる。さらに、受診抑制の経験は、「健康である」と回答しなかった人の方でやや多い傾向にある（母子世帯では「健康である」と回答した人の42・5％に対し、そう回答しなかった人では57・0％、父子世帯では「健康である」と回答した人の39・5％に対し、そう回答しなかった人では50・7％）。心理的ストレス得点▼8も、国民生活基礎調査（2016年）における同年代の男女と比べて得点分布が高い傾向にある（表12）。特に、「気分障害・不安障害に相当する心理的苦痛を感じている者」とされる10点以上の割合が高い▼9。心身の調子がよくない人ほど、休憩や睡眠など、本来は自分にかける時間を多くとる必要がある。心身の不調と時間的および金銭的な制約が重なることで、それらが相互に影響しあい、親自身の、そして世帯の困難を増すことが危惧される。

おわりに

第1節で述べたように、子どもをはじめとするケアを必要とする人がいる世帯においては、ケアのための時間的・金銭的なコストが発生する。このコストは、年齢や心身の状況、人数など、ケアを必要とする人の側の状況で決まる。したがって、ひとり親世帯であろうと、ふたり親世帯であろうと、たとえば就学前の子ども1人に必要なケアのコストは変わらない。子どもに健康上の問題がある、子ども以外の家族あるいは自身に健康上の問題があれば、ケアに要するコストはさらに大きくなる。時間と金銭はある程度相互に代替可能であるが、コストそのものがゼロになることはないこともすでに述べた通りである。

したがって、子育て世帯をはじめとする、ケアを必要とする人とそのような人が属する世帯の貧困についてとらえるには、所得だけではなく時間にも着目しなければならない。その際、「時間貧困」は、単に時間がないということを超えて、「時間（資源の）配分の余地のなさ」の問題として理解することが重要である。所得を得る手段がもっぱら賃金である社会においては、時間配分の余地のなさが所得貧困とより密接に関連する。そのため、時間配分の余地がない中では、次のような時間と所得のトレードオフ――厳密にはトレードオフとして成立していないのだが――に直面しやすい。すなわち、子どもと過ごす時間や自分の体調を保つための睡眠時間を大きく削って仕事時間を増やして何とか生活に必要な所得が得られることをとるか、子どものケアのために仕事にあてることのできる時間が限られ日々の必要に足りるだけの所得を得られないことをとるか、といったトレードオフである。実際には、このような意味でのトレードオフすら成立しない――他の時間を犠牲にして仕事時間を最大限増やしても、そこから得られる所得が生活費に足りない――ことも多い。

ひとり親世帯の場合は、こうした問題がより先鋭化しやすい。ケアに必要なコストは同じである中で、時間資源はふたり親世帯の半分しかないためである。時間資源に大きな制約がある中では、保育など制度的なかたちで資源の補てんが行われることが重要であることは調査結果から確認した通りである。

今回使用した調査データはすべて、児童扶養手当を受給している世帯のものであった。所得資源については、この制度による補てんが行われている世帯ということになる。児童扶養手当を受給していない状態と比べれば、最低限必要な（生活扶助基準相当の）収入を得るために必要な労働時間は「まっとうな水準」（藤原 2017: 54）のはずである。しかしながら調査結果からは、それぞれの世帯の母親、父親たちの所得面、時間面での制約がなお大きいことが浮かび上がってくる。

本章では、所得と時間の2つの側面を重ね合わせながら、ひとり親世帯の貧困について考察してきた。日本における子育て世帯の貧困問題について考える際にはもうひとつ、教育費の問題が無視できない。教育の市場化のもと、子育て世帯の教育費負担が非常に大きいことは周知の事実といっていい状況にある。しかし所得にもとづく貧困の測定は、支出（消費）についてはほとんど考慮されておらず、教育費負担の問題を加味した形での所得貧困の基準の設定はなされていない▼10。また、この教育費という金銭的コストは時間資源で代替することが難しい。したがって、時間の貧困という側面にもこの教育費の問題はあらわれてこない。この問題に関する議論は本シリーズ第3巻にゆずるが、資源の制約が大きいひとり親世帯にとってはやはり、教育費の負担も大きいこと、そのこととひとり親世帯の貧困の問題は密接に関連していることは指摘しておきたい。

注

1　田宮（2018）が母子世帯の貧困の現状および関連する最近の研究について整理している。

2　本研究は、日本学術振興会研究費補助金（基盤研究（C）、課題番号16K02030）による研究成果の一部である。

3　所得貧困と時間貧困を組み合わせた議論もされはじめている。たとえば石井・浦川（2018）は、労働時間の調整（増加や削減）が、所得貧困や時間貧困から脱出することにどう影響するかを世帯類型別に検討している。特にひとり親世帯は、時間貧困に陥ることなしに労働時間を増やす（所得貧困から脱する）ことも、所得貧困に陥ることなしに労働時間を減らす（時間貧困から脱する）ことも難しいことが示されている。

4　バーチャード（2008）は絶対的基準である「低コストだが許容可能な」生活費の基準と、相対的基準である所得中央値の60％の2つの基準を用いている。

5　所得貧困の基準と同様に、絶対的基準として自由時間がゼロ時間、または、相対的基準として自由時間の中央値の60％の2つの基準を用いている。

6　一方で、子どもの年齢が高くなると教育費負担が大きくなり、家計を圧迫するという問題が発生する。この問題については本シリーズ第3巻所収「家計の中の教育費」で論じている。

7　ただし、末子が小学校低学年である父子世帯数が少ないことに留意する必要がある。

8　K6とも呼ばれる尺度で、うつ病・不安障害などの精神疾患をスクリーニングすることを目的として開発され、一般住民を対象とした調査で心理的ストレスを含む何らかの精神的な問題の程度を表す指標として広く利用されている。合計得点が高いほど、精神的な問題がより重い可能性があるとされる（平成28年国民生活基礎調査「用語の説明」より）。

9　「二十一世紀における第二次国民健康づくり運動（健康日本21（第2次））」による。

10　これは全く不可能というわけではない。バーチャード（2008）は収入から税や社会保険料の支払いと、ケアに要するコストを差し引いた所得を「可処分所得」とした。これと同様に、教育費を差し引いたものを可処分所得と設定することは可能である。ただし、差し引くべき「教育費」の内容と水準をどのように設定するかという問題は残る。

参考・引用文献

阿部彩（2017）「『女性の貧困と子どもの貧困』再考」松本伊智朗編『「子どもの貧困」を問いなおす――家族・ジェンダーの視点から』法律文化社、57～75頁

Burchardt, T. (2008). *Time and income poverty*, *CASEreport 57*, London School of Economics.

藤原千沙（2017）「新自由主義への抵抗軸としての反貧困とフェミニズム」松本伊智朗編『「子どもの貧困」を問いなおす――家族・ジェンダーの視点から』法律文化社、35～56頁

北海道大学大学院教育学研究院（2018）『２０１７年　北海道ひとり親家庭生活実態調査報告書』

石井加代子・浦川邦夫（2014）「生活時間を考慮した貧困分析」『三田商学研究』57（4）、97～121頁

石井加代子・浦川邦夫（2018）「ワーキングプアと時間の貧困――就労者の貧困問題を捉える新しい視点」『貧困研究』Vol.21、12～25頁

田宮遊子（2018）「母子世帯と貧困」駒村康平編著『貧困（福祉＋α⑩）』ミネルヴァ書房、79～87頁

第7章

妊娠・出産と貧困

…鈴木佳代

はじめに

筆者は2016年の夏に双子を出産し、産育休を経て2018年度から大学教員の職に復帰した。自分の体に子どもが宿り、その子を産み育てることは、過去のどんな経験とも異なるものだった。また、自分自身が24時間子育てをするようになって初めて知ったり感じたりしたこと――子育てについて見聞きしたり、手伝いをする程度だった時には思いもよらなかったこと――が数多くあった。

「産む性」であることが女性のライフコースに与える影響を研究関心の一つとしてきた筆者にとって、自身の妊娠・出産・育児は、アカデミックな視点からも大きな意味をもつ経験となった。また、この個人的な経験を通じ、今日の社会で子どもを生み育てることの難しさや、妊娠・出産・育児において、貧困が母親・子ども・家族に対してもたらす影響について考えたことが数多くあった。

本章は、筆者自身の経験や母親仲間とのやりとりを通じて見えてきた、今日の社会における妊娠・出産・育児の課題と、貧困がそこでもたらしうる困難について述べるものである。ここに書かれたことは筆者の個人的な経験や伝聞にもとづくものであるという限界を認めつつも、今日起こっている現実の一端を描いたものとして捉えていただければ幸いである。

双子の妊娠・出産・育児の経験をもとに本章を執筆することについて、そのような「特殊な」経験をもとに論じることを疑問視する読者もいるだろう。しかし、こうした「普通ならざる」状況は一定の確率で発生するものであり、それは貧困な状況にある人々においても同様である。さらに言えば、周産期の母体や新生児のトラブルは、貧困世帯においてより発生しやすいことが知られている▼1。しかも、困難な状況が発生した際に取れる対応や選択肢が限られるという点において、こうしたライフイベントにまつわる困難は、貧困な状況にある人々にとってはさらに大きな壁となって立ちはだかると考えられる。そうした見方に立てば、たとえ筆者の個人的な経験ごしにではあっても、今日の妊娠・出産をとりまく課題を、おおまかにではあるが描くことができるのではないか――それが本章の意図するところである。

1 妊娠・出産という「選択」と自己責任言説

妊娠・出産と貧困を語るうえで必ずと言っていいほど耳にするのが、「貧しいのに子どもを作る・産むのが悪い」という言説である。しかしそうした考えに反し、妊娠・出産をめぐる様々な「選択」が可能なのは、実際に起こっている出来事のうちごく限られた範囲でしかない。

第一に、妊娠・出産は、家族計画や人生設計、本人の望み通りに起こるものではない。妊娠する時期や自分と子どもの健康状態について、ある程度の計画や努力をすることはできるかもしれないが、それらを意のままに選ぶことは不可能である。もちろん、いま妊娠しては都合が悪いと考えるカップルが避妊をしたり、子どもを望む夫婦が不妊治療を受けたりといったことはあるだろう。しかし、それでも期待通りに物事が進むとは限らないのだ。

特に女性の平均初婚年齢が30歳目前となった今日では、子どもがほしくなったときにすぐ妊娠できるとは限らないし、思いがけないときに妊娠することもある。あまり知られていないことではあるが、コンドームの一般的使用における1年間の失敗率は15%前後にものぼる。結婚に妊娠が先行するいわゆる「できちゃった結婚」の割合は、近年は漸減傾向にあるものの、2000年前後から4分の1程度で推移してきた▼2。

一方、晩婚化が進むとともに、結婚から妊娠までの期間は長期化する傾向にあり、不妊に悩む夫婦も増えている。2015年の第15回出生動向基本調査では、夫婦の35%、なかでも子どものいない夫婦では55・2%が不妊を心配したことがあると回答した▼3。不妊治療は健康保険の範囲内において数千円程度で行えるものから、自費診療で数百万円かかるものまで幅が広く、妊娠に要する期間や身体への負担も様々である。また、地方のカップルが高度治療を受けようとすると何時間もかけて都市部の医療機関に通院しなければならないなど、アクセス格差も著しい。不妊治療にともなう経済的・身体的・時間的負担を考えると、妊娠が自由に「選択」できるものではないことが見えてくる。

さらに言えば、すべての妊娠・出産が「理想的な」形で起こる――順調な妊娠期を送り、健康な子どもが生まれてくる――わけではない。周産期医療の発展は目覚ましく、それによって数年前・数十年前であれば助からなかった小さな命を救えるようになった一方で、早産児や極小低出生体重児、障がい児など、特別なケアを必要とする子どもも増えてきた。たとえば人工呼吸器や胃ろう等の医療器具を日常的に使用している医療的ケア児は平成17年の9400人あまりから27年には17000人余りにまで増加した▼4。また、2013年には新型出生前診断が始まるなど、「健康な」子を産む選択肢は増えたかのように見える。しかし、新型出生前診断の認可施設は2018年1月時点で全国に90か所しかなく、そのほとんどが都市部に集中している▼5。また、検査対象者は35歳以上の高齢出産者や、染色体数的異常の可能性が高いハイリスク者のみである。しかもこの検査で判定できるのは3種類の染色体異常（先天性疾患の約4分の1）のみであり、妊娠10～15週という短期間に20万円前後を自己負担して受ける検査であることから、この「選択肢」はきわめて限定的なものである。また、この検査は染色体異常の確定診断ではないため、陽性や判定保留となった場合にはさらなる検査を受けるのか、あるいはその時点で決断を下すのかといった意思決定を迫られる。認可施設においてさえ情報提供や心のケアが十分とはいえない中で、近年では血液検査のみでカウンセリングを伴わない無認可施設も登場しており▼6、妊婦や家族が十分な情報を得たうえでこうした選択を行うことは難しい状況にある。

さらに別の側面に着目すると、晩婚化・晩産化を背景に、2015年に日本産婦人科学会が学校教育において出産適齢期に関する教育を行うべきとの要望書を政府に提出するなど、若い女性に対する出産適齢期教育の動きが出てきている。

妊娠・出産の医学的リスクが低いのは20代から30代初めであることは、各種のデータから明らかだ。しかし気になるのは、妻の結婚年齢別に出生子ども数を比較し、「現状でも若く結婚すれば(夫婦の平均出生子ども数が)2・08」という調査結果をもって「妊孕性の知識教育が必要である」▼7と主張するなど、この「教育」が少子化対策として用いられ、若い女性が人口問題を解決する道具として扱われている点である。そこには、彼女たちがどんな暮らしをし、何を考え、その中で実際に選び取れる選択肢にはどのようなものがあるのかを考慮しようとする態度は見えてこない。20代前半で結婚した女性と、30代半ばで結婚した女性とでは、学歴、仕事、ライフスタイル、パートナーとの出会い方、理想とする家族像や人生像、自分や子どもの人生に望むもの等に大きな違いがあるだろう。20代前半で結婚した女性が2〜3人の子を産むのは、彼女たちが「母として生きていく」ことを志向しているから、あるいはそれ以外の選択肢が乏しいからではではないだろうか。

ひとりひとりの生き様を見過ごし、結婚年齢が上昇したり、子どもを(複数)産むことをためらったり、生涯未婚者が増えたりといった現象の社会的背景に対して十分に働きかけることなく、女性に対する出産適齢期教育を行うと、何が起こるか――それはおそらく、20代半ばまでで結婚し30代半ばまでに2～3人の子どもを生むことに「失敗」した女性個人に対する非難であり、責任の転嫁である。結婚や出産を遠ざける要因には、長時間労働や低賃金、非正規雇用の増加、高まる親の責任や教育負担への不安、保活の厳しさや待機児童の増加、夫婦内の不平等な家事育児分担など、様々なものがある。しかし、若いうちに産むべきだという教育は、晩婚も晩産も不妊も子どもの障がいも、「教えられたとおりに行動しなかったからだ」とばかりに、個人の選択や不手際にその原因を収束させてしまいかねない。しかもそれは、パートナーとなる男性の存在や責任にはほとんど触れられることのない、女性にのみ課せられる選択責任となるのである。

2　妊娠・出産・育児にまつわるコスト

(1)　妊娠と就労

妊娠・出産をめぐっては、たとえ計画通り・望み通りにことが運んだとしても、さらに様々な悩みが発生する。今日妊娠した女性の多くが直面する悩みが、職場においていつ誰にどのように妊娠を伝えるか、そして妊娠初期から始まる体調トラブルの中で、どう職場との調整をはかるかである。

大学の専任教員だった筆者の場合、授業の進行に支障があってはまずいと考え、妊娠がわかった時点で様々な業務の調整を早急に行ってもらった。また、空腹になると吐き気が増す食べつわりのために、講義中も合間をみては簡単に食べられるものを口に運んでいた。一方で、吐き気がひどい時期には家から出ることさえままならない日もあった。切迫流早産や妊娠高血圧症のような深刻な問題も、眠気や不眠、疲労感、イライラ、おなかの張り、湿疹、むくみなどのマイナートラブルも、起こってしまうときには避けようがない。幸い職場の理解と協力が得られ、業務負担を大幅に減らしてもらえたこと、座って講義を行う、講義の合間に軽食をとるなど、体への負担を減らす対応が業務上可能だったことで、大過なく過ごすことができた。

職場におけるこうした一連の対応は、ポジションが安定しており、産育休後の復職が前提となっている正規職員だからこそ可能なものだったといえるだろう。近年ますます増加している非正規職の女性であれば、退職勧奨やマタニティ・ハラスメント、職場での居心地の悪さを恐れて、妊娠を伝えるタイミングに苦慮することは想像に難くないし、それが原因で無理をしてしまうこともあるだろう。そうした女性にとって、妊娠やそれにともなう体調不良は、職を失うきっかけにもなりかねない。あるいは逆に、仕事で無理をすることで母子の健康を害してしまうこともあるかもしれない。

（2）妊娠中のコスト

妊娠中には、予想外に様々なコストがかかった。その一つが、移動手段と移動時間をめぐるコストである。大きなおなかを抱え、ただでさえゆっくりしか歩けないのに加え、途中で体調不良になる可能性を見越して時間に余裕をもって動かなくてはならない。また、自転車やバイクは転倒した際のリスクから使えなくなるため、代替手段をとらなくてはならず、移動に費用と時間がかかる。

また、妊婦健診も予想外のコストだった。交通費以上に苦痛だったのが、時間的コストである。総合病院での健診は待ち時間が長く、予約していても1時間半、2時間待つことも珍しくなかった。また、状況によっては追加の検査や診察が発生する。健診が長引いて就業に支障を来すことがあれば、仕事を休んで健診を受ける権利が法的には認められていても、職場で肩身の狭い思いをするだろう。

健診同様に時間と費用のコストがかかるのが、自治体や病院の両親学級・母親学級等である。こうした教室は平日の日中に行われるため、多くの働く妊婦は、参加するために仕事を調整したり休んだりしなければならない。そのコストを考えると、時給で働いているパートやアルバイトの妊婦、不安定就労の妊婦ほどこうした教室に参加しづらいと考えられる。それは、妊娠や出産、育児に必要な知識を得たり、疑問や不安を解消したりする機会を奪っているともいえるだろう。

(3) 産前産後のコスト

順調な妊娠経過を経て予定日付近に安産で健康な赤ちゃんを出産し、産後は子どもの世話と自分の回復に集中するという「理想的な」経過は、すべてのケースで実現するわけではない。お腹の子どもが第2子以降であれば、上の子どもの世話で多少の無理をしてしまうことも少なくない。切迫早産や妊娠合併症等で入院になれば、仕事や生活にも大きな支障が出るし、入院費もかかる。

筆者が産前産後の入院を通じて痛感したのが、お金に関する備えのありがたさである。筆者は妊婦健診時に切迫早産と診断されて入院し、10日間の安静管理入院を経て、帝王切開で出産した。出産育児一時金は医療機関への支払いでほぼ消えたが、医療保険に入っていたため、入院と手術に対し保険金支払いが得られた。もし月々4000円強の医療保険に入っていなければ、入院はかなりの経済的負担になっていただろうし、手術後の辛い時期に差額ベッド代を支払って個室に入院することをためらい、結果的に術後の回復が遅れていた可能性もあっただろう。

（4）妊娠中から産後1年間のコストと気づき

内閣府が平成21年度に行った調査によると、妊娠中の出産準備費の平均は約6・6万円、第一子が0歳児の1年間にかかる子育て費用は平均93・1万円強である。保育費やお祝い行事関係費、預貯金・保険やレジャー・旅行費といったものを除いても、衣料服飾雑貨費・食費・生活用品費・医療費に約33・5万円を支出している▼8。

わが家が妊娠中から産後1年間に支出した双子育児の費用は約63・8万円だった。おむつ代・ミルク代は全体の3分の1弱（20・2万円）を占め、おむつ替えや授乳に関連する雑貨が約4万5千円と意外と高額で、衣料品や雑貨（絵本やおもちゃ、離乳食用品等）、大型育児用品（ベビーベッド、チャイルドシート、ベビーゲート等）はお祝い品やおさがりで手に入れたものも多かったが、それでも30万円近くの支出になった。

実際に育児用品を購入・使用する中で気づいたこともある。第一に、妊娠中・育児中の時間的・身体的な制約の中では、妊娠前のように吟味して自由なタイミングで安いものを買うことが難しい。第二に、乳児の成長は著しく、短期間しか使っていないうちに使えなくなるものが多い。第三に、せっかく買った商品が思ったように使えず無駄になることや、買い直さなければならないことがしばしばある。たとえば乳幼児用の歯ブラシやストローマグ、哺乳瓶や食器は様々な形状のものが販売されており、どれが自分の子どもに合うかは実際に使ってみなければわからない。総じて、育児用品の買い物にあたっては、普段の感覚で節約することが難しいと感じていた。

（5）住環境と光熱費――思いがけない出費

育児中にかかるコストは、子どもを育てるのに直接必要な物品費だけではない。たとえば住まいの防音性は、母親の行動やストレスを大きく左右する。友人の中には、アパートの壁が薄く子どもが夜泣きをすると近所の人を起こしてしまうからと、子どもが泣きだすたびに深夜のドライブに連れ出している人がいた。もし彼女が防音性の高い鉄筋マンションや一戸建てに住んでいれば、子どもが夜泣きしても近所への気遣いなく済んだだろう。また、もし彼女が自家用車をもっていなければ、子どもの夜泣きがより一層つらいものになったり、近所との間でトラブルが生じたりしていたかもしれない。

乳幼児のいる家庭では、光熱費も跳ね上がる。わが家では、夫婦二人暮らしのときは週2～3回洗濯機を回せば十分だったのが、子どもが生まれてからは週10回くらいのペースになった。入浴時のお湯の使用量も増え、哺乳瓶を洗ったり子どもの世話をしたあと手を洗ったりと、蛇口をひねる回数が格段に増えた。1～2月の水道使用量を比較すると、妊娠初期だった2016年には33立方メートル（6323円）だったが、その1年後には後には57立方メートル（15135円）になり、水道局の検針員から水漏れではないかと確認されたほどだった。また、2月のガス代は2016年に7343円だったのが2017年には10233円となり、こちらも検針員に異常を疑われた。

（6）健康にまつわるコスト

筆者が産後の生活において困ったことの一つが、次から次へと生じる体調不良だった。その多くは過密な育児からくるもので、改善にはお金と時間と体力が必要だが、子どもの世話をしていると自分のケアはどうしても後回しになってしまう。「産後は無理せず休め」とよく言われるが、実際に子どもが生まれてみると、無理せず子育てすることは不可能だと感じた。生後1～3か月ごろは抱っこしていないと子どもが泣く状態だったため、とにかく泣かせまいと、抱っこひもで抱えたままトイレに入り食事をし、子どもが寝付いても下ろした瞬間目を覚まして泣くのではと、ひたすら抱っこのままで過ごしていた。後になって振り返れば、子どもが多少泣いてもしばらく待たせておけばよかったように思うのだが、当時は泣き声が聞こえること自体がストレスで、泣いている時間をいかに短くするかに神経を注いでいた。深夜も早朝も子どもの世話をし、気づけば昼過ぎまで顔も洗わず歯も磨かず、トイレに行くことも忘れているような状態で、時間も曜日も関係なく毎日が過ぎていった。子どもが寝たすきに自分も横になり寝ようとしても、緊張感からか眠れないことも多く、圧倒的な睡眠不足が冷静な判断や心のゆとりを失わせていたようにも思う。

こういった生活の中で生じた体調不良は枚挙にいとまがない。哺乳瓶の洗浄消毒やオムツ替え、離乳食の準備など、一日中水に触っているため慢性的な手湿疹ができ、皮膚科に行くと「子育てが一段落するまではなかなか治らないかもしれない」と言われ、腱鞘炎や腕のしびれで整形外科に行くと「抱っこのしすぎ・子どもの抱きおろしの負担が原因」と言われ、育児とは世話をする人の体調不良と隣り合わせなのだと知った。疲労とストレスで毎晩のように蕁麻疹がでて痒みで眠れなかったり、産後再開した月経が重くて貧血でフラフラになったり、風邪をひけば免疫力が落ちているために細菌感染して長引いたりと満身創痍だったが、こちらの体調が悪くても育児は待ったなしである。最も困ったのは、産後4か月のとき骨盤(仙腸関節)のゆがみから腰から臀部にひどい痛みが走るようになり、週2回以上リハビリに通うように指示されたことである。最初はファミリー・サポートに預けて通院していたが、預ける準備の大変さや時間的・体力的・金銭的コストから、途中からは子どもが風邪等の感染症にかかるリスクが上がることを覚悟の上で、一緒に連れて行くようになった。

母親の健康は子育てが行き詰まらないための大切な要素だが、実際には子育てそれ自体が体力と気力を消耗していく。母親が健康であるためには、必要なレベルの休養や栄養を保ち、いざという時には受診できるだけのサポート体制が必要なのである。

3 子どもを産み育てることを助ける社会的資源

育児中は、使える社会的資源をできるかぎり使うことが重要だとよく耳にする。ここでは自分がそれらを実際に利用してみて感じたことを、個人的な視点からではあるが記してみたい。簡潔に言えば、内外の資源があることは育児において非常に大きな助けとなる。しかし、それらを利用することは意外と難しい。しかも過密な育児に煮詰まってくると、目の前のことをうまく回すことで精いっぱいになり、家族を含めて周囲に助けを求められなくなる。妊娠中から利用可能な資源について調べ、できる限りの調整をしていてすらそうだったのだから、事前の準備や周囲の協力がなければなおさらだろう。

(1) 家族の協力

日本では今でも里帰り出産が広く行われており、産前産後に本人や配偶者の親から家事育児の支援を受けることが少なくない。筆者は子どもが双子だったこともあり、産後約3か月にわたり実家で子育てをした。それでも手が足らず、2人の叔母や母の友人など、時々でも協力してもらえる人には手を貸してもらっていた。

また、夫には出産直後に出生届や子どもの健康保険の手続き、各種の助成金やサービスの手続きを済ませてもらった。里帰り中は毎週末筆者の実家に通ってもらい、授乳やオムツ替え、沐浴など子どもの世話もしてもらった。しかし、24時間育児をしている筆者と週末通いの夫とでは、育児スキルや子どもへの対応能力の差が開いてしまい、里帰りから戻った後には夫婦ともども苦労した。夫婦の協働体制がどうにかスムーズに回り出したと感じたのは、夫が基本的な育児スキルを習得し、筆者も夫のやり方に任せるようになって、夫が子どもを見ている間、筆者自身が一人で過ごす時間をもてるようになってからである。

子育てにおいて、家族は最も大きな助けになると同時に、大きなストレス源になりうる存在でもある。産後はホルモンバランスが崩れて細かなことも気になる一方、不慣れな状況に休みなく対応することを求められ、母親も周囲も疲弊して、些細なことで行き違いが起こりやすい。また、子育てを通じて、妻の実家世帯・夫の実家世帯・若夫婦世帯の3つの家庭間・世代間で様々なギャップが露わになりやすく、それらに対応していくことも求められる。そこには、親しく近い相手だからこそ生まれる問題があるのだ。

(2) 公的事業や民間サービスの活用

育児を手助けするための公的事業や民間サービスも存在する。筆者は、産前産後ヘルパー、ファミリー・サポート事業、シルバー人材センターの育児支援を利用した。これらのサービスでは、1時間あたり800~1200円程度と、民間の家事代行やベビーシッターサービスにくらべれば安価な価格で家事や育児を手伝ってもらうことができる。

里帰り終了後に定期利用したのが、市の事業である産前産後ヘルパーである。1回2時間、週2回、毎月12280円で授乳やおむつ替えから調理・掃除まで、何でも依頼できた。シルバー人材センターの育児支援は、産前産後ヘルパーの利用期間終了後を中心に、週1回、月に9000円強で利用した。こちらは授乳やオムツ替えなど子どものケアに直接かかわることは必ず母親が行わなければならないというルールがあったため、主に調理や掃除を依頼した。これらの事業では、自家用車へのヘルパー同乗NG、ヘルパーの単独行動禁止等のルールがあり、たとえば子どもと留守番してもらって母親が通院する等はできなかったため、子どもを預けなければならない場合には、依頼先の自宅で子どもを見てもらえるファミリー・サポート制度を利用した。

これらはどれも事前に母子同席で担当者と面談を行い、調整を行ったうえではじめて利用が可能となる。利用方法やルール、支払い方法がそれぞれ異なるため、それらの情報を理解し整理しておく必要があった。

(3) 一時保育

育児で行き詰らないために利用を推奨される外部資源の一つが、一時保育である。利用料も筆者が暮らす市では6時間で給食費込1500円と手が届きやすい。しかし、いざ利用しようとすると、そこには大きなハードルがあった。

まず、ウェブ上には一時保育の利用方法について一元的にまとめた情報がなく、区役所に電話して問い合わせたところ、得られた情報のうちいくつかは誤っており、各園に電話で確認しながら全体のしくみやスケジュールを理解するのにかなりの日数を要した。結局どの園も月1回の予約開始日時（園により異なる）に先着順で受け付けることがわかったが、130回リダイヤルして14分後にようやく電話がつながった時には枠はすべて埋まったと言われたり、就労等による一時保育利用で電話予約日前にすでに枠が埋まってしまっていたり、中には利用年度の4月1日時点で1歳に達していない子は受け入れていないと電話予約の際に言われたこともあった。こうしたやりとりを毎月繰り返し、どうにか予約が取れると、次は園ごとに初回利用前の事前面談と書類書きが待っていた。

民間の認可外保育施設での一時保育についても調べてみたが、15分300円や10分200円といった料金設定が多く、市の事業の一時保育と同じ6時間預けると5倍以上の費用となるため、利用をあきらめた。

一時保育の利用にあたってもうひとつ大変だったのが、様々な条件のついた大量の持ち物を用意・記名しなければならないことだった。慌ただしい育児の中で洋服からオムツ一枚一枚、ゴミ用ビニール袋に至るまで、園にもち込むすべての持ち物に記名するのは大変な作業だった。しかしこれはほんの手始めであり、認可保育園への正式な入園となると、さらに持ち物に関する園独自のルール（タオルのサイズや縫い合わせ方、市販品の可・不可、キャラクターの絵柄禁止、タオルの色柄を揃えること等）が加わることを後に知った。結局のところ、一時保育の際も認可保育所に入園する際も、手持ちのものでは間に合わせられないものが多く、大量の保育園用品の買い物や準備に走り回ることになった。

4　なぜ貧困にある女性の妊娠・出産・育児は困難さが増すのか？

（1）お金で解決できる様々な困難――「お金がなくても子は育つ」？

実は、母親が育児中に直面する困難のうちかなりの部分が、ヒト（周囲の人の助けという意味での人材資源と、知識やスキルなど本人の内部に蓄積された文化的資源）・カネ（サービスやモノを購入する資源）・しくみ（公共・民間の支援やサービス）で解決・緩和できる。貧困状態にあるということは、それらが使えない、もしくは使いづらいことを意味し、妊娠・出産・育児にあたって、より困難な状況におかれやすいということである。

上記の中でも、妊娠・出産・育児中にかかる労力と時間のかなりの部分はお金で解決できる。具体例を挙げれば、約６０００円のブレンダー１つが、おかゆや茹で野菜を裏ごししたり、野菜のみじん切りを作ったりする時間を大幅に短縮してくれ、離乳食をつくることに対する気分的な負担を軽減してくれる。一袋１００円前後の市販ベビーフードの買い置きは、いざというときにはこれがあるという安心感につながる。定期的に、あるいは困った時にヘルパーに来てもらえれば、家事育児負担の軽減だけでなく、日中誰とも会話することなく子どもと向き合う母親が、大人と会話ができる機会にもなる。こうしたことにお金をかけられないということは、それだけ母親の心身や時間への負荷が大きいことを意味するのだ。

育児において何が必需品であり何がぜいたく品かは、ケースバイケースである。お金の最大のメリットは、それを本人が必要な支援へと変えられる（調理や買い物が間に合わないほど育児が過密な時期には宅配弁当やスーパーの宅配に、一時保育やファミリー・サポートは利用できないが人手が必要な場合には託児所やベビーシッターに……）点にある。

貧困な母親に対しては、「お金がなくても子は育つ」、「節約しようと思えばできることはたくさんある」という意味合いの言葉が投げかけられることもあるが、実際に子どもを産み育ててみると、妊娠中や育児中には節約自体が困難だと感じることが多くあった。

まず、「妊娠は病気ではないのだから、健康に気を付けて働けばよい」という言説があるが、つわりの重さや安静の要不要などは妊婦によって異なるし、先天的な体質や妊娠のタイプなどは、本人の努力や気の持ちよう、選択次第でどうにかなるものではない。妊娠中に無理をすれば母子ともに負担がかかり、健康状態や生命にまで影響を及ぼしかねない。

次に、「昔は皆布おむつで育てていたのだから、紙おむつではなく布おむつを使えばよい」という意見も耳にするが、そこにかかる時間と労力、光熱費やオムツ干しのスペースを考えると、布おむつ育児そのものに楽しみや喜びを見いだせる人でないと、相当に困難だろう。同様に、「母乳で育てるのが一番健康的で安上がり」という意見についても、母乳育児中は食事や服薬に気を遣わなければならないし、他の人に子どもを預けにくくなるなど、負担も多い。体質や休息不足、ストレス等により、十分母乳が出ない人は大勢いるし、授乳期間中に復職するのであれば完全母乳育児は困難である。もし乳腺炎などの母乳トラブルが起きれば、自費負担の母乳外来で1回4000円前後の支出も必要となる。

また、育児用品についても「あるものを使えばよく、特別なものは不要」という意見があるが、たとえばきちんとしたベビー食器は割れる心配がなく、電子レンジを使用できたり、子どもがスプーンですくいやすい形状になっていたりと、育児の負担ひとつひとつを減らしてくれる。また、「お金がなければ中古品を使えばよい」という意見についても、リサイクルストアに行ってハウスダストアレルギーが出たり(これは筆者の実体験である)、オンラインの中古品取引でがっかりするようなものが届いたりといった可能性を考えれば、それが必ずしもベストな方法だとは限らない。

その他の様々な節約方法についても、子育てで多忙な時期に、貧困な人も含めて実行可能かという点で疑問符が付くものがある。たとえば、自家用車を所有していなければ、消耗品が安い時にまとめ買いをすることが難しい。クレジットカードをもっていなければ、インターネット・ショッピングで代金引換手数料がかかる。また、節約のために居住環境や衛生状態に問題が生じて、誰かが体調を崩しては元も子もない。

何よりも、子どもには個性があり、親のライフスタイルも家庭によって異なるため、子育てにかかるお金を「あれは必要、これは不要」と一概に切り分けるのは難しい。しょっちゅう病気をする子、カンの強い子、離乳食がなかなか進まない子、じっとしていられない子等、子どもも多様なら、母親の能力や暮らし方・考え方なども人それぞれである。

「お金がなくても子は育つ」という言葉の裏にあるのは、子育てにおいて大切なのは十分な愛情だというメッセージであるように思うが、それは「愛があれば、母親が自身を犠牲にしてでも時間と労力をかけて子育てできるはず・すべき」という脅迫にすりかわりかねない。十分な愛情をもって子どもに接するためには親の健康と心のゆとりが必要であり、そのための支出はまさに必要経費と呼べるものだ。しかし貧困状態におかれた女性はかけられるお金に限りがあるため、結局のところ自分が心身を削って子育てせざるをえず、これが彼女たちの育児をより困難にすると考えられるのである。

（2）家族に頼れないリスク

就園前の子どもを育てていると、気力や体力が擦り減り、気持ちが煮詰まった時の逃げ場のなさにはどうしようもないものがある。そんなとき、話し相手になってくれたり、状況や気持ちを共有してくれたりする人がいれば、あるいはわずかな時間でも子どもの世話を誰かに任せ、一人の時間をもつことができれば、かなり状況は変わってくる。

多くの母親にとっては、実母がその役割を担う存在となるだろう。しかし、貧困女性はしばしば実親との関係が悪かったり、実母の健康状態に問題があったり、実母の孫に対する関心が薄かったりして、十分なサポートを受けられないことも多い。たとえ関係が良好であっても、実家も貧困だったり実母がフルタイムで働いていたりして、経済的・物理的な支援ができる状況にない場合もある。

また、子育てをするにあたって夫と協働関係を築いていくことは、特に核家族においては極めて重要な要素であるが、ここでも貧困女性は難題につきあたりがちである。出産前にすでにパートナーと離別しているケースや、夫に借金や女性問題、不安定就労・収入やギャンブルの問題、さらには家庭内暴力等の問題があるケース、夫が子育てに協力的でないケースが、貧困世帯では相対的に多い。

本人をとりまく周囲の家族も貧困であり、仕事や居所の不安定さ、さらには問題行動ともつながりがちな状況は、ただでさえストレスの多い育児生活において、女性たちの不安を一層増幅させてしまう。

(3) 資源の利用に求められる高度な調整能力

最後に、貧困女性が子育てにおいてより困難な経験をすると考えられる理由の一つが、様々な資源を利用するにあたって必要となる、高度な調整能力である。特に、家族外の社会資源を利用するためには、高度なコーディネート能力とマネジメント能力、コミュニケーション能力、根気と体力が必要になる。

第一に、多くの資源はサービスの全体像やメリット・デメリットが一瞥してわかる状態にはなっていない。したがって、どんな資源があるのかを自分で調べ、比較検討・整理し、必要な情報とそうでない情報を取捨選択したうえで、追加で必要な情報をあつめ、関係事業所に電話をかけて申し込まなければならないのが現状だ。

さらに、実際のサービス利用に向けた具体的な調整も必要となる。たとえば産前産後ヘルパーを利用する場合、週何回、何曜日の何時から何時間来てもらうか、どんな仕事を依頼するのか等を、利用可能時間の上限や現在の家庭の状況、支出可能な予算などから総合的に見極めつつ、サービス事業者とも調整して決めなければならない。また、一時保育を利用したい場合、カレンダーに電話受付日時を書き込み、電話かけのために子どもと自分の生活スケジュールを調整し、運よく電話がつながれば申込をして園からの利用決定の連絡を待ち、利用が決定すれば園に事前面接に出向いて子どもの生活状況や特徴について説明し、園から渡されたリストに従って必要なものを事前に準備しなければならない。

こうしたプロセスで発生する多くの待ち時間やストレスに耐える力も必要である。筆者自身、一時保育の電話申込日には、「泣いている子どもを放ったまま何度もリダイヤルボタンを押して、自分はいったい何をしているんだろう」という気持ちになった。こうしたストレスを乗り越えるためには、状況全体を見通して必要なことを判断し、すべきことに優先順位をつけられるマネジメント能力が必要である。

貧困女性は、これらの能力を鍛えるような経験や、複雑なしくみを理解したうえで必要なものを取捨選択する経験、相手と交渉する経験を積んでこなかったことが多い。その結果、せっかく利用できる社会資源があっても実際にはそれを知ることがなかったり、あるいは知っていても利用することをあきらめたりして、抱え込み育児に陥ることも多いだろう。また、たとえそうでなくても、複雑で不慣れなプロセスにおいて、そうした過程に慣れた女性以上に大きな負荷を感じることになる。そのどちらにしても、彼女たちにとってはより大きなハードルが待ち受けているのである。

おわりに

人々が旧弊から解放され、様々な技術や選択肢が生まれていく中で、人生は個人の自由意思による選択の結果であるという考え方が広まってきた。それは、子どもを生み育てることに関しても色濃く表れている。「生んだからには責任をとれ」「育てられないのに生むのが悪い」といった論調はその最たるものであろう。

しかし、自分で妊娠・出産することを「選択」したのだから、それにともなう責任はすべて親、特に母親が引き受けるべきだというのは、あまりに乱暴だ。今日の社会では、「産め、働け、育てろ、家事をしろ」と、あらゆる役割と責任に対する期待が女性の肩にのしかかっている。その重圧の中で子どもを産むには相当な覚悟が必要であり、こうした自己選択・自己責任論は、子どもを産むことをますます難しいものにしてしまっている。

今日の社会で子どもを生み育てることのハードルは高い。「イクメン」なる言葉が生まれ、男性の家事育児への意識が変わりつつあるように見えて、家事育児分担の実態は旧態依然としている。核家族化が進み、母親ひとりの手に子育てがゆだねられることが多い一方で、育児における要求のレベルは上がっている。自分が子どもを生むまで乳幼児と関わった経験をほとんどもたなかった母親たちは、自宅で夫の帰りを待ちながら、インターネットの情報を頼りにしつつ、赤ん坊を前にひとり孤軍奮闘しているのだ。実際に自分を助けてくれる資源を利用しようとすれば、自力で情報を集め、積極的に動き、周囲の助けを得ていくために調整を行うという高度な能力が求められる。こうした社会環境で貧困な女性が妊娠・出産したときには、そうでない女性以上に困難な状況におかれると考えるのが道理だろう。

大切なのは、子どもと母親、そして家族全員が無理せず元気に日々を過ごせることであるはずだ。「母親よ、子どものためにもっとがんばれ」という精神論だけで、長い育児期を乗り切ることはできない。育児という、何年も続く、正解の見えない困難な仕事をやりとげるためには、それを支えるためのお金や人手、つながりやしくみが不可欠である。特に経済的困窮は、モノを買えないことだけでなく、人とのつながりや社会資源の活用をも困難にするため、貧困な母親に対しては積極的な支援が必要だろう。

自身の妊娠・出産・育児を振り返り、周囲の様子を見るに、がんばっていない親や子どもの幸せを願わない親はいない。皆がそれぞれのやり方で努力し、工夫し、苦しみ、様々な葛藤に向き合いながら、子育ての喜びを見出し日々奮闘している。ただでさえ子どもを産み育てることが困難な今日の社会で、少しでも多くの助けが母親・父親・子どもにふり向けられること、とりわけ貧困層に対する支援が充実することを、願ってやまない。

注

1　山口英里・佐藤洋一・和田浩・武内一（2017）「出生前からの子どもの貧困：周産期の世帯調査から見える貧困世帯の妊産婦・新生児の特徴と生活の状況」『外来小児科』20巻2号（2017.7）、129～138頁
Charles P Larson (2007). "Poverty during pregnancy: Its effects on child health outcomes". *Paediatrics Child Health* 2007 Oct; 12(8): 673-677.

2　www.mhlw.go.jp/toukei/saikin/hw/jinkou/tokusyu/syussyo06/syussyo2.html#02

3　http://www.ipss.go.jp/ps-doukou/j/doukou15/gaiyou15html/NFS15G_html08.html

4　https://www.mhlw.go.jp/file/06-Seisakujouhou-12200000-Shakaiengokyokushougaihokenfukushibu/0000180993.pdf

5　http://www.nipt.jp/

6　２０１８年３月18日朝日新聞

7　齊藤英和「妊娠適齢期を意識したライフプランニング」14-12-12　内閣府
https://www8.cao.go.jp/shoushi/shoushika/meeting/taikou/k_3/pdf/s2-1.pdf

8　平成21年度インターネットによる子育て費用に関する調査報告書　全体版
https://www8.cao.go.jp/shoushi/shoushika/research/cyousa21/net_hiyo/mokuji_pdf.html

第8章

貧困と虐待・ネグレクト

——国家と家族と子育てと

…杉山 春

私はルポライターとして、これまで次の3件の児童虐待死した事件を取材し、執筆した。

『ネグレクト――育児放棄　真奈ちゃんはなぜ死んだか』▼1は00年に愛知県武豊町で起きた、21歳の会社員と専業主婦の両親が3歳の女児を段ボール箱の中で餓死させた事件。以下、武豊事件と呼ぶ。名古屋市のNGO「子どもの虐待防止ネットワーク・あいち（CAPNA）」（現NPO法人CAPNA）の弁護団が自ら申し出て児童虐待という視点から弁護した。最高裁まで争い、両親ともに懲役7年の殺人罪が確定した。両親はそれぞれ虐待を受けて育っている。高校生年齢で出会い、一度妊娠するが、夫の実母が強く反対して中絶した。再度妊娠し、18歳で出産。生後10か月で父親が激しく揺すぶって頭部に怪我をさせ、発達の遅れが生じる。母親と姑（父親の実母）との関係が悪い中で、父親の子育てへの関心がなくなり、母親が孤立した。町の保健センター、児童相談所、公立病院、県の保健所が情報を共有し、支援にあたったが届かなかった。

『ルポ　虐待――大阪二児置き去り死事件』▼2は2010年に大阪市西区の風俗店で働く23歳の女性が、3歳の女児と1歳の男児を風俗店の寮に50日間放置した事件。以下、大阪事件と呼ぶ。この母親は、幼い時にネグレクトを、思春期前期には激しい性被害を体験している。高校卒業後できちゃった結婚をして20歳で出産。浮気が発覚して、離婚。一人で二児を連れて家を出た。一審は裁判員裁判で争われた。虐待臨床の専門家により、母親の解離性人格障害が疑われたが、情状酌量にはならず、最高裁まで争って殺人罪で懲役30年が確定した。

『児童虐待から考える――社会は家族に何を強いてきたか』▼3では、2014年に神奈川県厚木市で発覚した、37歳のトラック運転手が5歳の男児を亡くし、その遺体を7年4か月放置した事件について短くルポルタージュを書いた。本稿では厚木事件としている。父親は21歳で17歳の母親と出会い、結婚した。

父親には知的なハンディキャップがあった。また、子ども時代に実母が精神疾患を発症しており、幼い時の記憶がない。抑圧のある生育環境であったと想像される。子どもが3歳の時に妻が出て行った。その後、父親はトラック運転手として働きながら、ライフラインが全部止まった真っ暗闇のゴミ屋敷状態のアパートに子どもを閉じ込め、2年間、コンビニのおにぎりや調理パン、500ミリリットルのペットボトルの飲み物を与えて育てた。7年4か月後に遺体が発見されたのは、居所不明の子どもの虐待死がたて続けに発覚し、行政が探したためだ。一審は裁判員裁判で殺人罪で懲役19年となったが、上告し、二審で保護責任者遺棄致死罪で懲役12年が確定した。

今回、「貧困と虐待・ネグレクト――国家と家族と子育てと」というテーマで執筆するにあたり、この3冊を読み直した。それぞれの家族の経済状態に意識を向け、金にまつわる記述、親たちの就労問題、消費者金融をはじめとする借金活動を書き出した。子どもを虐待死で亡くしてしまう親たちは、社会の経済状況の変化に強く影響を受けていた。その一方で、多様なハンディキャップを抱えていた。親たちの残虐さは、極度の無力さの現れではないかと思わないではいられなかった。

1 無力さとは何か

無力さとは、自分の意志で、置かれた環境や状況を変える可能性を失っていることではないだろうか。最大の謎は、なぜ親たちは支援につながらなかったのかという問いだ。

虐待死をさせた親たちが、助けを必要としていたことは確かだ。それにもかかわらず支援する人や、親族に困っている自分の姿をさらけ出せない。だから、だれともつながれない。

周囲から肯定的に評価されているときには、共同体がもつ制度は使える。だが、否定的に見られているときには使えていない。それは、この三つの事件に共通して起きていることだ。他者からの「評価」という問題が、虐待死事件の背後にあるように思う。「人の価値」が計られ、その結果本人たちが「自らの価値」に縛られてしまうのだ。

子育てには金と時間が必要だ。「金は男性が稼いでくる。ケアを担うのは女性だ」という、近代家族の規範は今なお強い。その延長として「子どもの養育と費用調達の負担は親・家族」という規範意識が社会の中に組み込まれ、制度もそのように作られてきた。

だが実際には、社会制度や経済の変化にともない、多様な家族が生まれている。「家族」の実態にふさわしい制度が必要だ。それにもかかわらず「近代家族規範」で評価され、「価値がない」かのように扱われる。そこにスティグマ（負の烙印・恥辱）があるのではないか。

虐待死をさせてしまう親たちは、なぜ、必死に価値のある者になろうとするのだろうか。

彼らは、家族が崩壊したことを隠そうとする強烈な意志をもっているかのようだ。だが、それは意志なのか。価値がなければ生きられないという思いが、内面化され、身動きが取れなくなっているのではないか。

虐待死させた親たちは、実は、この「子どもの養育と費用調達の負担は親・家族」という近代家族規範を過剰に内面化している。とても頑張っていた時期があるのだ。

武豊事件の母親もまた、一生懸命ケア役割を果たそうとしていた時期がある。子どもが生後10か月になり、家族だけで大手製鉄会社の子会社の社宅で暮らし始めた時、父親は、理由はわからないが子どもを激しく揺すぶってしまう。子どもはSBS（Shaken Baby Syndrome）により硬膜下血腫など大怪我を負い、手術を受け長期間入院した。この時19歳の母親が、ほとんどだれの手も借りずに、一人で付き添って寝泊まりしている。退院後、数か月間、医師の指示どおりに通院した。夫の手取りは13万円。バス代を節約しようと、子どもをおんぶして、8キロの道のりを自転車で通った。この時期、妊娠していたが、この給料で二人の子どもが育てられるか一生懸命家計簿をつけていた。

夫は高校時代、子どもが生まれた時には、オムツを替えている。だが、子どもの発育の遅れが発見されると、関心は家族から離れ、職場に向かう。そして、家に帰るとテレビゲームをやり続け、妻との会話は減っていく。

一方、会社ではそれなりの評価を受けていた。会社仲間ともよく付き合っていた。

裁判で夫は、なぜ、子どもが亡くなっていく時に、子育てに参加しなかったのかと問われて、「夫はお金を取ってくる、妻は家事育児だと思っていた」と繰り返した。それ以上は思考を停止しているかのようだった。

この夫は私への手紙には、子どもが亡くなっていくときに、ゲームをし続けていたことについて、小学校時代からの習慣なので、不自然には思わなかったと書いている。彼は、小学校時代、いじめを受けたが、ゲームをしてその苦痛をやり過ごしていた。幼い時から虐待を受けたり、いじめられたり、何か困ったことがあると、現実に向き合わずにゲームに逃げ込む習慣があった。

虐待やいじめを体験したという点では、この母親も同じだ。母親は、ギャンブル依存の父親の下で育ち、月初めには食事があっても、月末になると飢えるという体験をしている。空腹は水を飲んで、眠ってやり過ごした。

夫婦は、幼い時の体験で、社会を信頼して働きかけることを学ばなかった。その一方で近代家族の規範を極端なほどに内面化していた。規範どおり生きれば、必ず未来が開かれると思っていたかのようだった。

大阪事件の母親は、完璧な専業主婦時代を過ごしている。居住する町が持つ育児支援のプログラムを全て使い、ママ友サークルでも中心メンバーの一人として活動する。上の子を保育園に預けて下の子どもを出産したが、保育園で娘の体調が悪くなれば、次の日には必ず医者を受診した。夫の弁当を作り、姑とは買い物や温泉に行く。実父の仕事も手伝った。

だが、離婚後、キャバクラ嬢や風俗嬢になると、公的機関の支援は使わない。母として、妻として、自他共に認められているうちは積極的に活動する。だが、そう認識できなくなると、うまくいかない子育てを隠してしまう。

大阪事件の母親は、幼い時、両親が別居して、実母と暮らしていた。実母は、恋人を作り、家を留守にする。幼い彼女は妹とともに部屋に放置された。その後、実父に引き取られる。実父は過剰なほど仕事熱心で成果もあげていた。彼は私のインタビューに対し、食事はきちんと与えていたが、子どもの気持ちを聞いてやった経験がないと言った。娘が中学時代に激しい性被害を体験したことは知らなかったという。このとき母親は、学校、友人たちからもケアは受けていない。彼女は中学時代から、解離性人格障害を発症していた可能性が高い。

生育歴の影響で自尊感情をもてない中で、精一杯家族規範に従おうとした。だが、それはたちまち保ちきれなくなり、激しい恥ずかしさ＝スティグマ＝恥辱を抱え、自らのコントロールを失ったのではないか。

厚木事件の父親は、子どもが3歳のときに妻が家を出て行った。その後、知的ハンディキャップを抱え、記憶の曖昧さを持ちながら、職場に通い、トラック運転手として働いた。長時間の残業も言われるがままに行いながら、子育てをしている。彼には、子育てには不可欠な子育てモデルをもたなかった。また、必要な情報を探し出したり、将来を見通したりする力が弱い。裁判で心理鑑定を行った臨床者は「極めて強い受動的な対処様式」があったと述べた。

そんな彼が、ライフラインが全て止まった真っ暗闇のゴミ屋敷に、子どもが亡くなるまでの2年間帰り続けた。コンビニで買った食事と飲み物を与え、時には一緒に遊び、同じ布団にくるまって寝た。一般的に考えて、この環境での子育ては苦痛だろう。そのこと自体が「子どもの養育と費用調達の負担は親・家族」という規範への過剰適応に思える。実際彼は、法廷では繰り返し、「最も大変だったのは、仕事と育児の両立」と訴えた。

どの親たちも助けを求めなかった。周囲に対して、助けてもらえるという信頼がない。助けを求めれば、お前はダメだとジャッジされ、辱めを受ける。そのスティグマ＝辱めを嫌ったのではないか。

そのように私が感じたのは、これまで、ひきこもりの取材を重ねたり、息子の不登校を経験したり、生活保護家庭の子どもの内面に触れる機会に恵まれたりした体験による。

かつて取材をしたひきもり当事者は、こんなことを書いている。

「ひきこもるというのは、実は自由ではなくて、自意識の地獄です。私はよく、「24時間オンだ」という説明をしています（略）。社会的承認がまったく得られないという状態というのは、四六時中、ずっと針のムシロの上です。スイッチが切れない」▼4

社会的承認を得るためにスイッチが切れない。こうした社会に居場所を得にくい人たち、つまり、社会的承認を得にくい人たちがもつ、共同体の一員でいたいという願いは、強烈だ。共同体からこぼれ落ちるかもしれないという瀬戸際にいるとき、彼らは、苛烈なほど社会にしがみつこうとする。本音をさらけ出すことなどできない。醜い自分を社会は許すはずがない。その姿を知られたら、自分は社会に居場所など持てるはずがない。そう思っているかのようだ。

それは「スティグマ」「恥辱」と呼ぶべき感情ではないか。

虐待死させる親たちは、「近代家族規範」つまり「子どもの養育と費用調達の負担は親・家族」という規範に合わせることで、かろうじて生き残ることができると感じている。だがそれが不可能だと感じ取った時点で、現実と向き合えなくなったのではないか。実際、彼らは皆、子どもを亡くす直前の記憶が飛んでいる。

辱めを恐れる人たちは、共同体のルールから振り落とされまいと、必死に規範を守ろうとする。その過程で彼らは思考停止をし、道具となる。序列が明確化した社会で、低位置にしか居場所がないと知る時、激しい痛みを感じる。その痛みは暴力性を帯びる。

「恥辱」を受けた親は、子どもたち側から見れば、理不尽なまでに閉ざされた家庭の中で、自分より低位置にいる者をコントロールする。子どもは親の成果物＝道具だ。自分に力がなくても、子どもが成果を出せば、親は社会から承認を得られる。成果物が価値を持たないとわかれば、無関心になる。その代わりに自分自身の頑張りで社会の承認を得ようとする場合もあるだろう。それでも育てなければならないのであれば、社会からその子どもを隠してしまう。「恥辱」により奥深く隠す。「恥辱」に向き合うことは稀だ。

支援を受けるには肯定されることが重要だ。肯定のない支援は「恥辱」を呼び起こす。

2　経済力、消費者金融

社会制度の変化で人の商品化が進む。

１９８６年に制定された派遣法は、90年代に入り、繰り返し法改正され、非正規雇用を急増させた。社会保険や年金はない、会社による保護が乏しい就労形態だ。労働力の商品化が進んだといえる。同時に、性産業の現場でも、90年代から一般の人たちの参入が当たり前になり、性の商品化が進んだ。

こうした中で、ＩＣＴ産業が急激に発達した。

武豊事件の夫婦は日常会話がなくなった後も、「今出かける」「帰ってきた」というような日常の細々したことをメールでやり取りしている。母親は、実母と、子どもの死の当日まで、１日に20回以上、メールでやりとりした。だが段ボール箱に入れた子どもがやせ細り、骨が腕にあたるので、怖くて抱けないと実母に伝えることはない。

大阪事件の母親は子どもを50日放置していた間、ＳＮＳで自分にはどんなに素敵な恋人がいるか、楽しい日常を送っているかを発信している。友人たちは彼女を肯定し、羨ましいとコメントをつける。だが、母親は子どもが亡くなっていくことを、だれにも伝えることができない。

SNSは商品化された自分を売り込む広告塔のようだ。そこでかろうじて社会的承認を得る。「恥辱」「スティグマ」から身を守る手段だ。

だが、子どもの命はリアルな現実だ。そこにアプローチできなければ、子どもの命を助けることはできない。

3つの虐待死の事件では、どの事例でも消費者金融と関わる時期がある。経済問題が、家族や親族との関係性を悪化させている。

金の問題を「恥辱」「スティグマ」から考えることは可能だ。金があれば、自分たちの恥ずかしさを開示しなくても多様なものを手に入れられる。

武豊事件の母親は、家族として生活すること自体が、自尊心を支えていた。子どものSBSからの回復時、かろうじて子どものケアと家計管理ができていた時期には、布団の訪問販売員が訪ねてきても、断っている。だが、夫の関心が会社に向かい、子どもの発達が遅れ、姑の干渉に苦しむようになると、訪問販売員の言葉に乗ってしまう。その後さらに、浄水器、コンドームなどの訪問販売と契約を行い、買い物依存も起きる。弱みに付け込んで利益を得ようとする人の道具になり、主体的に断ることができない。

この時、金は自分の価値を買い戻すために使われたといえるのではないか。だが、経済的に追い詰められ、実質的で有効な金の使い方はできない。金を自らの道具にすることができない。

武豊事件で母親は、子どもが亡くなる4か月前、子どもを連れて隣町の市民病院を訪ねている。母親自身が子どものやせが気になっていたという。子どもへの嫌悪があったという。この時医師は、子どもの体重が標準を大きく下回っていることや、母が子どもに無関心な様子が気になった。ネグレクトを疑って、入院を勧めた。だが、母親は下の子どもの面倒を見る人がいないと言って断った。その病院では乳幼児の入院は親の付き添いが条件で、下に子どもがいるからと、上の子どもの入院を断る親たちは他にもいたそうだ。

ただし、この母親には別に経済的な本音もあった。裁判で「経済的負担がなければ娘を入院させた、医師から子どもを隠すつもりはなかった」と話している。子どもにかかる医療費は補助制度で無料だった。だが、2年前にSBSで入院させた経験から、入院は日用品の費用、付き添うための食費などの経済負担が大きいことは知っていた。経済的な余裕があれば、おそらく母親は子どもの入院を受け入れたのではないか。

弁護団は、この時病院が幼女を入院させなかったことが事件の分岐点だったと語っている。虐待死事件を注意深くみると、経済的困窮が、子どもの生死を分けている。だが、困窮する人たちは、支援者に経済的困難は容易には語らない。家計破綻そのものが「スティグマ」だからだ。

大阪事件の母親は、専業主婦時代に完璧な妻、母、嫁として頑張っていたが、この時期、消費者金融への借金や夫が会社から預かっていた20万円を使い込んだことはだれにも知らせなかった。裁判で「どうして生活費が足りないと夫に話せなかったか」と問われて「良い妻だと思ってもらえなくなるから」と証言している。「良い母、良い妻」でいるために、金が必要だったとも推測できる。

この母親は、二人目の子どもの出産後、理由はわからないが、浮気が始まる。それが理由で家族会議が開催され、たった1日で離婚が決まった。当初母親は離婚するつもりはなかった。だが、家族会議の中で、自分から、子どもを引き取って育てると言い出した。本音では自分は、働いた経験は乏しく、幼い子どもたちをたった一人で育てられないと思っていたが、それでもそう言ったのは、「母親から子どもを引き離すことはできないと言われたからです。その場にいた皆から言われた気がしました」「育てられないということは、母親として言ってはいけないことだと思いました。自分はひどいことを言ったのだと思いました」と裁判で答えている。

そこにいた大人たちがもっている家族規範に抗うことができず、子どもを一人で育てると宣言してしまう。この母親の想像を絶する無謀さは、無力さの表れだ。彼女はそれ以外の選択ができない。そこにいる者たちはだれもその無謀さを止めない。

そして彼女は、夫から養育費をもらう交渉はしない。周囲の者たちも彼女の立場に立った経済問題は黙っている。

一旦、実母の元に行き、児童扶養手当の申し込みを始めるが、書類が足りないと言われると、それ以上の対応はしない。月に7万円弱になる金額だ。ネットで名古屋のキャバクラを探し、子連れで働き始めた。この母親は社会のルールを使って、現実を動かして自分を守る力が乏しい。主体的に金を道具に変え、それを手に、道を切り開くことは学べていない。一方、評価に結びつく金は借金をしてでも使う。評価を金で買おうとする。

彼女が新しい恋人を作るのは、生後7か月で離婚した息子が1歳になる誕生日に、夫からもその家族からも連絡がなかったことがきっかけだ。元夫は旧家の長男で、息子は跡取りなのだから連絡があると思っていた。「私たちのことはなかったことにしたいのかと思った」と法廷で語っている。自分なりに身につけていた家族規範では、もはや守られていないことに気づいた時、恋人＝男性に頼ろうとする。この時から子どもたちを置いて、男性のアパートに行くようになった。

困窮する女性たちは、必ずしも公的支援につながらない。むしろ男性との関係で生き延びようとする。

それはなぜか。支援の背後に「恥辱」「スティグマ」を感じるからか。あるいは、他者から求められているという証が必要なのか。

自分が評価の主体ではなく、評価される客体でい続けようとする。だから規範に埋め込まれるのではないか。自分に価値がないと感じたまま相手の願いを叶えることは、相手の道具になることではないか。

現実を作り出す主体になることを学ぶことは、貧困問題の課題かもしれない。

主体であれば、「恥辱」からは自由になり、公的支援を使うことができる。自分が男性をはじめ他者から道具にされていると感じた時に、公的支援を使って拒否できる。親であれば、子どもを公的機関に預け、自ら働き、収入を増やして困難を乗り越えることもできる。多様な選択肢を手にすることが可能だ。

厚木事件の父親が消費者金融を使ったのは、妻の出産の前後だ。彼は高校卒業後、専門学校に進んだが、通いきれずに辞めてしまう。アジア通貨危機直後で、正規就労につながらない。アルバイトでトラック運転手をしていた時期に17歳の妻と出会い、妊娠出産を迎える。この時期、手に職をつけようとペンキ職人の仕事につくが、生活費が足りず、それぞれ実家から援助を受ける。だがその援助が理由で実家との関係が悪化。そこで消費者金融から借金をした。父親はその後、求職活動を行い、逮捕時まで勤務していた運送会社に正社員として就職した。だが、月に293時間までの拘束時間が許される長時間勤務だった。

夫婦は子育ての金は得られたにしても、時間は失った。夫婦間に激しい喧嘩が起きる。力が乏しく、周囲の支援も受けられない若い夫婦は、近代家族を維持することが難しい。

現実的な対処法は公営団地に引っ越して家賃を下げる、子どもを保育園に預けて妻も働くなど、公的制度を利用することだろうか。だが二人は情報を得る力が乏しい。妻はこの時期に、買い物依存に陥る。自己責任で解決しようとして当初、早朝子どもを家に置きっぱなしにしてコンビニでバイトを始める。さらに、風俗店で働く。そのようにして家族は破綻した。

21歳の妻は、子どもを置いて家を出て行く。以後、父親は実家にも会社にも一人で子どもを育てていることを明かさない。父親は子どもを部屋に隠した。子どもを「隠す」のは、自分を隠すことだろう。そこには妻が出て行ったこと、家族を維持できないことへの「恥辱」があるのではないか。子どもの死後、無人のアパートに7年4か月間家賃を払い続けた。総計500万円を超える。子どもの遺体を隠すだけであれば、他にも方法はあったはずだ。

ところで武豊事件の父親にしても、厚木事件の父親にしても、あるいは、大阪事件の母親の実父にしても、男性たちは過剰に仕事に向かう。厚木事件のトラック運転手は心理鑑定の場で、子育てが不適切だったと指摘されて、「仕事があるのだから仕方がないだろう」と、反論している。どの親も社会の道具になることが、生きる規範だ。規範に忠実である以外、生き延びる術がないと思い込んでいるかのようだ。

3　報道について

3件の虐待死事件は15年間で起きているが、報道はどれも親を責めて、苛烈だった。その報道の苛烈さにより私たちは、子どもを亡くす親は極悪人だと学んできた。親は社会秩序を乱す者であって、警察と児童相談所から家庭に介入されても、仕方がないのだという知識を得る。極悪人である親は特殊な存在なのだ。そんな親さえ排除すれば、子どもたちは安泰であると考える。

だが、実際には、社会が多様化し、家族の姿も変化している今、人々は多様な社会的、私的資源を使いつつ、子育てをしている。家族のあり方も私的資源だ。子育ての一部は商品化されていて、経済力があれば使うことが可能だ。格差が広がる中で、使える資源は人によってまちまちだ。子どもを虐待死させた親たちが、子育て資源を適切に選べる環境にいたのかどうかは、どの程度知られているだろうか。

子育て中の親たちだけは、選択肢がそれほど豊かではないと身をもって知っているかもしれない。児童虐待は許しがたいという報道が強まれば、メンタル面での健康を奪われている場合など、いつ自分が追い詰められて、赤子の手をひねってしまうかわからない不安に突き動かされる。子どもが泣くと慌てて、窓を閉める。子どもの口を手で塞ぐ。いつ通告されて、子どもを奪われるかわからないからだ。

そんな不安を笑い飛ばすことができる者は、頑強な子どもを持ち、夫婦がそれぞれ丈夫な体と健康な精神に恵まれ、仲が良くて協力でき、社員に十分に家族に関わる時間を与える会社の制度下で、経済力にも支えられ、思いやりに満ちた祖父母たちや近隣住民に囲まれている場合だけではないか。

多くの人たちは「家族」という名前に、どこかにあるかもしれない、そんな家族像を重ねていないか。その「家族」をもとに組み立てられた規範意識から事件を見ていないか。

報道する者たちは、現場に立てば、多様な疑問に向き合わざるを得ないはずだ。なぜ、子どもを閉じ込めた段ボール箱を置いた部屋の隣室で21歳の両親は、日常生活を送ったのか。なぜ、22歳の母親は、満足に働いた経験もないまま生後7か月と2歳の子どもをたった一人で育てようとしたのか。なぜ、トラック運転手は、子どもが亡くなった後、7年4か月間、戻らないアパートの家賃を払い続けたのか。

目の前の現実をどう認識し、評価するかは、土台となる考え方による。

親が子どもを育てるべきである。母親が子どもを育てるべきであるという規範が強い社会では、親、特に母親が責められる。

子どもを亡くすのは親が追い詰められているからであり、公的機関は親を援助しなければならないという考えが土台にあれば、公的機関が役割を果たせなかった理由を問い、不十分な社会福祉のあり方を伝える報道になるだろう。

「事実を伝える」とはどのようなことか。報道する者は、その現象に関しての適切な知識・情報がどこにあるのかを知る必要がある。また、社会の中にどのような認知（それはしばしばスティグマであるかもしれない）が埋め込まれているのかも客観的に理解していなければならない。

その上で、何を報道するか主体的に判断することが求められる。

適切な報道は、社会を、埋め込まれているスティグマから自由にし、政治を動かし、未来を生み出していく力になる。

虐待死が起きた現場を歩いて気づいたのは、報道で湧き上がるイメージと、実際に起きていたこととの間には隔たりがあるということだった。同時に自分自身もまた同じような社会の認知、価値判断、スティグマの下で苦しむ者だということも知った。自分自身もまた、スティグマにより自分の中のある部分を見ないように拒んでいたのだ。なんだ、見ないようにさせられてきたのではないか。そのように私たちは分断され、追い詰められ、得られたはずの自由を奪われている。

虐待死が起きた「家族」の実際がどのようなものか、社会に適切に知らされないまま大きな議論が巻き起こり、評価が行われる時、私たちは分断させられている。

4　国家と家族と子どもたち

私自身が、虐待死事件のたびに沸き起こる加害親への非難に対して、親たちの残虐さはその極度の無力さの現れではないかという考え方を持つようになったのは、２冊の自著『満州女塾』▼5と『移民環流──南米から帰ってくる日系人たち』▼6を執筆したことによる。

『満州女塾』は、戦前に日本の植民政策を推し進めるために、陸軍主導で現在の中国東北部に作られた満州国に、開拓団員の妻として送り込まれた女性たちについて書いた。

１９３６年に廣田弘毅内閣は、満州開拓民として20年間に１００万戸、５００万人を送り込む「二十カ年百万戸送出計画」を打ち出した。１９４５年の敗戦までに開拓民は32万人が送り込まれている。家族は国策を実現する道具にされた。

Ｋさん（25年12月生まれ）は、岡山県赤磐郡の、村から少し離れた30戸あまりの集落の農家の出身だ。家の土地は山陰にあり、集落の中でも米があまり取れず、貧しかった。父は村で小作もしていた。

Ｋさんが小学校に上がる直前の32年３月に満州国が成立、小学校６年の夏に日中戦争が始まる。この年、国民精神総動員運動が起き、宮城遥拝、神社への祈願参拝、出征兵士への慰問状の発送、廃品回収運動が奨励され、学校教育がそれに沿っていく。こうした社会状況の中で、Ｋさんは地域の神社の清掃にも積極的に加わる生真面目な少女に育つ。

35年に10代の勤労青年の「皇国民教育」を目的に青年学校が作られ、38年に義務化する。41年、Kさんは青年学校に入学。年末に太平洋戦争が勃発し、翌年父が亡くなる。さらに翌43年10月、成績優秀だから推薦したと言われて、学校から岡山市内で開催される女子拓殖講習会に行くように言われる。

満州国に送り出される女性たちは「大陸の花嫁」と呼ばれた。42年各県に「満蒙開拓民配偶者斡旋協議会」が設置され、会長は府県の知事または学務長が務めた。「女子拓殖指導者提要」(拓務省)には、女子拓殖事業の目的として「民族資源の量的確保と共に大和民族の純潔を保持すること」と書かれている。

岡山県は開拓民の送出に比較的協力的な県で、早くから県内に「満州開拓女子拓殖訓練所」が作られていた。Kさんはここで「満州開拓は国策だが、男だけで国づくりはできない。女子の皆さん五族協和の礎として頑張りましょう」と宣伝される。「私らは小学校の時から教育されて、頭はお国のためだったら死んでもいいいようになっている。私も満州に行きたいと思うようになっていた」とKさんは言った。学校は人々に規範を埋め込む装置だ。

4月になって青年学校の校長から満州の女塾に行くよう勧められる。他の先生からも声をかけられる。村長も誘う。

傷病兵だった兄や母は反対するが、Kさんは強く反発した。ただし、この時点で、花嫁にならなければいけないとは言われていなかった。花嫁になることは意識外だった。

この取材時、私はKさんの幼馴染の女性にも出会った。彼女の家の田んぼは日当たりの良い土地にあり、Kさんの家よりも経済的に恵まれていた。「さーちゃん(Kさんのこと)は勉強でも、音楽でも、裁縫でもなんでもできた」と彼女は言った。「私も満州国に行きたいと思っていたが、父親は決して満州行きを許さなかった」とのことだった。

貧しい家で父親がいない。成績が優秀だ。そんな18歳のKさんが「優秀な軍国少女」という規範に体を沿わせていく。彼女に軽んじられる者であることへの反発はなかったか。

国家に若者を差し出すことを求められた教員にとっても、村長にとっても、Kさんの存在は都合がよかったはずだ。地域社会の中でも、貧しい者、社会的な守りが乏しい者が真っ先に国家戦略の道具に組み込まれていく。

Kさんはその後、満州国で、国が整えた制度と施設を通じて結婚する。

ところで開拓地は、44年7月の日本の絶対国防圏崩壊後、満州国内の関東軍（日本陸軍）が南方に転出し、日本軍の守りを失った。だが、そのことは開拓民には知らされなかった。国家は道具として使った国民を守らない。

45年8月8日、日ソ中立条約を破って、ソ連が参戦する。開拓地の男性たちは、既に、転戦した関東軍の代わりに召集されており、開拓地には若い女性と幼い子どもたち、体をこわして兵士になれない男性、日本から呼び寄せた老いた親たちが残されていた。こうした状況で、人々は難民化する。満州国の崩壊当時、在住日本人は155万人といわれる。そのうち開拓民は22万人。その4割が敗戦時の混乱で亡くなった。女性たちが性被害に遭うことは少なくなかった。酷寒のなかで臨月を迎えたKさんは命と引き換えに中国人男性の妻となる。その男性との間にも子どもができ、帰国が30年以上遅れた。

混乱時、子殺しも起きた。「もう虫の息だったが、子どもの首に手をかけた」「臨月で逃げた。途中生まれた子どもをそこに置いて逃げた」「子どもに死んで欲しいと思った」「子どもが病気で死んでくれてよかった」そんな言葉を聞いた。

追い詰められれば親たちは、子どもに不適切な養育を行わざるを得ない。戦争は最大の児童虐待だ。

ところで、バブル期の人手不足を背景に、政府は90年に入管法を改正し、日本の血を引く3世までと、2世までの配偶者に活動制限のない「定住者」という在留資格を与えた。南米から日本に出稼ぎに来る日系人が飛躍的に増え、男女の別なく単純作業についた。子どもがいる家族連れもいる。なかには、十分に教育を受けられなかったなど、ブラジル社会でも困難を抱えていた人たちもいた。

彼らは、日本政府が90年代後半に規制緩和した非正規雇用制度の、雇用調節要員として組み込まれた。翌月の車の生産台数が決まる20日過ぎに最終的な必要人数が決まる。それから有能で問題を起こさない従順な者から順番に召集がかかる。

こうした状況下、私は在日の日系人コミュニティを取材して『移民環流』を書いた。

当時、日系人夫婦の離婚は驚くほど多かった。ブラジル時代には男女の役割が固定していて安定していた夫婦が、来日後、日々時間と金に追われるようになるとあっけないほど簡単に壊れた。しかも、すぐに新しいカップルができる。

集住地域の住民同士、お互いにバラバラで、信頼関係が生まれない。ある人は次のように言った。「和気藹々としているようでも、本音の話はしない。同じ工場で働いていれば、どちらが先に辞めさせられるか、ライバル同士になる。ニックネームを教えても、本名は教えない」

そんな環境で子どもたちは放置された。親子間で言葉が通じない家庭もあった。しかも、子どもたちは義務教育の対象ではない。ブラジル人学校は日本政府からもブラジル政府からも助成がなかった。環境がいいとはいえない学校に、親たちは一人20万円程度の収入で、子ども一人につき3万円から5万円の月謝を払った。08年当時、静岡県内のY市には未就学年齢も含め16歳以下のブラジル国籍の子どもが２００人ほどいたが、市内に暮らす日系人の義務教育年齢の子どもたちのうち、3割程度が不就学だった。

外国人の集住地域で、公立学校に子どもを通わせる外国人の親たちは、学校に協力的ではないと繰り返し聞いた。校長は「これが、ブラジルの文化なのだろうか」と言った。だが、私が取材に行った本国の日系コミュニティ自体は強いつながりを持っていた。コミュニティが作れないのは、文化差ではなく、経済システムの問題だと思えた。時間と金、適切な社会制度がなければ子どもを育てられない。社会制度が貧弱ななかで、親たちは自身を労働力として商品化する。労働力の商品化は、経済成長を重要視する日本の政策が生み出したものだ。

その国固有の文化や歴史といわれるものは、案外あっけなく失われる。むしろ制度や環境がそこで暮らす人たちの子育ての姿や夫婦の関係を大きく規定するのだ。

改めて考える。私たちの社会は「子どもの養育と費用調達の負担は親・家族」の責任であることを疑わない。子どもを虐待死させた親を執拗に責め立て、特異な人物だとする報道で、得をする者はだれか。

虐待する親が稀に見る極悪人であるならば、彼らは反社会的存在として、隔離しておけばいい。国家は、多様化する家族の実像を基盤に、公的支援をもっと豊かに行き渡らせなければならないという市民の要求から解放される。いや、そうした要求をもつ必要があること、権利があること自体、市民は知らされていない。

報道が、国家の意思の先導者役を担う可能性もある。

00年の武豊事件は、殺人罪で懲役7年だった。10年の大阪事件は、子ども2人を亡くし、殺人罪で懲役

30年だった。一審の裁判長は判決文で「被告人が離婚して子供らを引き取ることが決まった際、子供らの将来を第一に考えた話し合いが行われたとはみられず、このことが、本件の悲劇を招いた遠因であるということもでき、被告人一人を非難するのはいささか酷である」と述べたが、それが判決に反映されたのかどうか。14年の厚木事件は保護責任者遺棄致死罪で懲役12年だった。虐待の周知徹底と同時に厳罰化は進んでいるのではないか。

だが、可能性としては、自分たちの置かれている場で、多様な子育てを選ぶことができ、どの子育てを選んでも、スティグマとは無縁な社会を作ることもできるのではないか。そうなれば親たちはどれだけ安心して子育てに向き合えることか。困難な時には、子どもを安心できるだれかに預け、余裕があるときには一緒に過ごすこともできる。

私たち社会は子どもの育ちをどのように保障するのか。親が子どもを育てたいと願う時に、どのような支援があればいいのか。当事者の実態を見極めて社会を組み替えていくことも可能なはずだ。

注

1 杉山春（2004）『ネグレクト――育児放棄　真奈ちゃんはなぜ死んだか』小学館
2 杉山春（2013）『ルポ　虐待――大阪二児置き去り死事件』ちくま新書
3 杉山春（2017）『児童虐待から考える――社会は家族に何を強いてきたか』朝日新書
4 上山和樹（2008）「制度を使うとはどういうことか」多賀茂・三脇康生編『医療環境を変える――「制度を使った精神療法」の実践と思想』京都大学学術出版会
5 杉山春（1996）『満州女塾』新潮社
6 杉山春（2008）『移民環流――南米から帰ってくる日系人たち』新潮社

第9章

「家庭教育」の意味すること

――個人／家族／国家の関係を考える

…辻 智子

はじめに

家族をどのようにとらえるのかは貧困問題解決の方向性を規定する分岐点をなす。家族主義の観点から現代日本における子どもの貧困対策を検討した湯澤（2017）は、それが子どもの養育や教育における家庭の役割と責任の強調を伴いながら教育支援重視の傾向を示していることに懸念を表している。子どもや保護者個人の努力を支える施策に注目が集まる一方、所得再分配や労働・教育のシステムなど貧困を生み出す社会構造が放置されかねないからである。

加えて私が気になるのは、家庭の役割と責任の根拠として「家庭の教育力」が問われ、それは「本来的に備わっているはずのもの」、ないし「あるべきもの」「備わっていなくてはならないもの」との見方が自明とされていることである。しかし、歴史をさかのぼれば「家庭教育」という言葉＝概念もまた近代の産物であることがわかる。特に日本においては国家の関与によって殊更に家庭教育が振興されてきたという経緯がある。人類の世代継承のいとなみにおいて家庭教育は所与の前提ではないのである。にもかかわらず現在、政府は子の養育や教育は第一義的に家庭の責任とするとの考えの下で家庭教育の振興を教育政策に位置づけ、子どもの貧困対策と関連させながら具体的施策の範囲をさらに広げつつある。家庭教育政策の歴史を踏まえれば、この動向を無前提に受け入れるわけにはいかないと考えるが、そうした問題意識が広く共有されているとは言い難い。

そこで本章では、歴史的な視点から「家庭教育」概念と政府による振興政策の展開をふりかえり、個人／家族／国家の関係を対象化することを通して、子どもの貧困対策と家庭教育政策をめぐる現状への問題提起を行いたい。

1　法律に見る家庭教育

まず現在の日本の法律が家庭教育をどのように規定しているかを見よう。教育基本法（以下、教基法）第十条には次のようにある。

（家庭教育）第十条　父母その他の保護者は、子の教育について第一義的責任を有するものであって、生活のために必要な習慣を身に付けさせるとともに、自立心を育成し、心身の調和のとれた発達を図るよう努めるものとする。

2　国及び地方公共団体は、家庭教育の自主性を尊重しつつ、保護者に対する学習の機会及び情報の提供その他の家庭教育を支援するために必要な施策を講ずるよう努めなければならない。

これは2006年「改正」で新設された。それまで教基法に家庭教育条項はなかったが、1990年代後半以降、「家庭の教育力の低下」を問題視する声が高まり、1997年に文部大臣（当時）が中央教育審議会に「幼児期からの心の教育の在り方について」を諮問、翌1998年には、家庭のありようや子育ての内容に大きく踏み込んだ答申「「新しい時代を拓く心を育てるために」――次世代を育てる心を失う危機」が出された。2000年には教育改革国民会議が「教育改革国民会議報告――教育を変える17の提案」の筆頭で「教育の原点は家庭であることを自覚する」を掲げ、「家庭の教育力の回復」等を盛り込んだ中教審答申を経て、２００６年、「改正」教基法に家庭教育条項の新設となった▼1。当時の安倍晋三首相（第一次安倍内閣）が牽引した、この「改正」は、教育の目標（第二条）など教育内容に国家が直接関与する道をひらき大きな問題をはらんでいる▼2。こうした中での家庭教育条項新設は、家族の重視が、日本の伝統、国家への奉仕とともにあるものだということを表している。「父母その他の保護者」が子どもの教育の「第一義的責任」を有するものと明記された点、その父母や保護者が努力すべきものとして家庭教育が位置づけられた点、行われるべき家庭での教育内容（生活習慣の習得、自立心の育成、調和のとれた心身の発達）が盛り込まれた点で、２００６年教基法は、家庭教育に関する個人と国家の関係のそれまでの法的な基本枠組を変更するものとなった。

では、それ以前はどうであったのか。敗戦直後の１９４７年に制定された教基法において家庭教育は次のように位置づけられていた。

第七条（社会教育）家庭教育及び勤労の場所その他社会において行われる教育は、国及び地方公共団体によって奨励されなければならない。（第二項略）

１９４７年教基法制定過程において、教育刷新委員会では家庭教育の法制化それ自体の是非について議論している▼3。そこでは、親が子を養うことに様々な問題が生じていることから家庭教育の重要性を法的にも示す必要があるとの意見に対し、家庭教育とは自然に成立する当たり前の教育であって法律で命ずべき必要はないとの反対意見が出されていた。最終的には、国民に「家庭教育をしろ」と命ずるのではない、表現を工夫した上で家庭教育の尊重という精神をどこかに盛り込む、という形で決着を見ることとなり、先述の条文となった。家庭において行われる保護者・大人から子どもへの教育（養育を含む）は、国家が関与する対象とは言えず法制化に馴染まないとの論調があったことを確認できる。

ただしこの条文は、制定以後、その解釈をめぐり議論となった。家庭教育を広義の社会教育概念としてとらえる見解（社会教育の一部としての家庭教育）、乳幼児の保育に必要な知識技術の成人教育（当時は婦人教育）としてとらえる見解（成人・母親の学習としての家庭教育）、条文の見出しは主として社会教育に関する条文であることを示したものに過ぎず家庭教育は社会教育に含まれないとする見解、さらに家庭教育は社会教育とは異なるためそもそも第七条に規定すべきでなかったとする見解などが呈された（木全 1988）。このように家庭教育の法令上の定義およびその政策的位置づけについて、条文作成上も解釈上も明確な合意がなされていたとは言い難く、曖昧さを多くはらんでいた。

2 創出される「家庭教育」意識

そもそも家庭教育とは、日本において、いつ頃から、どのように用いられてきた言葉であろうか。歴史をさかのぼって「家庭教育」普及の様相をたどってみよう。

「家庭」も「教育」も、そして「家庭教育」も、明治期に普及し定着した新しい言葉＝概念である。先行研究によれば、家庭教育なるものを人々の共通認識として創出しようとの動きは１８７０年代後半から

1900年前後にかけて見られるようになったとされ、特に学校教育関係者によって主導された学校教育を補完するものとしての家庭教育言説が注目されている（山本 1992; 1993）。当時、「保護者は小学校教員の指揮命令に服従するの義務を有するなり」「小学校教師は、生徒を教育すると共にその父兄をも教育せよ」といった論調も見られた▼4。そこにおいて家庭教育とは、学校教育の効果を高めるために「父兄」の協力（「学校と家庭との連絡」）によってなされるべきものであり、学校同様、知育・徳育・体育を包含するものと考えられていた。家庭教育は、学校教育に従属するものとして学校教育関係者によって創出されてもいたのである。

とはいえ、農村人口の多さや就学率の低さなど当時の生活実態からすれば、家庭教育という言葉や意識が人々の中に浸透し定着してゆくには今しばらくの時間を要した。1900年頃以降、書物や雑誌の普及、女性の学校教育（特に高等女学校）経験の広がり、都市新中間層の出現など日本の社会と家族の変容と相まって、「家庭教育」意識はしだいに人々の生活の中に入り込んでいった。

書物や雑誌については、タイトルに「家庭教育」または「家庭」「教育」を冠したものが急増した。その書き手は学校教育関係者にとどまらず、女性たち、中でも母親として自身の経験を執筆する者も現れるようになった▼5。それらの内容は学校との関係や知育・徳育・体育に限定されず乳幼児の育児法から家庭経営にまで広がり、子どもの身体や生理など医学の知識を多く盛り込みながら家庭のあり方やそこでの子どもの教育を論ずるものも見られるようになった。たとえば、雑誌『婦人之友』（1908年創刊）に設けられた「育児問答」では、便秘気味の子どもを心配する問いに対し、生活に支障がなければ心配には及ばないとしながらも便通を促す食事や生活習慣を詳しく指南するといったように（第一巻第一号、1908年1月20日）、育児の悩み相談コーナーが紙上に登場した。これらの書物や雑誌の読者は、大正期に入ると一層の広がりを見せ、どのように子どもを育てるのか、どのような家庭をつくるのか、育児や家庭生活の主たる担い手（「主婦」）はどうあるべきかといった、育児の環境をも含めた家庭と母親のあり方を具体的に示す内容への関心が都市新中間層の女性たちを中心に高まった（木村 2010他）。

読者であり、実践者であり、時に書き手にもなった女性たちの増加は、高等女学校の普及と連動している。高等女学校は、「主婦」に必要とされる家事・育児の知識・技術の習得を図りつつ賢母良妻の生き方を教授する場として機能した。教授要目の一つ「家事」は、緒論、衣食住、養老及育児、看病、伝染病の予防、整理及経済から構成され、そのうち「育児」には哺乳、生歯、食物、衣服、居所、沐浴、運動、睡眠、疾病、言語、動作、談話、遊戯、玩具、就学が含まれた。「家庭教育」は教授要目「教育」の中に位置づけられ、児童身体の養護、遊戯及手技、説話、命令賞罰からなるとともに、「学校教育」の項においても、家庭教育と学校、家庭教育と国家として課題化された▼6。子の養育を含む家庭教育は、高等女学校の教育課程の主要な位置を占め、当時の日本の若い女性たちが学ぶべきものとなっていった▼7。

ジャーナリズム上の言説や高等女学校での学習を実際に実践してみる場が出現したことも当該時期の「家庭教育」意識の浸透と定着を促した。都市新中間層は、官吏など俸給生活者とその妻（「主婦」）・子からなる核家族によって形成され、そこで「主婦」は、家事とわが子の育児を担うようになった（落合 1999; 沢山 1987; 2013; 千田 2011他）。継ぐべき家産のない核家族にとって、わが子の立身出世は重要な関心事であり、子どもの学歴に対する並々ならぬ思い入れを抱く教育熱心な母親も現れた（広田 1999）。またこの頃、新聞社や百貨店、電鉄会社などが主催する博覧会に子ども向け商品の製作・展示・販売が取り上げられるようになり、「子どもには子ども向けの物が必要」といった子どもたちに向けられるまなざしの変化も指摘されている（小山 1999）。村落共同体の担い手として決められた型へと子どもをしつけてゆく

「ムラの子育て」に対し、都市部では、わが子の将来に関心を寄せ、そのためにできるだけ「よいもの」を与えようと努力する、いわゆる「教育する家族」の時代が始まったのである▼8。

3　家庭教育とはいかなる国家政策か

乳幼児の養育にせよ、子どものしつけや勉学への関与にせよ、家庭教育は、各々の家庭や親子関係においてなされる個人的で私的ないとなみと考えられるようになっていった。だとすると、家庭教育が国家政策に据えられるとはいかなることなのであろうか。政府が国の政策として家庭教育を振興する時、それは何を意図し、具体的にはいったい何が行われることになるのだろうか。実際に家庭教育振興政策が展開・拡充された三つの時期——1930年代から敗戦まで、1960年代頃以降の高度経済成長期、1990年代後半から2000年代にかけて——について順に見てゆこう。

家庭教育政策の皮切りは文部大臣訓令「家庭教育振興ニ関スル件」(1930年)である。国家総動員体制に向う昭和戦前期、皇国民を育成する場、銃後の守りとして家庭の重要性が強く認識され、その担い手として女性(母)が指導・教育の対象としてにわかにクローズアップされた。文部省社会教育局(1929年に普通学務局社会教育課から組織改編)は、その事業として「母の講座」「家庭教育講座」「母親学級」などの成人教育講座を開催した▼9。また町内会・常会等の地域組織や婦人団体の組織化を進めつつ、「母の会」などの団体新設を奨励して、学校と家庭とのさらに密接な連携を企図していった。具体的には、講

表1　1960年代前半の家庭教育振興施策の概要

年度	家庭教育振興策の概要（文部省社会教育局婦人教育課）
1962（昭和37）	新規家庭教育振興予算201万3,000円。社会教育審議会成人教育分科会に家庭教育小委員会設置。学識経験者による家庭教育専門研究会を設置し、社会教育指導者を対象とする家庭教育資料の作成に着手。
1963（昭和38）	家庭教育振興予算509万2,000円。家庭教育資料第1集（子どもの成長と家庭）作成（359万3,000円）。全国家庭教育研究集会、地区別（8地区）家庭教育研究集会の開催。
1964（昭和39）	家庭教育振興予算9,000万円。家庭教育資料第1集増刷、第3集（子どもと家庭の人々）作成（359万3,000円）、都道府県家庭教育事務担当者対象の全国家庭教育研究集会開催（64万7,000円）、市町村の家庭教育学級開設奨励の助成（8,134万円）、都道府県家庭教育研究集会開催促進助成（460万円）。
1965（昭和40）	家庭教育振興予算9,961万4,000円。家庭教育資料第2集（こどもの人格形成と現代の家庭、世界の両親教育）作成（359万3,000円）、全国家庭教育研究集会開催（47万円）、都道府県家庭教育研究集会開催促進助成（460万円）、市町村の家庭教育学級開設への補助（8,134万円）、国庫補助の市町村家庭教育学級に文部省企画録音教材（しつけ相談室シリーズ、家庭教育シリーズ第1集）を複製配布（961万1,000円）。

出所：文部省社会教育局『昭和41年度家庭教育学級の現状』1967（昭和42）年。

演会、講習、映画会、遠足、見学会などが開催され、地域連合の組織化も進められた。会の運営や会員（母）への指導は教職員が担い、学校を軸とする体制に家庭が組み込まれていった▼10。

文部省は、『現代家庭教育の要諦』（1931）、『国体の本義』（1937）、『臣民の道』（1941）などのテキストを作成し、天皇の臣民である国民と家族のあり方を説いた。戦争末期には、総力戦を支えるイデオロギーとして「国家的母性」が賛美され（「戦時家庭教育指導要項」１９４２年）、家庭教育はさらに強調された。こうして、教育熱心な近代家族の「わが子」主義も「家の子・国の子」として滅私奉公的な国家主義へと回収されていった。戦後、１９４７年教基法制定に際しては、このような経緯が委員の間に一定程度共有されており、家庭教育に対する国家の直接的な関与への慎重論が導かれたと考えられる。

再び家庭教育振興政策の動きが目立ってくるのは１９６０年代である▼11。文部省社会教育局婦人教育課（１９６１年設置）による60年代前半の家庭教育振興施策の動向概略を表1に整理した。１９６６年度には家庭教育振興予算総額は前年度比24・0％増の1億2355万円余となった。中でも大きな割合を占めるのは市町村開設の家庭教育学級補助金とその教材費用である（1966年度で前年度比26・6％増の1億300万円、文部省企画録音教材の複製配布が23・0％増の1181万7000円）。66年度の家庭教育学級開設数は国庫補助学級だけで8441、国庫補助を受けずに市町村が自主的に開設した学級2717とあわせると計1万1158学級となり、全市町村3350のうち2989市町村（89・2％）で家庭教育学級が開設と報告されていた。学級生総数は72万2894人（うち女性82・5％）であった。そこでのテーマや学習内容は学級ごとに様々だが、子どもの心理、性格形成、健康、身体的発達、生活習慣に関するものや、親の態度・役割などが多く見られ（河合 1983）、都道府県や市町村ごとに独自の家庭教育施策も実施されてゆく。家庭教育学級はその後も継続的に拡充・実施され、1975年以降、乳幼児家庭教育学級も開設されていった[▼12]。その後、さらに家庭教育学習情報の提供としてテレビ番組の製作や、はがき通信、巡回相談、テレビ放送などによる家庭教育相談事業へと広がりを見せてゆく（日高 1985）。

1990年代後半になると再度、家庭教育をめぐる議論が活発化する。「幼児期からの心の教育の在り方について」の諮問（1997年）を受けて、中央教育審議会は「「新しい時代を拓く心を育てるために」——次世代を育てる心を失う危機」（1998年）を答申し「家庭教育の充実」の必要を提言した。文部省は、『家庭教育手帳』（乳幼児のいる家庭向け）、『家庭教育ノート』（小中学生のいる家庭向け）、家庭教育ビデオを作成し、1999年より配布を開始した。なお『家庭教育手帳』は、目次（表2）からもわかるように、徳目項目を列記した「べき」「べからず」集であった。さらに2003年度には、新規事業として3億4000万円の予算を計上して、妊娠期から就学前までの子どもをもつ親向け（118万部）、小学校1〜4年生の親向け（120万部）、小学校5・6年及び中学生の親向け（119万部）と、家庭教育

表2 『家庭教育手帳』目次

1．家族とは？	○安らぎのある楽しい家庭をつくる　○親がまず幸せになる　○夫婦で一致協力して子育てをする　○会話を増やし、家族の絆を深める　○家族一緒の食事を大切にする　○いつも自信をもって子育てをする
2．しつけ	○間違った行いはしっかり叱る　○「叱られる側」の子どもの立場も考えてみる　○我が家の生活の約束事やルールをつくる　○子どもに我慢を覚えさせる　○責任感や自立心がある子に育てる　○テレビやテレビゲームに浸らせない　○子ども部屋を閉ざさない　○子どもの身体や行動に現れるサインを見逃さない　○子どもが愛されていると実感できるコミュニケーションをする
3．思いやり	○まず、親が率先して人助けをする　○差別をしない偏見を持たない子に育てる　○子どもに命の大切さを実感させる　○幼児には親が本を読んで聞かせる
4．個性と夢	○過保護や過干渉はやめる　○良いところを見つけてほめる　○子どもの夢や希望に耳を傾け励ます　○他の子との比較にとらわれない　○偏った早期教育を考え直す　○完璧主義にとらわれない
5．遊び	○子どもはのびのび遊ばせる　○子どもの生活に時間とゆとりを与える　○子どもは自然の中で遊ばせる　○地域の活動など年の違う集団に参加させる　○家庭内の年中行事や催事を見直す　○より良い社会をつくる努力を子どもに見せる

出所：文部科学省『家庭教育手帳――東京都版』平成13（2001）年。

手帳シリーズを拡充した。なお同年度の家庭教育支援施策予算は、都道府県・市町村の子育て講座への補助事業の拡充に5億1900万円を計上しているが、これは市町村で妊娠期に行われる母親学級などの学級・教室、子どもの1歳半と3歳時健診、小学校の就学時健診、中学校説明会や保護者会といった機会を活用して実施される学習（講座）への補助金である。その他、子育ての悩み相談を受ける子育てサポーターと父親役割を考えるフォーラム開催の拡充に5億6000万が計上されている。

その後、2005年度には「早寝早起き朝ごはん国民運動」を開始し、PTA、子ども会、青少年団体、スポーツ・文化関係団体、経済界などが全国協議会を結成するなど地域あげての国民運動の観を呈していく。「子どもと話そうキャンペーン」「幼児とともに心をはぐくむキャンペーン」なども着手された▼13。

以上に見たように、家庭教育振興政策とは、家庭での子どもの養育や教育にかかわる事柄について、もっぱら親（これまで多くは母親）の意識に直接働きかけることを通して個々の家庭の子育てに影響を及ぼしてゆこうという意図に基づくものであり、この構図は戦前から２０００年代まで変わっていない。市町村や教育機関など社会教育の現場においては様々な工夫や取り組みも見られるものの、国家政策としては、個人や家族のあり方に関する特定の価値観や規範を一律かつ直接的に教化・宣伝するといった側面が強い。また、政策課題を一斉に地域に下ろした上で、個人のボランティアによる地域ボトムアップ型の団体や活動を奨励・組織化する形式が採用されるという特徴も見てとれる。

4　家庭教育振興政策の危うさと現在地点

前節までにみた歴史を踏まえると家庭教育が国家政策として強化・拡充される際には危うさがつきまとう。その問題点を整理しておこう。

まず国家による個人／家庭への関与や介入が（時に「支援」の名の下で）抑圧的に機能するおそれがある。たとえば、２００6年10月、教育再生会議が「親学」を提言しようとしたが、「子守歌を聞かせ、母乳で育児」「授乳中はテレビをつけない」「早寝早起き朝ごはんの励行」「演劇など芸術を鑑賞」といった内容が強い批判を受け、撤回された。個人や家庭の生活習慣や倫理にまで踏み込む▼14、思想・信条や教育の自由に対する明らかな侵害と受けとめた人が多かったと見られる。また実際、人にはそれぞれ様々な事情がある。たとえそうしたくともできないことや経済的・物理的に困難なこともある。政府の提言や徳目列記、意識啓発キャンペーンは、育児環境を制約する客観的な条件や状況（たとえば長時間労働の現実など）を放置したまま、親個人の心がけや努力の不足に問題の原因を回収させる恐れがある。加えて、まじめで子育てに熱心な人ほど、さらに追い込まれてゆくことも容易に想像がつく▼15。親子関係や家庭生活は諸々の要因が複雑にかかわりあいながらいとなまれてゆく。にもかかわらず、このような従来の家庭教育振興政策は、そうしたリアリティを欠いている。その結果、教育政策以前に本来、先ず国家が果たすべきであった責務が曖昧にされることが懸念される▼16。

では、現在の家庭教育政策はどうなっているのだろうか。文部科学省の動向としては、2011年6月に「家庭教育支援の推進に関する検討委員会」が発足し、2012年3月にその報告書『つながりが創る豊かな家庭教育──親子が元気になる家庭教育支援を目指して』が公表されている。2016年7月には「家庭教育支援の推進方策に関する検討委員会」が設置され、2017年1月に『家庭教育支援の具体的な推進方策について』がとりまとめられた▼17。平成30年度文部科学省の関連予算を参照すると、最も多いのが各地域における家庭教育支援の基盤構築支援（補助事業）7300万円で、家庭教育支援員養成、家庭教育支援チームの組織化、その学習機会の提供、および家庭教育支援チームなどの組織化・活動強化を図るための取り組みの推進が挙げられている。子どもの貧困対策との関連では、教育と福祉の連携体制の構築・アウトリーチ型の支援（委託事業）2000万円で、家庭教育支援チームと子育て支援などの福祉関係機関との連携体制（プラットフォーム）を構築し、課題を抱える保護者への個別訪問型支援と、相談窓口のワンストップ化といった支援体制整備が打ち出されている。しかし、家庭教育支援チームについては、活動や支援員の法的根拠や個人情報の管理に懸念があるとの声（打越 2018）、「全家庭を公的に把握しようという意図」への批判（本田 2017）などが提起され法的にも実践レベルでも問題をはらんでいる。

まとめにかえて

個人／家庭／国家の関係に関して言えば、教育政策と福祉政策とでは、その根拠と方向性がやや異なる。国家と個人または家庭（私領域）が直接かかわる現場を持つのは共通だが、福祉政策は、個人の生存・生活に対する基本的な条件整備や緊急的な介入であり、それゆえにその運用に際しては周到な法制度により国家を拘束する必要が自覚されるのに対し、教育政策は、思想・信条、言論、学問、結社の自由を基盤としながらその人固有の思想と人格を形成してゆく場をいかに保障しうるかとの志向性から、その法制度において本来的に現場は国家から距離をとるものと考えられてきた▼18。その上で、実際には、本稿で見てきたように、個人の自由や自発性の尊重を掲げながら関与・介入してゆくのが国家の教育政策の特徴と言える。では教育政策としての家庭教育支援とは、いったい、誰から誰に対する、何を根拠とした、何に向けての支援なのだろうか。さらに、子どもの貧困対策としても位置づけられるとしたら、それはどのように折り合いをつけてゆくことができるだろうか。人口政策としての家族計画など生存や生活のためにかつて展開された国民運動が想起される。国家による個人や家族への支援が支配に転化しないよう、個人の尊厳が尊重される支援のためにも、より慎重な検討が求められると考える。

注

1　他に、幼児期の教育（第十一条）、学校、家庭及び地域住民等の相互の連携協力（第十三条）なども新設され、家庭教育関連の条文が大幅に増えた。

2　たとえば、「我が国と郷土を愛する」は学校現場での国旗掲揚・国歌斉唱の「強制」が問題となっていた中で国家主義や全体主義に結びつきかねないと強い懸念が広がっている。

3 教育刷新委員会第十三回総会（昭和二十一年十一月二十九日）議事速記録〔第六簿冊〕（日本近代教育史料研究会編『教育刷新審議会総会』第一巻、岩波書店、1995年）

4 「学校と家庭との連絡に対して一大革新を要す（中）」『教育報知』第485号、1895年8月17日

5 三輪田真佐子（1907）『新家庭訓』、羽仁もと子（1908）『家庭教育の実験』、棚橋絢子（1909）『子女の教養』、安田甕子（1909）『家庭教育の実際』、鳩山春子訳（1913）『模範家庭西洋家事読本』など。

6 高等女学校令施行規則（明治三十四年）（教育史編纂会（1964）『明治以降教育制度発達史』教育資料調査会）

7 高等女学令が公布された1899年には37であったが、1910年には193、1920年には514と急増、在学者数も8857人、56239人、151288人と増加している（文部科学省編（2001）『我が国の教育統計――明治・大正・昭和・平成』財務省印刷局発行）。なお高等女学校での教育を各々がどのように受けとめたかには個人差があることは言うまでもない。

8 大正期における「近代家族」の登場を女性学・ジェンダー論の視点から考察した千田は、「子どもをしつける権利と義務は共同体にではなく親にある。これは家族成員に自由をもたらす一方、家族のなかでの暴力や権力関係を見えにくくするという問題を生んだ」と指摘している（千田 2011: 14）。なお、このような家族観が農村も含めて日本社会に広まってゆくのは戦後である。

9 1930年6月に家庭教育指導者講習会を開催した文部省は、その後、直轄学校（奈良女子高等師範学校、東京女子高等師範学校他）や府県庁教育機関に委嘱し「母の講座」を開催した。講義は1日3～4時間を週に1、2回で約1か月間行われ、参加者は主に30～40代の女性であった。1930～1936年度に開設地は約4倍（4か所→17か所）、参加者は約8倍（637名→4955名）になったという。講義内容は、時局の変化に伴って日本精神論や戦時下の家庭生活を乗り切る知識・技術の習得が設定されるようになっていった。「母の講座」（1930～1938、1941～1943年度）、「家庭教育講座」（1939～1942年度）、「母親学級」（1943～1945年度）が開催（奥村 2014: 62他）。

10 1939年の小学校における「母の会」設置率は全国平均8・5%、一番多い愛媛県で28・0%、母姉会、婦人会も含めると小学校に設置された婦人団体の設置率は全国平均25・7%（同上：182-183）。

11 1950年代に入ると家制度復活といった論調や、児童福祉や青少年問題対策にかかわる議論の中で、家庭教育への言及が見られるようになる。労働の場からの女性の排除（「女性は家庭へ帰れ」）といった動きも見られる

ようになり（具体的には企業における女性の35歳定年制、結婚退職制の導入など）、学校教育でも高校家庭科の女子のみ必修など性別分業家族を標準モデルとした社会体制がつくられていった。中央教育審議会答申「後期中等教育の拡充整備について」（１９６６年）の別記「期待される人間像」では愛国心と家庭の重要性が強調される。これらに対しては批判的な意見も多かった。なお、50年以上前の家庭教育振興政策もまた「家庭の教育機能の低下」をその導入の根拠としていたことは、１９９０年代後半の家庭教育振興政策論議でも同様の言説が繰り返されたことを想起すると興味深い。昔の家庭に教育力があったというのは幻想に過ぎないとの認識はすでに一定程度共有されている（広田 1999他）。

12　１９７１年の社会教育審議会答申で乳幼児期の家庭教育の重要性が指摘され、社会教育審議会が一九七四年に「乳幼児期における家庭教育振興方策について」を建議したのを受けて開設された。

13　この時期、首相官邸主導の少子化対策として、「家族・地域の絆再生」政務官会議プロジェクトチームの「あったかハッピープロジェクト」（２００６年5月に中間とりまとめ発表）、「家族の日」「家族週間」の制定（２００７年）など、家族を重視するキャンペーン活動が次々と行われている。

14　これは家庭教育政策にとどまらず多様な生き方や家族のあり方の否定という意味でさらに大きな危うさとつながっている。たとえば、自民党の憲法改正プロジェクトチームは、「家族や共同体の破壊」「利己主義」などを理由に家族や共同体の価値を重視する観点から、憲法における婚姻・家族における両性平等の規定（現憲法24条）を見直すべきであるとして検討している（２００４年6月10日、憲法24条を活かす会 2005）。

15　家庭責任の強調は、すでに家庭教育が十分、過剰に重視されるようになってきている日本の現状からすれば、よりいっそう、その重要性を宣伝し煽り立てるような政策的・社会的動向となりかねず、現在の家庭教育の格差と（母親たちの）葛藤をさらに助長する危険が大きいとも指摘されている（本田 2008）。

16　法律家の見解として、「(子どもの権利条約は）締約国に、親ら保護者に「教育責任」を課すことではなく、国家に親が「養育責任」を果たせるようにする責任、あるいは親が責任を果たせない時には子どもを保護する責任を規定している」のであり、そもそも日本国憲法は、保護する子女に教育を受けさせる義務は課していても、家庭教育の責任は課していないとの整理がなされている（打越 2018)。なお、家庭教育概念それ自体や、家庭の中の個人と個人（たとえば子と親）の関係も検討する必要があるが、本稿では扱えなかった。

17　政府与党の自民党を中心とする「家庭教育支援推進法」の制定に向けた動きや、各地方自治体の議会での「家庭教育支援条例」制定の動きなども注視する必要がある（２０１８年現在）。

18　暴力・虐待が生じている家族への国家の関与・介入と家庭教育支援政策との法的相違点については憲法学者である清末愛砂の次の発言が参考になる。「自由権は公権力の支配から自由であること、介入を受けないことで個人の人権を保障するという19世紀以降に発展してきた考え方です。一方の社会権は、公権力が弱い立場にある労働者の権利や人々を貧困等から救済するための社会保障制度等を導入すること、すなわち公権力の介入により人権を保障するという20世紀以降に発展した考え方です。共通する目的は、基本的人権の保障にあります。（略）一見ぶつかりあうようにみえる自由権と社会権ですが、自由権を意識した上で、その権利を正当に行使できる社会環境を整えていくための制度づくりを求める権利が社会権になります」（清末愛砂「家庭教育支援法案が家庭内の暴力防止になりえない理由」、集会『「家庭教育支援法案」の何が問題か？』（２０１８年1月29日、24条変えさせないキャンペーン主催、引用は【Wezzy】「家庭教育支援法案」の何が問題か？ http://wezzy-y.com/archives/52401)。

引用・参考文献

相庭和彦（2001）「戦後日本社会の「高度ジェンダー化」と社会教育政策――一九六〇年代における家庭教育学級を中心として」日本社会教育学会編『ジェンダーと社会教育』東洋館出版社
広田照幸（1999）『日本人のしつけは衰退したか――「教育する家族」のゆくえ』講談社現代新書
本田由紀（2008）『「家庭教育」の隘路――子育てに脅迫される母親たち』勁草書房
本田由紀／伊藤公雄編（2017）『国家がなぜ家族に干渉するのか――法案・政策の背後にあるもの』青弓社
伊藤めぐみ（2002）「家庭教育「奨励」施策の問題点――歴史的な視点から」『月刊社会教育』5月号
河合慶子（1983）「婦人学級・家庭教育学級に関する実態調査――社会教育主事を対象として」日本女子大学女子教育研究所編『婦人と社会教育』
木全力夫（1988）「家庭教育と社会教育行政」日本社会教育学会編『現代家族と社会教育』東洋館出版社
木村涼子（2010）『〈主婦〉の誕生――婦人雑誌と女性たちの近代』吉川弘文館
木村涼子（2017）『家庭教育は誰のもの？――家庭教育支援法はなぜ問題か』岩波ブックレット
憲法24条を活かす会（2005）
小林輝行（1982）『近代日本の家庭と教育』杉山書店

小山静子（1999）『家庭の生成と女性の国民化』勁草書房
小山静子（2002）『子どもたちの近代――学校教育と家庭教育』吉川弘文館
小山静子（2009）『戦後教育のジェンダー秩序』勁草書房
村田晶子（1993）「戦時期の母と子の関係――家庭教育施策・家庭教育論の検討を通して」赤澤史朗・北河賢三編『文化とファシズム―戦時期日本における文化の光芒』日本経済評論社
中嶌邦（1995）「近代日本の家庭教育――女子教育を中心に」日本女子大学女子教育研究所『現代家庭の創造と教育』ドメス出版
奥村典子（2014）『動員される母親たち――戦時下における家庭教育振興政策』六花出版
沢山美果子（1987）「近代的母親像の形成についての一考察――一八九〇～一九〇〇年代における育児論の展開」『歴史評論』No. 443
沢山美果子（2013）『近代家族と子育て』吉川弘文館
重松敬一（1964）「疑問だらけの家庭教育論――文部省家庭教育資料を批判する」『月刊社会教育』8月号
志村聡子（2012）『1930年代日本における家庭教育振興の思想――「教育する母親」を問題化した人々』三元社
日高幸男編（1985）『現代家庭教育概論　第2版』同文書院
千田有紀（2011）『日本型近代家族』勁草書房
打越さく良（2018）「第2章　家庭教育支援法の何が問題なのか?――24条を踏みにじる国家介入」中里見博・熊川元一・打越さく良・立石直子・笹沼弘志・清末愛砂『右派はなぜ家族に介入したがるのか――憲法24条と9条』大月書店
山本敏子（1992）「明治期における〈家庭教育〉意識の展開」『日本教育史研究』第11号
山本敏子（1993）「五　〈家庭教育〉創出のシナリオ」『近代日本における知の配分と国民統合』第一法規
湯澤直美（2017）「1．子どもの貧困対策の行方と家族主義の克服」松本伊智朗編『「子どもの貧困」を問いなおす――家族・ジェンダーの視点から』法律文化社

第III部

子どもの貧困対策と社会

第10章
指標から見る子どもの貧困
…阿部 彩

はじめに

子どもの相対的貧困率が13・9%であることは、近年、高校生でも知っているようになった。相対的貧困率は、日本において貧困を語る時にもっともよく引用される数値と言っても過言ではないだろう。ほんの10年ほど前まで、国会答弁にて日本の首相が、OECDが公表した日本の相対的貧困率について「根拠が不明」と一言で却下していた▼1ことを考えると、これは驚くべきことである。2009年には厚生労働省が国として初めて公に相対的貧困率を公表し（厚生労働省 2009）、その2年後の2011年には1985年まで遡った数値が公表された（厚生労働省 2011）。これらは広くマスコミにても取り上げられ、相対的貧困率が広く知られるようになったきっかけとなった。

しかしながら、相対的貧困率の意味とその制約を真に理解している人は少ない。データを「唯一の真実」として過剰に信じる人や、「自分の周辺には貧困の人などいない」と却下し自身の経験値だけでものを考える人も多い。その両者ともに、政策を誤った方向に導いてしまう可能性がある。貧困に対する政策は、その対象者である人々に生涯にわたる影響を及ぼし、一歩間違えば、まさに「生命にかかわる」「人生を台無しにする」可能性さえも存在する。また、貧困にどのように対処するのかは、社会のありようそのものを表している。だからこそ、データを正しく理解し、正しく用いることは貧困対策を論じる上で不可欠なのである。

本稿では、このような問題意識から、貧困指標の意義、制約、解釈について、主に、地方自治体の観点から述べる。地方自治体における貧困指標の活用に焦点を置くのは、「子どもの貧困対策の推進に関する法」（2013年）において、地方自治体が貧困の実態把握のために調査を行うことが奨励されているからである。そのため、近年において、自治体レベルで貧困率を測定しようという試みが広がっており（首都大学東京子ども・若者貧困研究センター他 2016）、貧困指標の正しい測定と理解が今こそ必要とされている。本稿がその一助となることを期待する。

1 貧困の測定の意義

そもそも貧困を測ることは必要なのだろうか。実は、この最初の問いにさえも明確な答えはない。貧困を測定することには便益（メリット）もあるものの、不利益（デメリット）もあるからである。そこで、ここではまず貧困測定自体の便益と不利益を紹介することから始める。

（1）政策立案の根拠（エビデンス）としての貧困測定

貧困を測ることの便益は、2つに集約される。政策を行う必要性の根拠（エビデンス）を提供できるということと、よりよい制度設計のための情報収集である。一つ目は、貧困対策の必要性が必ずしも共有されていない今日においては、まず、政策実現の一つ目の関門を抜けるために必要である。どのような政策であっても、その実現のためには財源が必要であり、財源を投入することの意義を説明しなくてはならならず、近年、国・自治体・地域において緊迫財政が続く中、この説明義務はますます大きくなっている。

しかし、ここで貧困の測定値がエビデンスとして機能するためには、その測定値の絶対的評価および相対的評価という二種類の評価基準があることは特記しなくてはならない。

絶対的評価とは、貧困指標のレベル（広がり・深さ）を知ることにより、政策の対象となる人口（子どもも貧困対策の場合は子ども数）の数を評価することである。貧困状況にある子どもが、0・1％なのか、1％なのか10％なのか、50％なのかを知ることによって、初めて、政策ニーズが顕在化することになる。貧困対策の場合、市民や市議会議員などの多くがその必要性を感じていない場合もあり（「うちの自治体には、貧困の子どもはいない」）、そういった場合には、貧困指標のレベルが「0（ゼロ）」でないことを示すだけでも、意義が大きい。そのような政治環境においては、そもそも貧困政策を政策議論の卓上に載せることさえが困難であり、貧困の存在を示すことによって、そのニーズに説得力をもたせることができる。

相対的評価とは、同じ定義・調査方法で測った他国・他の自治体などとの比較によって、自国・自治体の貧困の度合いを相対的に知ることである。この貧困指標の相対的評価は、絶対的評価と同等もしくはそれ以上に政策立案の場面で必要である。何故なら、どのような指標にせよ、どのような国・自治体・地域にせよ、貧困が「まったくない」ことはまずないからである。指標が「ゼロ」でない時、絶対的評価のみでそれを「ゼロ」に近づけようとする政策のエビデンスとして十分である場合もある。たとえば、児童虐待による子どもの死亡数などは、「ゼロ」であることが望ましく、「ゼロ」以上であるという事実だけで、財源をつぎ込んで対策を打つことの必要性が納得されるであろう。これは、貧困の測定値が絶対的評価をするだけで充分に機能する場合である。しかし、多くの指標においては、絶対的評価だけでは政策のエビデンスとならない。何故なら、その値が「高い」のか、「低い」のか、それをさらに「低くする」ことが可能なのか、といった判断をしなくてはならないからである。たとえば、ある自治体において「低所得」（定義は何であれ）の世帯に属する子どもの割合がX％だったとしよう。そのX％をどのように解釈すればよいのかは、日本全国の自治体の平均値と比較したり、隣の自治体と比較したりしなければ見当がつかない。もちろん、X％をゼロ％に下げる必要があるという絶対的評価だけでさらなる財源投入が認められればよいが、他の政策課題の中でこの政策ニーズの説得性をもたせることは難しい。しかし、X％が全自治体の平均値より大きく上回っていれば、これがその自治体においてプライオリティの高い政策ニーズであることが訴えられるであろう。ここで重要なのは、比較可能性が十分に担保されていることである。比較可能性が曖昧なまま数値が歩き出すと、誤った認識、誤った政策が打たれることとなる。この比較可能性については、次節にて詳しく述べる。

（2）制度設計の根拠（エビデンス）

貧困を測定する二つ目の便益は、制度や対策の詳細設計が可能となることである。まず、制度・対策の対象者の規模を概算することができる。たとえば、子ども食堂事業を立案する際には、孤食となっている子どもの割合、夕食時に保護者が不在の子どもの割合などがあれば、おおよその対象者の数を把握することができよう。制度・対策の対象者が、該当年齢人口の0・1％なのか、1％なのか、10％なのかを知ることは、政策のPDCAサイクルの第一歩である。これによって、どれくらいの財源が必要なのか、どれくらいの規模で事業を展開するべきなのかの目途をつけることができる。また、貧困がどのような属性の人々に偏っているのかを見ることにより、対象者の選定方法を検討することができる。たとえば、子ども食堂のニーズがある子どもがひとり親世帯に顕著に多い場合は、児童扶養手当の現況届の手続きの際に募集を行うなどで対象者へリーチアウトできることがわかる。しかし、もし、ニーズのある子どもがひとり親世帯に限らないのであれば、そのような方法でリーチアウトを行うとニーズがある子どもの大半に周知がなされないこととなる。また、別の例では、子ども食堂事業などの事業を1か所のみのモデル事業でしか展開できない場合、その事業を自治体内のどこで行うべきかを決定するために、事業のニーズがどの地域で最も多いかを知ることは重要であろう。貧困の測定を、地区レベルや学校レベルで行えば、そのようなアセスメントが可能となり、より効果的な立地の選定や拡充計画をたてることができる。

（3）貧困測定の危険性と行政の矛盾

一方で、貧困測定には危険性も伴う。貧困であること、貧困地域であることは、貧困問題が社会的課題であるということが広く認識されるようになった今日においても、大きなスティグマを誘発する。たとえば、ある「地域」の貧困率が高いことが明らかになれば、その地域に住みたいと思う人が少なくなり、地価が低下したり、富裕層の流入が少なくなるといった現象が起こる可能性がある。また、ある「学校」にて貧困の子どもの割合が多いことが明らかになれば、その学校に子どもを通わさず、越境通学させたり、私立に進学させたりといった選択をする保護者も出てこよう。また、「貧困率が高い」とされた地域や学校の人々や子どもたちが不快な思いをすることも十分に考えられる▼2。そのため、貧困の測定は、行政からは常にセンシティブな問題として捉えられており、特に、地区・学校といった小単位における貧困率や生活困窮の実態は、公表できないという判断をする自治体が殆どである。

　測定された数値を一般に公表せず、行政の内部資料として作成し、貧困政策を打ち出す際に参照とすることも一案である。しかしながら、近年の行政においては開示請求があった場合は、行政文書を開示しなくてはならないと定められており、これが内部資料としての貧困統計の構築を阻んでいる。情報公開制度は、市民の情報アクセスを保障するためのものであるが、それがあるがために、行政がその情報を測定することをやめてしまうという皮肉な状況が生み出されているのである。行政への情報公開請求は、地方自治体の議会においての野党議員やメディアが記事にするために用いる手法として浸透してきており、筆者がかかわった中においても、その可能性があるがために、そもそも、地域などの情報をまったく調査に含めないといった選択肢をとる自治体も多かった。典型例が、地域変数であり、調査票のどこにも回答者がどの地域に住んでいるのかがわかる情報を含めないことにより、地域別の集計をあえて不可能にする例である。また、親の国籍なども、しばしば調査票から削除されてしまう項目の一つである。削除することにより、その地域や属性の人々にスティグマが付与されることは防げるものの、地域や属性ごとの生活困難の特性やどの地域・人々に貧困が集中しているのかなどの貴重な情報が得られなくなってしまうのである。行政の透明性は重要であるものの、よりよい政策作りのための貧困測定と両立させる解決法が望まれる。

2　貧困統計の解釈

前節では、国や自治体において貧困を測定することの便益と不利益について述べた。本節では、貧困を測定した後に、それを解釈する際にしばしば起こる問題について述べる。

（1）インディケーターとしての貧困率

まず理解しなくてはならないのは、相対的貧困率や本稿にても紹介する剝奪指標を用いた剝奪率についても、「低い生活水準」を予測するための一つのインディケーターに過ぎず、貧困そのものではないということである。貧困は複合的かつ段階的な事象であり、一つのデータで表しきれるものではない。しかし、「低所得」や「剥奪」は「貧困」を予測するためには優れたインディケーターと成り得る。例えていえば、我々は、自分や子どもが健康かどうかを測る一つのインディケーターとして体温を用いる。もちろん、体温が37度以下であれば必然に「健康」であるわけでもないし、子どもなどでは37度以上であっても元気であることも多い。しかしながら、高熱であることは、かなりの確率で病気であることを「予測」することができ、体温が37度を超えていれば何らかの病気である確率が高くなる。だからこそ、「体温」という指標を37度という「基準」に照らし合わせて使っているのである。しかし、「不健康＝高熱」ではないことは、誰もが理解しているであろう。

しかしながら、相対的貧困率という指標が社会に「浸透」し、その数値や測定方法がインターネットで簡単に検索することが可能になってきたことにより、貧困の定義が「低所得」、具体的には厚生労働省「国民生活基礎調査」で用いられた基準の122万円以下であるとした報道などが多くなってしまった。貧困の定義は、低所得ではない。貧困のインディケーターとして「所得」が機能するということである。これは、のちに説明する物質的剥奪率であっても同じであり、ある「モノ」をもっていないということが、生活水準全体の低さを表すインディケーターとなるのである。

(2) 貧困の連続性

前節では、所得であっても、剥奪であっても、生活水準のインディケーターに過ぎないということを強調した。そこから派生するもう一つの意味は、所得が低いことや、剥奪度が高いことは、低い生活水準である「確率」が高いというだけであるということである。所得が低くても、生活水準が高い人も存在する。また、物質的剝奪度が高くても、剝奪の測定で用いられなかったほかの物品をたくさん持っている場合もある。ただ、確率的にそのようなことは少ない。所得や剝奪は、低い生活水準のリスク（確率）を表しているのである。

また、同様に誤解されやすいのが、貧困線、剝奪線の意味である。貧困率や剝奪率を測ろうとする時には、どこかで「線」を引き、それ以下を「貧困」「剝奪」と定義しなくてはならない。その線引きは、最も学術的にも統計的にも意味があるように細心の注意がなされているものの、線の「上」と「下」で何か決定的な違いがあるわけではない。そもそも、所得や剝奪は段階的に推移する「許されない生活水準」のリスクを表しているのだから、「貧困線」「剝奪線」の少し上の層ではこのリスクが0％であり、下であると100％というようなものではない。「線」の少し上の人々もそこそこのリスクがあり、この層には支援が届きにくい現状もある（「線」の下であっても支援が十分届いているとは言えないが）。貧困研究においては、かねてよりこの層を、「ボーダーライン層」「周辺層」と名付けて着目してきた（岩田 2007）。貧困率が比較的に低くても、「ボーダーライン層」が大きい可能性はあり、政策に貧困統計を用いる際には、貧困率の高低のみではなく、生活困難のリスクの分布全体を見渡すことが望ましい。

3　貧困指標の比較の罠

（1）比較可能性の難しさ

多くの人々は、何らかの調査をすれば貧困の「正しい」数値が測定できると考えている。しかし、多くの社会調査に関わった経験から言えるのは、調査にはサンプルのバイアス（偏り）や誤差がつきものであり、調査からおおまかな傾向はわかるものの、その数値の精密さ（または粗雑さ）、意味するもの、解釈の限界などは調査の設計や手法によって千差万別であることである。たとえば、あるX市における「貧困率」が30％、Y市における「貧困率」が40％と計測された時に、この二つの市の貧困の度合いに差があるかどうかは、この情報のみではまったくわからない。一つの例を挙げよう。A自治体においては、独自の子どもの貧困調査を郵送調査で行い、「国の貧困線（平成25年国民生活基礎調査）を下回る水準で生活する子どもの割合」が7・7％と発表した。参照された国の調査による国の子どもの貧困率は16・3％であるため、この二つの数値を想定すれば誰もが、A自治体の子どもの貧困の状況は国平均に比べて低いと捉えたであろう。しかし、A自治体の調査で用いられた貧困率の推計は、以下のような調査票で行ったものであった：

あなたの世帯の昨年1年間（平成26年1月1日～12月31日の期間）の可処分所得（いわゆる手取り収入）がおおよそどのくらいかお教えください。

しかし、「国民生活基礎調査」は、世帯内のすべての世帯員の勤労所得のみならず、公的年金や児童手当、児童扶養手当、生活保護給付額を聞き取りし、また、そこから、社会保険料、所得税、地方税などを差し引いた金額を、当人の源泉徴収票などから転記させる方式をとっており、所得の捕捉方法がA自治体の調査票に比べて比較にならないほど詳細なのである。A自治体のようなざっくりとした聞き方であると、同居の祖父母の公的年金や、子どものアルバイトなどの所得、また、ボーナスなどは年頭に置かれていないであろうし、公的給付（児童手当など）もおそらく含まれていないであろう。ましてや、自分の世帯の所得税や地方税、社会保険料を正確に答えられる人は少ない。同じ「世帯所得」というデータであっても、その聞き方がこれほど違うものを比較することには無理がある。しかし、いったん「相対的貧困率」として世に出れば、このような比較可能性にまで遡ることなく、数値の比較が歩き出してしまう可能性が高い。だからこそ、比較できないものであるのに、似たような言葉で語られる数値を世に出すことは、自治体であっても研究者であっても自粛しなくてはいけないのである。

（2）比較の罠

もう一つの比較の難しさは、たとえ、比較可能性があるデータが入手できたとしても、その上で、「比較をして何を得るのか」という点にある。A自治体とB自治体、A国とB国を比べるといった比較はしばしば政策議論の卓上で用いられる手法である。また、都道府県や自治体のランキングといった順位付けも、自治体としては非常に気になる数値である。第1節（1）で述べたように、貧困対策の必要性はしばしば絶対的評価のみでは認識されにくく、相対的評価（「A自治体の状況は、B自治体に比べて悪い」「C自治体は

○○自治体中、下から○番目であった」）がないと政策のニーズがあると納得されない。これを逆に言うと、比較した結果として、A自治体の状況が、B自治体の状況よりも良かった場合、また、ランキングにてA自治体が比較的に上位の順位であった場合、政策の必要性はむしろ低いと評価されてしまうのである。これは「比較の罠」と呼ぶことができよう。

「比較の罠」は、非常にやっかいである。A自治体の貧困率が10％と判明した時は、皆が貧困対策が必要と感じるのに、それが、B自治体の貧困率が12％であるというデータが判明したとたんに、対策の必要性が下がったように感じてしまうのである。A自治体の10人に1人が貧困であるという事実は全く変わりがないのに、である。

貧困測定を行う際には、その数値がどのように比較に用いられ、比較可能性が担保されるか、担保されたとしてもどこの自治体と、どのような目的で比較をするのかを明確に意識する必要がある。

4　貧困指標

このように貧困の測定とその活用には、様々な「但し書き」が付きまとう。様々な統計の中でも、貧困率は特に政治批判の材料とされやすいこともあり、その測定と活用にはこれらの但し書きについての正しい理解が必要である。本節では、これらの理解の基に、実際に行政に使われている三つの貧困指標の概念と推計方法を紹介する。一つ目は、貧困指標として最も普及している所得データを用いた相対的貧困率

（ＯＥＣＤ方式）、二つ目は、相対的貧困率を補完する方法としてＥＵ諸国で取り入れられている（物質的）剝奪指標（ＥＵ方式）、三つ目が、この二つの組み合わせの応用を日本の子どもに適用した生活困難度指標（首都大方式）である。

（１）相対的貧困率（ＯＥＣＤ）

所得データを用いて算出される相対的貧困率（relative poverty rate）が普及した大きな理由は、ＯＥＣＤが開発し（主に）先進諸国の数値をデータベース化して公表していることがあろう（山田 2018）。ＯＥＣＤのデータベースは、先進諸国内の日本の貧困率の相対的評価を可能とし、日本の貧困対策の推進に一役買った。よく知られるように、この指標は、世帯所得のデータを用いて、等価世帯所得の中央値の50％を貧困線とし、それを下回る等価世帯所得の世帯を相対的貧困と定義する方法である。所得は、それ自体が生活水準ではなく、生活水準を保つための一つの資源（リソース）にしか過ぎない。人々の生活水準は、所得以外のものも含めた総資源とニーズのバランスのもとに決定されるので、所得の情報のみからは生活水準は決定できない。しかしながら、現代社会において所得は家計の中で最も大きな資源であり、所得が生活水準を予測するために優れたインディケーターであることは変わりない。また、所得データは、現代社会における個人の相対的位置を示すインディケーターでもある。ＯＥＣＤは、所得データに注目する理由として「消費ではなく所得を生活水準の指標とすることは、個人や世帯が社会のメインストリームに参加する能力（capacity）に焦点をあてることとなる」（Förster & Mira D'ercole 2012: 29、和訳筆者）としている。すなわち、所得が意味するのは、その購買力のみならず、所得を得ることができるという社会的ステータスでもある。もちろん、宝くじに当たったなど一時的に所得が高い場合も稀にあるが、通常は、世帯所得が高いということは、社会経済階層から見ても高い層に属し、貧困に伴う様々な諸問題（たとえば、失業していることに伴う社会保険からの脱落など）からも遠い位置にあると考えられる。

相対的貧困率の推計においては、社会全体の標準から一定の距離以上離れている所得しか得られない状況を「相対的貧困」と定義する。この方法は、「経済的距離アプローチ（economic distance approach）」と呼ばれる（Förster & Mira D'ercole 2012）。ＯＥＣＤでは、この「一定の距離」を、社会全体の中央値の50％と定義しているが、ＥＵでは60％と定義されている。実は、この50％については明確な閾値であることが学術的に証明されたわけではない（山田 2018)）。先に述べたように、貧困のインディケーターは低い生活水準である確率が段階的に変化していくさまを把握しているので、ある「閾値」を過ぎると貧困であるというような性格のものではない。そのため、貧困「線」も実は「線」ではなく「帯」であり、一つの目安と考えることができよう。それでも、相対的貧困率が意味をもつのは、この目安が社会的に対処しなければいけない所得分布の底辺を表す数値として合意が得られているということと、国や地域間、時系列での比較可能性が担保されていることである。

（2）物質的剝奪指標（EU）

二つ目の指標は、Townsend（1979）が開発し、現在はヨーロッパを中心に相対的貧困率に並ぶ一般的な貧困指標となっている剝奪指標（deprivation index）である。剝奪指標は、その社会において人々が標準的に享受している「モノ」や「サービス」、友人との交流、家族旅行などのライフスタイルを具体的にリストアップし、その中で享受できない項目の数を合算して指標化する手法である。物質的剝奪指標（material deprivation index）と呼ばれることもあり、「モノ」の有無だけを扱っているように受け取られる

表１　EUにおける剥奪指標に用いられる項目

以下の９項目のうち３項目が該当する場合に「物質的剥奪」と定義

1.	家賃・住宅ローン・公共料金の未納
2.	住宅を充分に温めることができない
3.	突然の出費に対応できない
4.	肉または他のタンパク質を定期的に摂取できない
5.	休暇に行くことができない
6.	テレビをもてない
7.	洗濯機をもてない
8.	自家用車をもてない
9.	電話をもてない

出所：Eurostat（2018）.

こともあるが、タウンゼントが開発したオリジナルの剥奪指標においても、友人との交流やサービスなども含まれており、決して物質主義的な「モノ」の多寡を見ているわけではない。一つの例として、EUで用いられている剥奪指標のリストを表１に挙げる。

剥奪指標が、貧困指標として機能する理由は、社会においてすべての人が「もっている」「享受できる」べきであるモノ・サービス・ライフスタイル等についてある程度の社会的合意が存在するからである（Gordon & Pantazis 1997）。この社会的に合意された「すべての人がもっているべきもの」を「社会的必需品」と呼ぶ（後藤他 2004）。この社会的必需品のリストが、剥奪指標の測定の際に用いられる項目のリストとなる。そのため、本手法では、社会的必需品のリストを作成するために、剥奪指標を測定する前には事前調査として一般市民を対象とする「この社会において何が必要か」を問う意識調査を行うことが通常である。たとえば、表１に挙げたEUの剥奪項目について日本の一般市民に「すべての人に必要か」と問いた場合、「自動車」「休暇」などは「社会的必需品」として合意が得られないであろう。すなわち、剥奪指標が貧困指標として機能するためには、指標に使われる項目が、金銭的困窮などの理由で強制されない限り、それをもたない（享受しない）ということが、少な

表2　EU における子どもの剥奪指標に用いられる項目

1.	子ども：新しい洋服がない
2.	子ども：2 足の靴がない
3.	子ども：毎日果物と野菜を食べることができない
4.	子ども：肉、鶏肉、魚（かベジタリアン食）を毎日食べることができない
5.	子ども：年齢に合った本がない
6.	子ども：屋外のレジャー用具がない
7.	子ども：屋内のゲームがない
8.	子ども：宿題をやる場所がない
9.	子ども：レジャー活動ができない
10.	子ども：お祝いができない
11.	子ども：友だちを家に呼ぶことができない
12.	子ども：学校の学外活動に参加できない
13.	子ども：休暇に行くことができない
14.	世帯：古い家具の取り換えができない
15.	世帯：債務の滞納
16.	世帯：コンピューター&インターネット
17.	世帯：住宅を充分に温めることができない
18.	世帯：自家用車がない

出所：Eurostat (2012).

くともその社会においてはないという前提が成り立つことが必要なのである（阿部 2006)。それを強固にするために、剥奪指標を測定する調査においては、本人の選好によって項目をもっていない場合は、それを剥奪とカウントしないように設計する（Mack & Lansley 1985)。

剥奪指標を用いることの利点は、他の文献（阿部 2006; 2014など）にもされているので詳しい説明はここでは避けるが、ここでは特に子どもの貧困を測定する際に剥奪指標をもちいることの利点と欠点を述べておきたい。まず、相対的貧困率は世帯内のすべての構成員が同じ生活水準であると仮定しているが、この仮定が必ずしも正しくないことは多くの文献が示すところである（丸山 2017)。子どもに関して言えば、親の生活水準と子どもの生活水準が異なることは容易に想像できる（阿部 2017)。剥奪指標は、世帯内の個人ごとに計測することが可能であるため、この問題は生じない。また、剥奪指標は世帯全体の家計状況のみならず、子どもの生活に着目できる点で優っている。たとえば、EUにおいて子どもの剥奪項目として妥当と判断されたのは表2に示す項目であった。このうち最後の5項目は世帯全体に係わる項目であるが、最初の13項目は子ども自身の生活に係わるものである。

一方で、欠点もある。子どもにおいては、手に入ることが不可能なものについてはそれを欲すること自体をやめてしまうという適応的選好形成（adaptive preference）の傾向があることがわかっている（Abe 2018）。剥奪指標においては、自分の選好によってモノが欠如している場合は剥奪としないので、回答者本人がそれは「いらない」と回答した場合は、剥奪とカウントされず、剥奪度が過少推計されてしまう可能性がある。

しかし、このような欠点があっても、剥奪指標は往々にして所得データのみを用いた相対的貧困率よりも貧困指標としてのパフォーマンスがよいことが知られている。欧州所得・生活状況調査を用いた推計によると、EUのどの国のデータを用いても、剥奪指標を用いた貧困指標は、相対的貧困率を用いた指標よりも、人々の経済的ストレスを予測するのに優れていることが報告されている（Whelan et al. 2001）。

（3）生活困難度（首都大学東京）

最後に紹介するのが、首都大学東京子ども・若者貧困研究センターが東京都の委託を受けて行った東京都「子供の生活実態調査」（2018）（以下、東京都調査）にて採用された「生活困難度」である。「生活困難度」指標の詳細および統計的妥当性の検討は、阿部（2018）を参照されたい。ここでは、その理念と集計方法について説明する。

「生活困難度」は、相対的貧困率と剥奪指標を組み合わせた貧困指標であり、ＥＵの公的貧困指標として採択されている「At-risk-of-poverty and social exclusion index」の流れを汲んでいる。ＥＵ指標は、所得データによる低所得（相対的貧困）、剥奪、世帯内の就労率の三つの指標の組み合わせであるが、本指標は、「家計の逼迫」「子供の所有物・体験の欠如」「低所得」の三つの組み合わせを採用している。

「家計の逼迫」は、子どもの生活する世帯の中における金銭的なゆとりのなさの状況を表す。具体的には、過去1年間に、金銭的な理由で電話、電気、ガス、水道、家賃が払えなかった経験、家族が必要な食料が買えなかった経験、家族が必要な衣服が買えなかった経験の7項目のうち1つ以上があると保護者が答えた場合に該当すると定義している。この軸は、食費の不足や電気、ガス、電話などの公共サービスの停止といった子どもの生活環境に対する直接的な影響をみるという意図もあるものの、同時に、金銭的なストレスが家族間の不仲や家庭内暴力に繋がるといった危険性も誘発する影響も考慮している。明日の家賃の支払いをどうするのか心配している中で、心を穏やかに子どもの相手をすることができないといったようなことは容易に想像できるであろう。また、夕食の買い物や子どもを医療機関に連れていくといった際に、常に、財布の中身を気にしなければいけない状況は、少なからず、親の精神状況にも悪影響を及ぼすであろう。このような家庭内の金銭的ストレス全般を表す指標が本軸である。

「子供の所有物・体験の欠如」は、子ども自身の生活の質を測るものである。まわりの子どもたちが通常もっている所有物や子ども期に一般的に経験する体験などがもてない状況である。東京都調査では、「海水浴」に行く、毎月おこづかいを渡す、家族旅行に行く、子ども用のスポーツ用品を買うなど15項目のうち3項目以上が「金銭的な理由で」できないと保護者が答えた場合を、「子どもの所有物・体験の欠如」と定義している。これらの欠如は、少なからず子どもの生活や心理状況に影響を与えていると考えられる。たとえば、キリスト教徒でなくても、現代日本においては、子どもにクリスマス・プレゼントを与えることが広く普及している。12月に町に出ればいたるところでサンタのイラストがあふれ、子どもは「クリスマスはプレゼントをもらえる楽しい行事」という認識を植え付けられて育つ。子ども同士においても、クリスマス・イブの翌日には何をもらったかという会話がなされるであろう。このような中で、現在、金銭的に少しでもゆとりがある親はほぼ100%クリスマス・プレゼントを子どもに与えている。これができないということは家庭の中の子どもに割く資源（リソース）が欠如していることを表すと考えられる。重要なのは、クリスマス・プレゼントがないこと自体による悪影響を測ろうとしているのではなく、クリスマス・プレゼントをあげることができないという家庭内の状況を把握しようとしているということである。すなわち、ここでもクリスマス・プレゼントは一種の子どもの生活のメルクマールであるということである。

「低所得」は、金銭的リソースの不足を示す。すでに述べたように、所得は生活水準を推測するために有効であるが、生活水準そのものではない。また、その正確な把握が難しい。しかしながら、現在の生活水準がそこそこに保たれていても、金銭的リソースが不足すれば、将来の見通しが立たないといった影響もあると考えられ、また、その状況が継続することによって生活水準が下がる、ストレスが高まるといった他の軸に影響することも考えられる。東京都調査では、厚生労働省「国民生活基礎調査」にて算出された日本全体の等価世帯所得の中央値の50%を基準として、それ以下の世帯所得の世帯に属する子どもを「低所得」と定義している。

この三つの軸は、どれも「貧困」と関連があり、お互いとも関連がある。しかしながら、三つの軸は完全に一致するわけではない、むしろ一致しない部分の方が多い（Bradshaw & Finch 2003; Nolan & Whelan

◆生活困難層（困窮層・周辺層）、一般層

生活困難層	困窮層＋周辺層
困窮層	2つ以上の要素に該当
周辺層	いずれか1つの要素に該当
一般層	いずれの要素にも該当しない

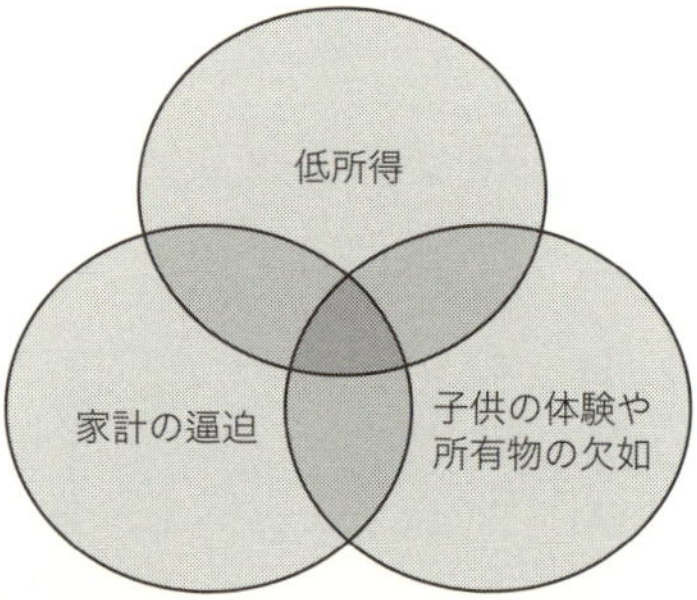

図１　生活困難度の定義

出所：東京都（2018）「子供の生活実態調査　報告書」。

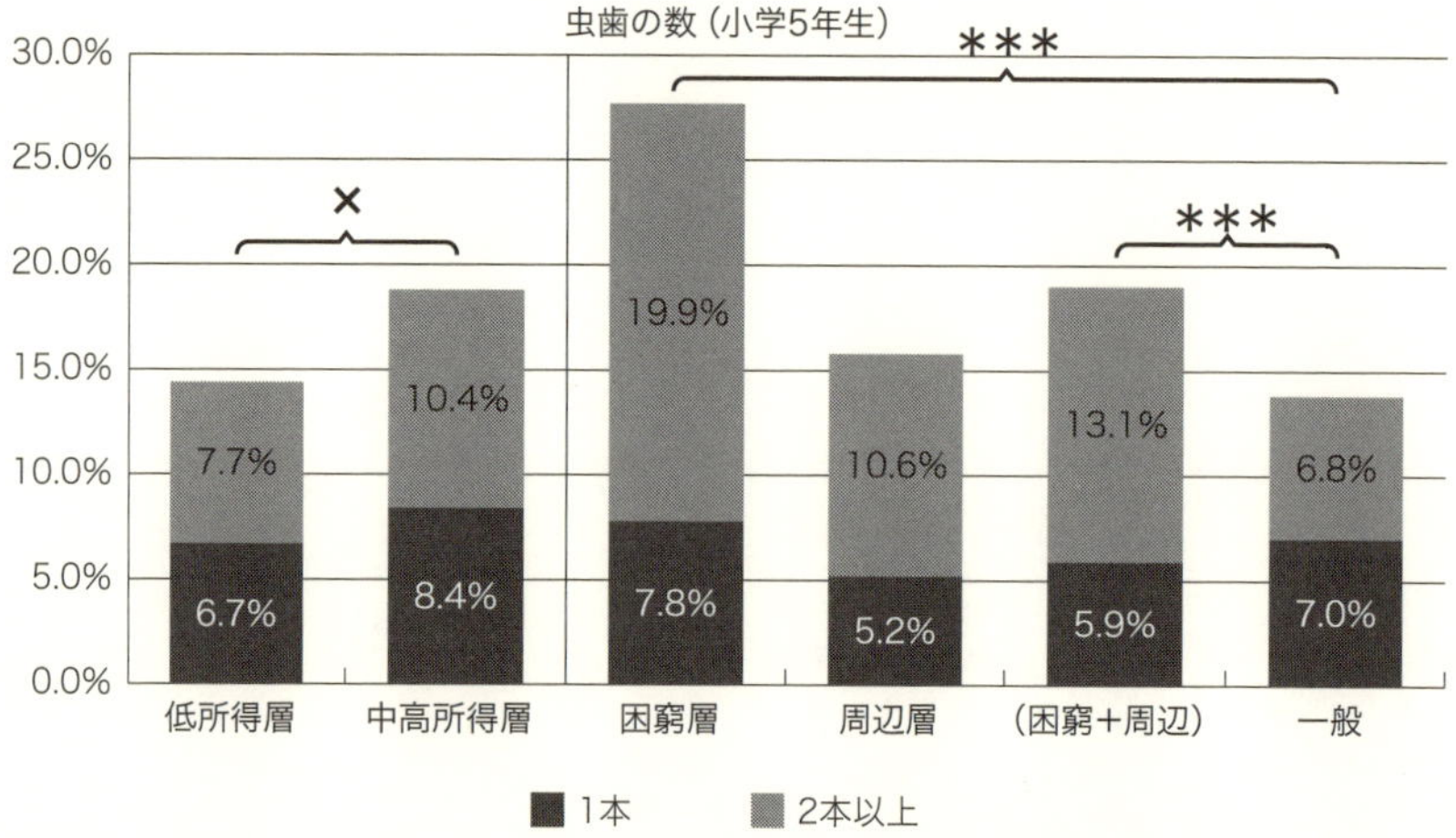

図２　子どもの虫歯の数（１本以上）：所得階層別、生活困難層別（小学５年生）

注：カイ二重分析により、＊＊＊1%水準で有意差あり　×なし
出所：　阿部（2018）、図3-1。

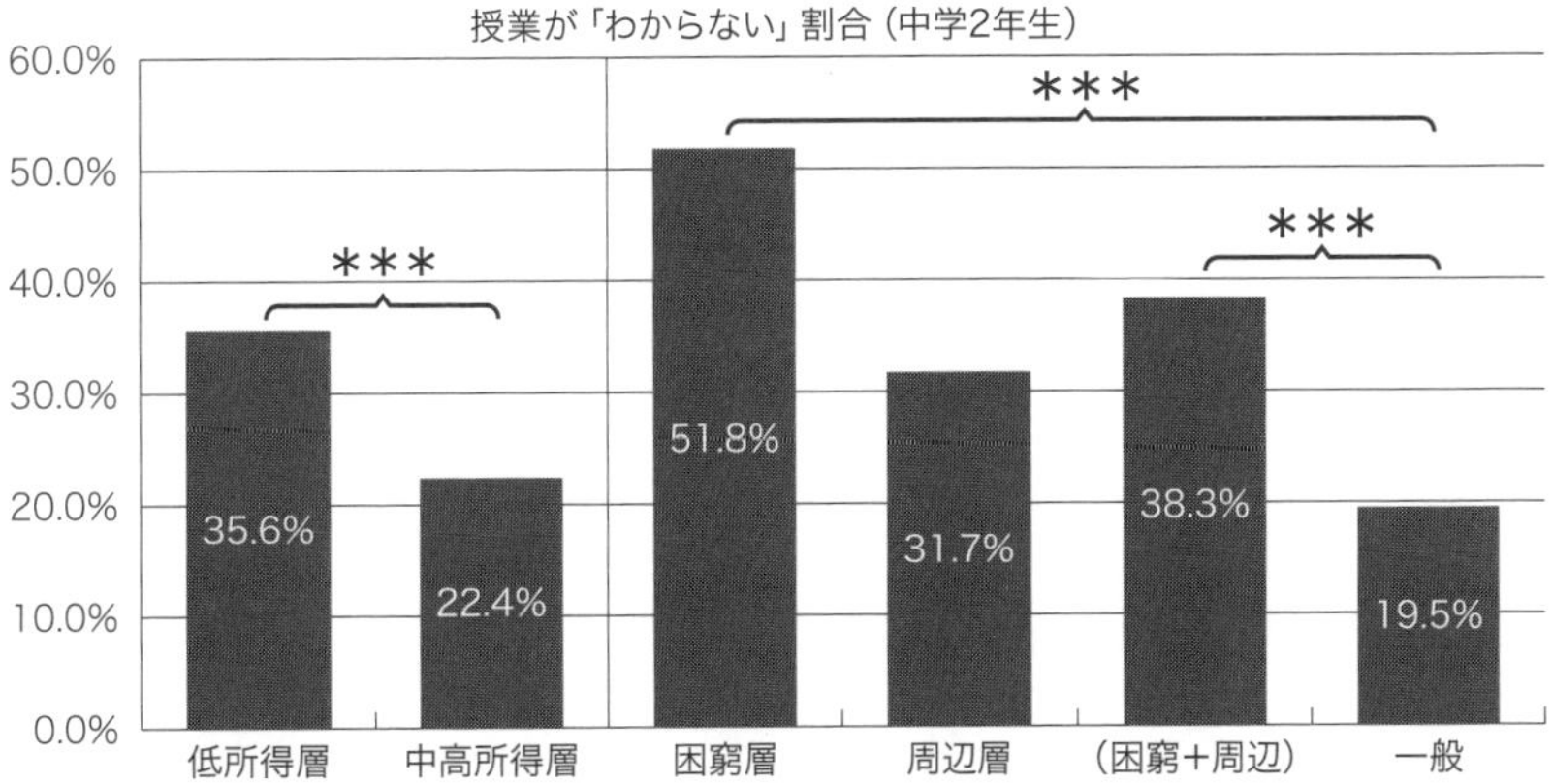

図3　授業がわからない子どもの割合：所得階層別、生活困難層別（中学２年生）

注：カイ二重分析により、＊＊＊1%水準で有意差あり　×なし
出所：　阿部（2018）、図4-2。

2012）▼3。これは、剥奪指標と低所得のどちらかが「正しく」、どちらかが「正しくない」ということではなく、それぞれの手法の特徴による結果である。本指標では、EUの「組み合わせ」手法を取り入れ、該当する軸の数が多いほど、生活困難度が高いと判断し、3軸のうち2軸以上該当する場合を「困窮層」、1軸該当する場合を「周辺層」、一つも該当しない場合を「一般層」と名付けた（図1）。

東京都調査の対象である都下4自治体の小学5年生、中学2年生、16～17歳の調査においては、困窮層がそれぞれ5・7%、7・1%、6・9%、周辺層が14・9%、14・5%、17・1%、一般層が79・5%、78・4%、76・0%となっており、概ね、6～7%の子どもが困窮層、14～17%の子どもが周辺層と判断され、合わせて、約2割が生活困難層となった。一般層、すなわち、3軸のどれにも該当しない子どもは約8割であった。重要なのは、この生活困難度指標は、所得のみで判断した指標（＝低所得）よりも、学力▼4や虫歯の本数▼5など、貧困と関係あることがわかっている子どものアウトカムに対して高い説明力があることである（阿部 2018）。図2、図3からも明らかなように、低所得か中高所得かという指標で見ると、統計的に有意な差が見られない場合であっても、生活困難層（困窮層・周辺層）か一般層かという指標で見ると、はっきりと差が確認できる。すなわち、生活困難度の方が、低所得よりも貧困指標としてのパフォーマンスがよいことがわかる。

5 貧困測定から貧困政策へ

日本においても、貧困対策が本格的に始動し始めたこともあり、貧困指標に対する期待も高まってきている。現時点においては、国レベルにおいて相対的貧困率が公表されているだけであるが、今後は、ＥＵが取り入れたような剥奪指標や、子どもの剥奪指標が国レベルおよび地方自治体レベルにおいて公的統計として取り入れられることであろう。しかし、これら統計の意味や比較や解釈の際の制約や条件に関する正しい知識がないままに統計データが散乱することはむしろ貧困対策の推進にネガティブな影響を与えることとなりかねない。重要なのは、指標やデータのみに頼るのではなく、現場を歩いて現状を肌で感じることであり、その上で、様々な制約の中においても、貧困の真の姿に少しでも近づく指標を構築していくことであろう。

注

1 共産党の志位和夫議員からの野党からの質問にてOECD対日審査報告にて日本の子供の貧困率が高まっていると指摘されたことに対してどう答えるかとの質問にて、当時の内閣総理大臣（安倍晋三氏）は「引用された数値やデータに根拠が不明なものもあって、その妥当性については精査が必要ではないか」と答弁している（第百六十六回国会衆議院予算委員会議録第7号、平成19年2月13日、p.30）。

2 実際に、筆者も、貧困の測定で全国的にも注目されたある地域の行政職員が、市民から「うちの○を「貧困」って言うな」というお叱りを受けたというエピソードを伺ったことがある。

3 東京都調査においても、これらの3軸すべてに該当した子どもの割合は、小学5年生で1・1％、中学2年生で1・7％、16〜17歳では1・3％に過ぎなかった（阿部 2018）。

4 耳塚・浜野ほか（2016）

5 相田・近藤（2007）

引用・参考文献

阿部彩（2006）「相対的剥奪の実態と分析：日本のマイクロデータを用いた実証研究」社会政策学会編『社会政策における福祉と就労（社会政策学会誌第16号）』法律文化社（2006.9.30）、251〜275頁

阿部彩（2014）「非金銭的データによる貧困の実態把握と国際比較」西村周三・京極高宣・金子能宏編著『社会保障の国際比較研究――視点と枠組み』ミネルヴァ書房、233〜251頁

阿部彩（2017）「「女性の貧困と子どもの貧困」再考」松本伊智朗編『「子どもの貧困」を問いなおす――家族・ジェンダーの視点から』法律文化社、57〜75頁

阿部彩（2018）「日本版子どもの剥奪指標の開発」首都大学東京子ども・若者貧困研究センター　ワーキングペーパー No.1'、首都大学東京子ども・若者貧困研究センター

Abe, Aya (2018) "Developing Child Deprivation Index for Japan taking into account of adaptive preferences," *Journal of Child Indicators Research.* https://doi.org/10.1007/s12187-018-9553-4（閲覧日2018/8/8）

相田潤・近藤克則（2007）「歯科疾患における健康格差とその対策」『保健師ジャーナル』63（11）、1038～1043頁

Bradshaw, Jonathan & Naomi Finch（2003）“Overlaps in Dimensions of Poverty,” *Journal of Social Policy* 32（4）: 513-525.

Eurostat（2018）Glossary: Material deprivation.
http://ec.europa.eu/eurostat/statistics-explained/index.php?title=Glossary:Material_deprivation（閲覧日 2018/8/8）

Eurostat（2012）*Measuring material deprivation in the EU: Indictaors for the whole population and child-specific indicators,* EUROSTAT.

Förster, Michael& Mira D’ercole, Marco（2012）“OECD Approach to Measuring Income Ditribution and Poverty,” in Besharov, Douglas J. & Couch, Kenneth A.（eds.）（2012）*Counting the Poor: New Thinking about European Poverty Measures and Lessons for the United States,* Oxford University Press: 27-58.

Gordon, David& Christina Pantazis（1997）*Breadline Britain in the 1990s,* Ashgate Publishing.

後藤玲子・埋橋孝文・菊池馨実・橘木俊詔・八田達夫・勝又幸子・阿部彩（2004）「現代日本社会において何が〈必要〉か？―『福祉に関する国民意識調査』の分析と考察―」『季刊社会保障研究』第39巻第4号、2004.3.25、389～402頁

岩田正美（2007）『現代の貧困――ワーキングプア／ホームレス／生活保護』筑摩書房

厚生労働省（2009）「相対的貧困率の公表について」http://www.mhlw.go.jp/　報道発表資料2009/10/20. https://www.mhlw.go.jp/houdou/2009/10/h1020-3.html（閲覧日 2018/12/15）

厚生労働省（2011）「平成25年国民生活基礎調査の概況」
https://www.mhlw.go.jp/toukei/saikin/hw/k-tyosa/k-tyosa13/（閲覧日 2018/12/15）

Mack, J. & Lansley, S.（1985）*Poor Britain,* Allen & Unwin.

丸山里美（2017）「貧困把握の単位としての世帯・個人とジェンダー」松本伊智朗編『「子どもの貧困」を問いなおす――家族・ジェンダーの視点から』法律文化社、120～133頁

耳塚寛明・浜野隆ほか（2016）『平成25年度　全国学力・学習状況調査（きめ細かい調査）の結果を活用した学力に影響を与える要因分析に関する調査研究』お茶の水女子大学

首都大学東京子ども・若者貧困研究センター・公益財団法人あすのば・日本大学（2016）『都道府県の子どもの貧困対策事業調査２０１６』

https://www.tmu-beyond.tokyo/child-and-adolescent-poverty/都道府県の子どもの貧困対策事業調査2016.html（閲覧日 2018/8/8）
東京都（2016）『東京都　子供の生活実態調査　最終報告書』東京都保健福祉局
Townsend, Peter（1979）*Poverty in the United Kingdom*, Penguin Books.
Whelan, Christopher T., Richard Layte, and Bertrand Maître, and Brian Nolan. 2001. "Income, Deprivation and Economic Strain: An Analysis of the European Community Household Panel." *European Sociological Review* 17: 357-372.
山田篤裕（2018）「貧困基準」駒村康平編著『福祉＋α　貧困』ミネルヴァ書房、24〜39頁

第11章

子どもの貧困をめぐる報道と社会意識

…中塚久美子

子どもの貧困に関する取材を始めて10年が経つ。当初は「子どもの貧困」とは何なのか、日本での話なのか、一体親は何をしているのか、などその存在と言葉に対する懐疑的な質問に対処することが、記事を載せる前も記事の中でも、まず求められることだった。それが10年で変化したかと問われれば、子どもの貧困に関する報道量は爆発的に増え、理解は広がったといえる。それ自体は社会で問題意識を共有し、解決への道筋をつくるうえで欠かせないことだ。

この間子どもの貧困対策の現場と経緯をみてきた記者として、社会が貧困をどうとらえているかという点は常に意識してきた。貧困報道とニュースの受け手とのギャップ、バッシング、期待、反動など、振れ幅が広い。それらを直視してこそ、子どもの貧困を生み出す構造的問題と今後の課題が見えてくる。

この章では、報道を通してこの10年、何が起き、何が伝わり、何が変わったのかをみていく。具体的には報道の実際、子どもの貧困対策として始まったこと、ニュースの受け手の意識の変化、政策などをあげる。

1　子どもの貧困報道

(1) 子どもの貧困報道の序幕

大きなきっかけになったのは、2008年3月に出版された浅井春夫・松本伊智朗・湯澤直美編『子どもの貧困――子ども時代のしあわせ平等のために』(明石書店)。当事者ではなく支援者や現場経験のある研究者らからの「告発」本だ。執筆者の多くは本シリーズの執筆者と重なっている。

それ以前の「子どもの貧困」は、「よそ様の話」だった。朝日新聞のデータベース（DB）で「子どもの貧困」を検索すると、報道で本格的に登場してくるのは2008年からだ。それ以前の85年以降で朝日新聞DB中、「子どもの貧困」が初登場するのは、1999年8月5日。ニューヨーク支局発、「カナダの首相が子どもの貧困問題をさらに重点的に取り組む」ために内閣改造を発表したというものだった。次は2005年3月5日。米クリントン大統領が朝日新聞の招きで来日し、読者向け講演の中で自らの功績として「子どもの貧困は大幅に減った。ブッシュ時代になり子どもの貧困は悪化している」と述べた、という内容だ。

その次は06年9月15日の週刊朝日。経済協力開発機構（OECD）経済局長のジョーンズ日本担当所長が「日本は子どもの貧困率が高く、格差が固定する」と警告しているとの報道だ。ここで初めて、よそ様から日本の子どもの貧困問題が指摘される。国内で最初に指摘したのが先の書籍であり、その書評が08年5月25日、時評が同28日に載った。

（2）国内メディアによる国内の子どもの貧困報道

2008年5月、週刊東洋経済が「子ども格差」という特集を組んだ。出産から育児、教育まで、子どもを巡る格差の実態を幅広く追った内容で、経済誌が取りあげたことが研究者などから注目され、子どもの貧困報道の始まりを予感させた。また同月、子どもの貧困を前面に打ち出してないものの、毎日新聞が「無保険の子」キャンペーンを展開した。国民健康保険の保険料を滞納すると、保険給付を止められ、保険証代わりに被保険者資格証明書が発行される。ただし、医療費はいったん全額負担になる。同記事は親が保険料を支払わず、保険証を取り上げられた「無保険」状態の子どもたちの存在をクローズアップ。いったん全額負担となれば、受診抑制が起きる。何の責任もない子どもの適切な医療へのアクセス権を奪われている実態を暴いた。のちに法改正へとつながった。

6月には、朝日新聞大阪本社版で「消えた安全網　シングルマザーはいま」が連載された。グローバル化が進み、規制緩和が叫ばれる中、当たり前にあると思われた社会のセーフティネットが破れている。その渦中の象徴的存在として母子世帯の現状を報告した。続けて8月には、「消えた安全網　子どもの貧困」シリーズが始まった。これから未来を切り開き、社会に参加しようという子どもの権利は、経済力と関係なく平等に保障されなければならないはずだという問題意識から、これまで「家族の保護」という名のもとで表に出ることの少なかった実情を「子どもの貧困」という名前をつけて描いた。医療、保育、学童、学校という日常の場所から子どもたちが排除されている様子を、当事者親子や医療関係者、教職員、保育園長、生活保護のケースワーカー、研究者などの声から拾った。

（3）当事者・支援者・研究者の連帯

この直後から、書籍が次々と出版されるようになる。主なものでは、山野良一の『子どもの最貧国・日本――学力・心身・社会におよぶ諸影響』（08年、光文社新書）、阿部彩の『子どもの貧困――日本の不公平を考える』（同、岩波新書）、元高校教員の青砥恭による『ドキュメント高校中退――いま、貧困がうまれる場所』（09年、ちくま新書）、研究者から現場支援者まで100人以上の執筆者がそれぞれの持ち場の現状と課題をまとめた『子どもの貧困白書』（09年、子どもの貧困白書編集委員会編、明石書店）などがある。

09年12月には、親を亡くした子どもを支援する民間団体「あしなが育英会」の大学生や高校生らが中心になって、子どもの貧困対策法の制定を求め始める。

また、10年5月には、福祉、教育関係者や『子どもの貧困白書』の編集者や執筆者らが中心となって

「なくそう！ 子どもの貧困全国ネットワーク」が設立された。貧困が親から子へ受け継がれる現実や、次項で述べる学習支援の実践や課題などの情報を共有。学習支援に取り組む人々の「交流会」も開催し、支援が広がるきっかけになった。

こうした団体などが催したシンポジウムや集会、学習会で発せられた高校生や母子家庭の母親、学校教職員、生活保護のケースワーカー、児童養護施設出身者、民間支援団体の職員らの声をジャーナリストらが拾い、実態と支援現場の報道が増えていく。

（4）実態と支援現場の報道

子どもの貧困の実態は主に次のような場を通じて描かれてきた。

①生活保護家庭の子どもに対する学習支援

生活保護家庭の子どもと全世帯平均の子どもの高校や大学などへの進学率や高校中退率には大きな差がある。勉強して進学し、貧困の連鎖から抜け出す手段として、２００９年ごろからマンツーマンで勉強を教える学習支援が広がった。教員や大学生、会社員など、様々な立場の人々が「まず自分たちができることを」と各地で動き出した。こうした場に来る親子や、運営団体から直接取材をし、生活保護を受けるにいたった背景や切り詰めて生活する様子、周りが当然のように塾通いして進学することへの不平等感や居心地の悪さ、生きづらさが子どもの言葉を通して紹介される。

②居場所

学習支援が広がってくると、勉強の大前提となる「生活の安定」を支える支援も始まった。ひとり親家庭で夜一人で過ごさなければならない子どもに大学生が勉強を教え、一緒に夕食をとったり遊んだりする。

一緒に銭湯で一風呂浴びて自宅へ送る。一般的には放課後から夜寝るまでに子どもが家庭内ですることとして認識されているものを補っており、そうしたことを地域社会が担う必要があるほど困難な状況に置かれている親子がいることを「見える化」した。10年ごろからのことだ。また、ご飯や勉強の機会を提供するだけではなく、親でも学校でもない人との関係性の構築や安心感が大切だというメッセージも、居場所に来る子どもや支援者から発せられ始めた。

③学校

誰もが通う学校は、どの子どもにも支援が行き届くプラットフォームだ。家庭のSOSを感知する最前線でもある。学校が組織として対応することもあれば、熱心な教員が個別に支援する場合もある。学校という日常の中にいると、子ども同士の格差、たとえば遠足や修学旅行に行けない、弁当をもって来られない、卒業アルバム代が払えないなど、「ある」子と「ない」子の差が明らかになる。

また、保健室には「朝から何も食べてない」と子どもがやって来たり、保険証がなくて病院に行けない代わりに湿布を求める子が来たり、虫歯の受診率が年々全体的に下がり、その要因を親から探ると「経済的に行けない」と打ち明けられたりすることが養護教諭の経験から語られる。

高校になると、より格差が露骨になる。高校に進学できなかったり、高校中退したりする子どもの話から、経済的事情が背景にあることや支援が乏しいことが明らかになった。また、定時制高校からは、10代後半で家庭の困窮を一身に背負う子どもたちのしんどさが伝えられた。

学校の取り組みや子どもの様子は、「助けて」とは言えない親子の代わりに誰かがSOSのスイッチを押し、関係機関と連携し、社会全体で子どもが健康で文化的な生活を送れるようなセーフティネットづくりを呼びかけた。

④子ども食堂

学習支援や居場所などの広がりに加え、子どもの6人に1人が貧困状態にあるという報道に触れても、いま一つ「子どもの貧困」にピンとこなかった人にも関心を広めた象徴的存在が、子ども食堂だ。16年ごろから急速に増え始めた。

金持ちでも貧乏でも、どんな人でも「食べる」ことは欠かさない。普遍的行為を支えること、「栄養のある食事をしっかりとってほしい」という大人の思い、また「食」というワクワク感をともなう支援は、あらゆる層に対し「私にも何か手伝えることがあるかも」という気持ちを起こした。

子ども食堂が増え、そこに来る親子の声や、食堂の必要性が各地で発信されると、どこにどのくらい子ども食堂があるのか疑問がわく。筆者が同僚と計3人で調査したところ、2016年5月末時点で少なくとも全国に319か所あることがわかった▼1。さらに、学者や各地の子ども食堂の運営者で構成し、食堂の支援と普及に取り組む「こども食堂安心・安全向上委員会」が18年4月に調査結果を発表し、全国に2286か所あることがわかった▼2。単純比較で2年弱で7倍超。自治体からの補助金が開設を後押ししている。

ほかに医療機関や児童養護施設、自立援助ホームなども子どもの貧困を伝える現場となった。

(5) 政策の変化と報道

現場からの声に加え、様々なデータや研究結果について報道量が増え始めるのと前後して、政策にも変化が起きる。

2009年、国も進学支援に腰をあげた。低所得世帯の子どもが十分な教育を受けられず、貧困が連鎖するのを防ごうと、厚生労働省は生活保護を受ける家庭の子どもに、参考書代などに使える学習支援費を生活保護に上乗せした。加えて自治体が進学支援に取り組んだ場合の国の補助率を10割に引き上げた。低所得や家庭環境が原因で子どもが教育機会を失い、貧困が次世代に引き継がれる「連鎖」を防ごうとの狙いで、学校が担ってきた学力指導に福祉行政が動き始めた。それが現れたのが各地での学習支援だ。

「負の連鎖」「貧困の連鎖」という見出しが見られるようになったきっかけは、堺市健康福祉局の道中隆理事（現・関西国際大学教授）が07年に公表した調査結果だ▼3。生活保護を受ける世帯主の25％は、自ら育った家庭も生活保護世帯だった。この「貧困の世代間継承」は母子世帯では4割に達した。生活保護世帯の世帯主の学歴は中卒か高校中退が73％を占めた。

自治体は「進学支援に即効性はないが、10年、20年先の保護費軽減につながるはず」と期待を込め、研究者は「貧困の連鎖を防ぐ進学・学習支援は未来への投資だ。子どもが社会に貢献できる人材に育ち、納税者となることで、長い目で見れば社会的、財政的な負担も減る」と指摘した▼4。子どもの貧困が「再発見された」とされる2008年の流れに続き、09年は政府が初めて貧困率を公表した。厚労省は18歳未満の子どもの貧困率は14・2％（07年）と公表。98年以降の3年ごとの数値も公表された。このあと、あしなが育英会が子どもの貧困対策法の制定の訴えを始めた。

2013年には法制定を求めるデモが国会周辺や都心部で行われ、その様子が報じられ機運が高まった。同年6月、子どもの貧困対策法が成立、14年1月に施行された。同法の枠組みの中では、学校をプラットフォームにして総合的に支援していくとして、その中核にスクールソーシャルワーカー（SSW）が位置づけられ、中学校区に配置することがうたわれた。前後してSSWの働きを追う報道も始まった。

都道府県では子どもの貧困対策計画が作られはじめ、実行の土台となる実態調査も始まった。行政が取り組むことになれば、予算報道にも反映される。「子どもの貧困」という言葉が支援現場とは別のところで見られるようになる。

2　社会意識とメディア

（1）メディアでの扱い

12年5月、お笑い芸人の親が生活保護を受給していたことが明らかになり、生活保護バッシングへと発展した。筆者はこのころ、貧困問題がメディアに「消費」され始めたのではないかと感じた。特に生活保護に関して、テレビの情報番組などで「ネタ」として扱われた。日本テレビの元ディレクターである水島宏明・上智大学新聞学科教授は「ふだんは芸能スキャンダルを扱っている番組制作者らによって印象的な報道が一時的に急増した」▼5と分析する。

「食料をあまり買えない家庭の冷蔵庫の中を撮影させてほしい」。こうした取材依頼を受けて憤慨する支援団体の話を耳にするようにもなった。「貧しい＝食料不足」というステレオタイプな見方による決め打ち取材。ただ、子どもに十分な食べ物を与えられず苦しむ家庭があるのも事実だ。不特定多数の読者や視聴者に子どもの貧困の実際と課題を伝えるためには、具体的で理解しやすいエピソードが求められる。制度の不備や社会のあり方などを指摘するために必要なエピソードとして取材するのだが、読者・視聴者には強烈な物語ばかりが記憶されていったのもまた事実である。

（2）研究結果にみるテレビの影響

こうしたメディア自身のせめぎ合いの中で、人々はどこから貧困に関する意識をつくっていくのか。社会の貧困観におけるメディアの影響については、研究者による調査がある。まず、首都大学東京の阿部彩教授の報告からみる▼6。

インターネット空間の意見のやりとりが貧困バッシングを加速させているのではないかという意見がある。これに対し、阿部教授は「テレビの影響が一番大きい」と指摘する。阿部氏を含む研究チームが行ったインターネットによる「現代日本におけるメディアと『貧困観』に関する調査」（2016年、全国20歳以上〜70歳未満の男女2千人）では、「政治、経済、社会問題」に関する情報を入手するメディア（複数回答）はテレビが85・1％で突出している。新聞（デジタル版含む）は52・5％、インターネットのニュースサイト（MSNやヤフーなど）49・4％と続く。最も多く入手するメディアとしてもテレビが52・7％。新聞（同）は13・6％で、インターネットのニュースサイト（同）22％を下回った。入手しない層も5・2％で、SNS（ブログやまとめサイト、ツイッターなど）の4・3％を上回った。

情報源によって生活保護に関する知識（国民の権利、自立支援プログラムがある、不正を罰する規則がある）が異なるかどうかという点において、最も多く情報を入手するメディア別にみると、差はさほど大きくなく、「テレビ」の人は、ほかのメディアから入手する人より知識がある割合が少し低くなっていた。「新聞」と「その他（週刊誌やラジオなど）」の人はやや高めで、ニュースサイトやSNSはその中間だった。①受給しやすくするべき、②支給額を上げるべき、③受給資格を厳しくするべき、の3点についての意見が情報入手メディアによって異なるかどうかについては、さほど大きな違いが見られなかった。全体的に①は「そう思う」が6〜7割弱、②は「そう思わない」が46・8％〜51・1％、③は「そう思う」が

53・5〜62・2%だった。阿部氏は次のように考察する。

まず、インターネット・ニュースや、ソーシャルメディアに接触している人が、特に、生活保護制度に関して批判的な意見をもっているという知見は得られないことである。(中略)人々の生活保護に関する意識は、現在においても、伝統的マスメディア、特にテレビと関連しているところが非常に大きいことである。(中略)テレビの視聴者の生保に関する意識は、テレビを見ない人に比べ、否定的、肯定的の双方に偏るが、否定的な方向への偏りが大きい。また、懸念されることが、インターネット・ニュースやソーシャルメディアを主な情報源とする人に比べても、テレビを主な情報源とする人の生活保護に関する知識が少ないことである。テレビの影響力が大きいことも踏まえると、テレビにおいて生活保護に関する正しい知識をより多く提供することによって、世論における生活保護制度に関する意識も変化する可能性があるであろう。

(3) 再分配反対論者はだれ?

再分配反対論者はどのような人々か。同じ調査を用いて首都大学東京の小田川華子客員教授が分析している▼7。貧困に陥った原因を個人の責任であるとする言説のメディア露出が散見されることに危惧を抱いた小田川氏は、貧困対策は税制や社会保障制度などによる所得再分配によって強化されることが必要であるという立場から、再分配反対論者の背景をみている。

まず調査結果によれば、貧困の要因を「社会的VS個人的」でみたとき、社会39%、個人26%、どちらともいえない35・1%と三分された。貧困の要因について「(強く)そう思う」が7割を超えたのは、解雇や長期失業=77・4%、大きな病気やけが=77・1%、非正規労働など労働の劣化=73・2%と社会的要因がトップ3に入った。続いて「先のことを考えない生活を送ること」と初めて個人的要因が入って66・6％。十分な教育を受けられないこと、地域産業の衰退、不運などと続き、15項目中、努力不足や頑張りの不足は11番目で、49・9％だった。

小田川氏は調査を通し、「再分配反対論者は努力不足が貧困の一因と考える人、過去に経済的な困難を経験した人に多いことが明らかになった」とし、自己責任論へのとらわれと、自らが乗り越えた経験から他者にも同様の努力を期待する言説が考えられるという。メディアの影響においては、日経新聞や読売新聞をよく読む人、ネット掲示板を週5日以上閲覧する人に再分配反対傾向がみられた。反対論者がこれらのメディアを好んで利用している可能性があることが示唆されるが、個別のメディア批判ではないとしている。さらに同氏は、貧困解消法として「個人の頑張りもある程度必要だが、公的な支援、社会的再分配により貧困を解消すべきである」というのが日本の貧困観の主流であるとし、特に未婚者と現在生活が苦しい人は他の人に比べて再分配による貧困対策を支持する傾向が強い研究結果から、「男性稼ぎ主型、家族主義的な社会保障システムのあり方は未婚者の生活リスクに対応しにくいことも踏まえ、再分配政策を再考すべき時が来ている」と結論づけた。

（4）新聞読者の意識——朝日新聞の例から

新聞にアクセスしている人々の意識については、筆者が関わった朝日新聞のデジタルアンケートの結果[8]からみてみる。

子どもの貧困を身近に「感じる」「やや感じる」と答えた人が1844回答のうち約7割。多くの人が自らの体験を寄せた。「親から子へ、連鎖しがち」「自己責任などありえぬ」「衣食住冬の体育、長そで買えず」「経験・人生が制限される」「仲間にはいれない」「塾に行けない」「ひとり親が働ける環境を。政府も自治体も、本当に助けなければいけない人のことをわかってないと思います」

阿部彩氏協力の生活の質（必需品）調査（「希望するすべての子どもに与えられるべきだと思うもの」）では、おもちゃ、自転車、おこづかいなど、勉強に直接関係しないけれど子どもの生活の質に関わるものが、6割前後の支持。部活に関するものも75％の支持。単に、将来仕事に就いて十分な賃金を得られる人になるためだけでなく、子どもの生活自体の質を保障すべきだという視点が支持された。同年3月に阿部氏が厚生労働省の補助金で行った市民3千人への同様の調査▼9に比べ、朝日新聞のアンケートでは「必要」と答える回答者の割合が高かった。アンケートに答えるという手間を考えれば、関心のある読者が回答したといえる。

「子どもの貧困を減らすのに最も必要なものは？」というアンケート▼10に対しては、「国や自治体が対策に力をいれる」が1092回答の6割余を占めた。個々の対策では「教育」と「食」の支援強化や子どもの「居場所」の確保を求める声が目についた。塾に行けない子に勉強する機会をつくること、学校給食の無料化などで食の保障をすることが「貧困の連鎖」を断ち切るうえで欠かせないという意見や、仕事で親が家を空ける間、子どもが孤独にならないことが重要だという声も多く寄せられた。

子どもの貧困は親の貧困にほかならない。ひとり親世帯の貧困率は5割超、とくに母子世帯へのしわ寄せが大きい。こうした点を念頭に多くの人があげたのは「最低賃金の引き上げ」や「正規・非正規の所得格差の解消」など。ひとり親世帯でも十分な収入が得られるようにするには、雇用環境の改善が欠かせないという意見が目立った。

一方、「まずは家族、親族一丸となって貧困にならない、貧困から脱出する自助努力が先決」「親がもっと責任をもつべき。安易に子どもをつくるべきではない」という自己責任論も一定数あった。

3　お金・制度的問題への着目

（1）生活保護世帯への子どもの学費

貧困問題と向き合うとき、世帯収入、つまり「お金の話」を考えないわけにはいかない。その意味で金銭的支援や制度といった問題に着目した報道も続いている。たとえば無保険の子は、報道で明らかになってから法改正された。この間の子どもの貧困を巡る議論の中で出てきた、お金に関する課題の報道をみる。

生活保護世帯の子どもの高校生活に必要な学費の扱いは象徴的ともいえる。修学旅行代は高校就学費の対象外で、不足分は奨学金などをあてることになる。生徒が努力して得た奨学金が「収入」とみなされ、その分保護費を引かれるケースが起きた。これは当事者らの訴えと国への働きかけ、法廷闘争の報道を通じて広く知られるようになった。こうした事例のように、生活保護家庭の子どもへの支援を収入とみなし、保護費を減らすかどうか、自治体によって判断が割れるケースが各地で起き、それが報道されるなどしてきた。子どもの貧困対策法が２０１４年に施行されて以降、こうしたことも後押しともなり、生活保護世帯の教育費に関わるルールが見直されてきた。

たとえば、厚労省は通知を出し、２０１５年10月から、奨学金を塾代などにあてる場合には収入認定の対象から除外されること、２０１６年には大学の受験料や入学金に使う場合も収入認定から除外されることを明示した。奨学金や民間団体からの「恵与金」の使途が「自立の助けになる」と認められれば、収入認定除外され、保護費を減らされないことが確認された。

大学への進学については、制度上、保護世帯の子どもは原則認められていない。これも「進学して貧困の連鎖を断ちきる」というかけ声とは矛盾し、当事者や支援者の声が報じられた。国は、２０１８年度から生活保護世帯の子どもが大学や専門学校への進学時に、一時金を支給する制度を創設。自宅から通うなら10万円、自宅以外から通う場合は30万円。自宅から通学する際の住宅扶助費の減額を取りやめることなどを始めた。

（2）児童扶養手当・就学援助

子どもの貧困に注目が集まるようになってから、増額された手当もある。所得の低いひとり親に支給される児童扶養手当は２０１６年8月分から（12月支給）、２人目以降の子どもへの支給額が最大で倍になった。増額となったのは2人目が36年ぶり、３人目以降は22年ぶりだ。また、４か月に1回という支給回数が家計を不安定化させている実態を、追い詰められて子どもを殺した母親による事件をベースにした検証記事が出た▼11。経済的支援制度の運用を見直すことでより助けになるという解決法を提案した報道だった。世論の関心も高まり、支給回数は2か月に1回へと変更されることになった。

自治体が子どもの学用品代などを補助する「就学援助」も子どもの貧困対策として重視されている制度で、関心が高い。このうち入学する際、ランドセルなどの通学用品を買うために支給される「入学準備金」が２０１７年度から増額。小学校が2万４７０円から4万６００円、中学校が2万３５５０円から4万７４００円へそれぞれ引き上げられた。また、入学後だった支給時期の前倒しが、自治体で広がっている。経済的に苦しい家庭は、食費などを切り詰めて制服代などを支払っていたが、入学準備金の前倒し支給はそうした生活不安を緩和している。

（3）生活保護減額、養育費不払い、寡婦控除

逆向きの流れもある。生活保護費は2018年10月から3年間かけて段階的に減額されることが決まった。保護費の減額は、ほかの援助にも影響を与える。就学援助を受けるには、生活保護基準が所得条件の基準になっており、生活保護費が引き下げられると、実質的に援助の基準が厳しくなり、対象から外れる人が出ると指摘されている。各省庁で他の制度に影響しないよう対応するとしているが、前回2013年度の保護費引き下げの時には、一部の自治体が支給対象を縮小した。

他にも制度の問題が報じられてきた。その一つが寡婦（夫）控除だ。死別や離婚した一定の所得以下のひとり親に対する税制優遇措置で、適用されれば税金が減り、課税所得額が下がって住民税非課税世帯になる場合がある。非課税世帯は支援を受ける条件にされることが多い。ところが、寡婦控除は法律婚を経験していることを前提にしており、未婚のひとり親には適用されない。そのため、死別や離婚したひとり親と同じくらい困窮しているにもかかわらず、未婚のひとり親世帯には支援を受ける資格がない。

当事者の訴えを踏まえ、国に先立ち各自治体が「みなし寡婦控除」を実施していることを、メディアが調査報道によって明らかにした▼12。その後、みなし寡婦控除を導入する自治体が急増した。国土交通省も公営住宅の家賃算定に寡婦控除を適応した形の施行令改正を行った。さらに、厚労省は18年9月、保育料に対して同様の措置を始めた。ただ、自治体は税制を変えられない。2017年度に創設された大学などへ進学する際の給付型奨学金（月2万～4万円）も住民税の非課税世帯が条件だ。支援団体などは、未婚のひとり親に所得税、住民税に寡婦控除を適用するよう制度改正を要望している。しかし、19年度の与党税制改正の議論の中で改正は見送られた。公明は格差の是正を強く求めていたが、伝統的な家族観を重視する自民側から「未婚の出産を助長しかねない」などの反発が根強かった▼13。

このほか、養育費不払いについても、払わずにいる別居親が多い実態が厚生労働省の全国母子世帯等（現ひとり親世帯等）調査で30年以上前から認識されていながら、事実上放置されてきた。養育費の不払いは、特に母子世帯の生活を苦しくする一因だ。２０１６年度の全国ひとり親世帯等調査によれば、母子世帯の年間平均就労収入は２００万円。離別した相手から養育費を「受けている」世帯は24・３％にとどまり、「受けたことがある」が15・５％、「受けたことがない」が56％だった。

子どもの貧困への関心と一つの解決策として、養育費未払いの構造的問題への指摘や諸外国との比較などがなされるようになり、離婚届に養育費の取り決めチェック欄が設けられたり、役所窓口での相談案内が行われたりしている。こうした流れの中で国に先んじて動く自治体がでてきた。兵庫県明石市は、養育費を確実に受け取れるよう市が保証料を負担する全国初の制度を18年11月に始めた▼14。市は５万円を上限に、１か月分の養育費と同額の保証料を業務委託先の民間総合保証会社に払う。保証会社は養育費が滞った場合、立て替えて払うと同時に、支払い義務がある側に督促し、回収する。同市は18人分の保証料にあたる90万円を18年度予算に盛り込んでおり、１年間、モデル事業として実施後、本格導入を検討する。

食の公的保障としてあげられる学校給食においては、研究者らが給食実施格差が栄養格差に結びついていることを発表するなどしている▼15。給食格差の事実を人々が認識するようになると、給食を求める声が高まる。給食未実施の自治体のいくつかが、新たに財源を投じて給食をはじめた▼16。

4 報道の課題

（1）単純化できない葛藤

各社の長期連載やテレビ特集は続き、加えて支援団体や個人発信も活発になってきている。「こんなに困っている子がいるんだよ」とただ世の中をびっくりさせたくて、困難に置かれている親子を描こうという意図は報道する側にはない。何が起きているのか、なぜ起きているのか、放置していいのか、どうすれば解決するのか。これらの問いがすべての基本にある。子どもの貧困にあてはめれば、どんな家庭に生まれても子どもとしての権利を侵害されず、希望をもち、夢を描けるよう、生活と心の安定や学びの保障を求める。それが公正公平な社会だからだ。

子どもの貧困の様々な実態を探る段階では、「子どもが貧困?」「子どもの貧困とは何か?」「日本に貧困なんてあるの?」といった疑問に答える形で報じていく。その際、「なんで（そんな大変なことになったのか）（そうなる決断をしたのか）?」という問いが立つ。当事者にとっては責めの意味合いを含んだ暴力的質問だが、ニュースの受け手にとっては素朴な疑問の一部分だ。どこかに落ち度があるのではないかという視線は自己責任論となり、人を苦しめる。

ニュースの受け手の反応の中には厳しいものもある。「離婚を決めたのはあなたでしょ」「貧乏自慢か?」「お金の使い方に問題がある」――。ニュースの送り手としては、自己責任論や母子家庭へのまなざしとの闘いだ。「逆風こそがやる気の源」「がんばればできる」という精神論、根性論も根強い。

「いかんともしがたい状況だから支援が必要だ」と受け手は納得したいが、それは「清く正しい」の親子の姿を求めることになる。結果的に「無一文にならないと助けてもらう資格がない」というメッセージにもなりかねない。完全無欠な人間でいられるわけではないのは金持ちも貧乏も同じだが、貧しいのはそれを失敗の理由にされる。金持ちは失敗を補えるものがある。それは時間と金と人的ネットワークだ。貧しい場合は乏しい。失敗が許されないのだ。貧困はただお金が足りないだけで起きるものではない。仕事、教育、親の養育力、学校や地域、人との出会い、障害など、様々な要因が複雑に絡み合っており、単純化できない。こうした重なり合うしんどさを知り、現実を取材すればするほど、非常にわかりにくく見えにくいものを伝えること、端的に言い表すことが難しくなる。

一方、関心をもってもらうためには、「ニュース」として受けとめてもらい、見えないもの、見えにくいものを見えるように努力する必要がある。自己責任論とのせめぎ合いは発信される前、つまり社内からすでに始まっている。さらに字数や放送時間などの制限下で、理解しやすさを求められる。当然、事実は曲げない。しかし、ニュースの受け手がつまずかないよう問題点をわかりやすく整理する。強く意識しなければ、結果的に二つのことを招く。ステレオタイプとワンイシューだ。

子ども食堂も学習支援も、ただご飯を食べるところでも、無料で勉強を教えてもらえるだけのところでもない。リアルにつながる場であり、孤立を解消する地域再編の舞台にもなっている。ところが、「ご飯」と「勉強」が一人歩きする。わかりやすいからだ。勉強して進学したことが成功事例として強調される。それは「貧乏合戦」を助長することにもなりかねない。残念ながら捏造も起きた▼17。真実に迫ろうと詳細を明らかにすることが生活スタイルの批判につながり、バッシングも引き起こした▼18。そうならないよう、納得感のあるものにしたいが単純化したものにしたくないという常にギリギリのところでの闘いが各記者の中で続いている。

（2）新たな役割と課題

子どもの貧困を取材し始めた08年にくらべ、人々の問題意識が共有されていると感じる。報道に接した読者や視聴者から寄せられた提案には「何とかしたい」という思いが詰まっている。これから社会に出る子どもの権利や機会の平等は、親の資力と関係なく保障すべきだということに大きな論争はない。予防や対策を誰が担うのか。貧困を生み出す構造的問題は何か。そうした議論を今後深めていく必要がある。

子どもの貧困対策法成立は、社会に対して「子どもの貧困は社会的課題であり、解決しなければならないものである」というメッセージを発した。法律によって、行政が予算をつけた。そのための実態調査も行われた。その結果を都度報じてきた。振り返れば、様々な場で対策が講じられるようになり、語り合う機会が増えた。

問題意識と官民あげての対策・取り組みが広まったことで、支援の担い手が急増した。同時に、「誤解」も広がっているのではないだろうか。たとえば、「本当に困っている子に支援が届いていない」という悩みを時々聞く。著者の場合、特に子ども食堂の担い手からが多い。しかし、「本当に困っている子」がどのような状態を指すのか、明確ではない。そうした問いをもつことは、支援するに値する子としない子の線引き、支援するかどうかを支援者側が決めてしまうリスクを抱える。また、「子ども食堂イコール貧困」という発想から地域の評判を気にして、「うちの子ども食堂と『貧困』という文字を、同じ記事の中で載せないでほしい」と明言するところもある。

一方で、メディアには「伝える」に加えて「つなげる」役割がある。地域の人々が試行錯誤を繰り返しながら「なんとかしたい」と粘り強く活動する姿は非常に尊いものであり、そうした市井の人々の活動を報じるのもメディアの大切な役割だ。掲示板的に、どこに何が必要とされているのかを知りたいというニーズにも応えていかなければならない。

目の前の困っている親子の困り事に寄り添いながらできることとは別に、貧困を生み出す構造的問題と根本的な解決方法を報道し続ける必要がある。先の小田川氏は、貧困に対処する公的施策の基本は税制および社会保障給付などによる所得再分配だが、日本は再分配による貧困率削減効果が低いと指摘している▼19。ユニセフの「イノチェンティ レポートカード14　未来を築く：先進国の子どもたちと持続可能な開発目標」（２０１７）によれば、再分配による子どもの貧困率の減少効果はＯＥＣＤ37か国平均（２０１４年）が37・５％に対し、日本は18％にとどまっている。この検証をメディアがしっかりできていないことは率直に認める。こうした制度によって生み出され、留め置かれ続ける「貧困」の解決に向けた政策論争を主流にした報道も今後力をいれていかなければならない。

（3）なんのために報道するのか

子どもの貧困をなくすためだ。子どもの貧困は自然現象ではなく、社会的構造によって作られているものだということを改めて問い直したい。そう思ったのは、図らずも筆者が1年間、取材現場を離れて労働組合の役員となり、労働者の人権を守るためにメディアでのセクハラ問題や#ＭｅＴｏｏ運動と関わることになったことが一番のきっかけだ。子どもの貧困もセクハラも女性差別も、構造が同じだと気付いた。

子どもが生まれた家庭の経済力によって教育を受ける権利が侵害され、チャンスを奪われる。それに対して、「家庭の経済力によってある程度、教育機会が制限されることは仕方がない」「みんなが同じ機会を得ることは非現実的だ」と軽く聞き流せば人々の支持を集めそうな意見がある。では、セクハラや女性差別はどうか。「男社会の中で働くのだから、性的嫌がらせは覚悟のうえでしょう」「セクハラをいなしてこそ一人前だ」。東京医科大学などが女子受験生の入試の点数を操作し、合格者数を抑えていた性差別に置き換えると、「出産や育児を担う女性の医師が増えると、現場が回らない」。女性が性被害や性差別にあうのはある程度仕方のないことで、セクハラのない労働環境は非現実的なことなのだろうか。女性医師が増えると、本当に現場は回らないのだろうか。女性医師の割合が高い国は、医療の質が低いのだろうか。

生まれてくる性を自分で選べないように、生まれてくる家庭を選ぶことはできない。今の社会に根付いた、多数派がつくったルールは不合理な現実を追認していないだろうか。誰かの人権を侵害したうえで成り立たせている社会は、不公正であり不正義だ。ジャーナリズムが真正面から取り組むべき問題だ。

子どもの貧困に話を戻す。子どもの貧困とは子どもを育てている親の貧困とも言える。そうした中、子どもの養育の負担が女性に集中しがちな構造があり、その不利がシングルマザーに現れやすい。「女性の方が子育てに向いている」「母親が働いているのは子どもがかわいそう」「母親はどんな困難があっても自己犠牲をもって子どもを育てるべきだ」「働きたいなら男性社会ならではのルールを多少は受け入れるべきだ」――。こうした言説がある中で、子どもの貧困に抵抗できるのはジェンダー平等を志向する社会である▼20。これを避けていてはゴールが遠のく。人権とは親の人権でもある。性差別や賃金差別など、親が抱える問題も含め、包括的な社会課題として広げていく時期にある。

子どもの貧困が可視化される随分前から貧困問題の本質に気付き、撲滅のために活動をしている人もいれば、つい最近知ったという人もいる。持続的に報じなければ、流行りものとして一時期注目されるものの、時間が経てば忘れられる。何周も同じ運動場を走り、土を削るように走っているうちに関心を持つ人が増え、輪に加わり共に走る人が増えていく。そうした地道な営みを続けるしかない。

付記

本稿の3節「お金・制度的問題への着目」は、筆者が執筆した朝日新聞取材班（2018）『増補版　子どもと貧困』（朝日新聞出版）の「Part 8　経済的な支援の現状と課題」からの大幅な引用を行っている。

注

1　2016年7月2日朝日新聞朝刊1、2頁
2　2018年4月4日朝日新聞朝刊1頁
3　2007年9月4日朝日新聞大阪本社版朝刊28頁
4　2010年10月11日朝日新聞朝刊3頁
5　水島宏明（2018）「『貧困報道』の実践者研究——21世紀の報道者は何を課題としてきたか」『コミュニケーション研究』第48号、上智大学コミュニケーション学会
6　阿部彩（2018）「メディアと生活保護に関する意識——ソーシャルメディアに焦点をあてて」『大原社会問題研究所雑誌』719・720号、法政大学大原社会問題研究所
7　小田川華子（2018）「再分配反対論者はどのような人々か？——日本における貧困観」『大原社会問題研究所雑誌』719・720号、法政大学大原社会問題研究所
8　2015年11月8日朝日新聞朝刊11頁
9　阿部彩（2015）「子どもの生活調査」（社会的子ども必需品）『厚生労働科学研究費補助金政策科学総合研究事業（政策科学推進研究事業）「子どもの貧困の実態と指標の構築に関する研究」』の一環として実施。
10　2015年11月22日朝日新聞朝刊11頁
11　2015年12月27日朝日新聞朝刊1、2頁

12 例えば、琉球新報２０１３年８月18日（https://ryukyushimpo.jp/news/prentry-211237.html）、朝日新聞２０１３年９月22日朝刊１、３頁

13 ２０１８年12月14日朝日新聞朝刊６頁

14 明石市『明石市養育費立替パイロット事業』について」２０１８年10月30日（https://www.city.akashi.lg.jp/seisaku/soudan_shitsu/kodomo-kyoiku/youikushien/documents/gaiyo_yoikuhipilot.pdf）

15 阿部彩・村山伸子・可知悠子・鳫咲子編著（2018）『子どもの貧困と食格差――お腹いっぱい食べさせたい』大月書店

16 ２０１７年５月６日朝日新聞朝刊３頁、２０１７年６月19日同朝刊９頁

17 ２０１６年10月30日中日新聞朝刊８、９頁『「新貧乏物語」の削除問題を検証』。掲載された同紙の連載「新貧乏物語第４部　子どもたちのＳＯＳ」のうち、原稿の捏造や写真の自作自演があった回を同紙が削除。検証記事は、記者が「貧しくて大変な状態だというエピソードが足りないと思い、想像して話をつくった」などと説明しているとした。

18 ２０１６年９月14日朝日新聞朝刊37頁『ＮＨＫ報道めぐり「貧困たたき」、なぜ起きた』。相対的貧困の問題を伝えようと取材に協力した高校生に対して、高校生のツイッターの生活にまつわる過去の投稿を元に、「貧困というのはＮＨＫの捏造」とネット上で炎上した。

19 前掲　小田川（2018）

20 例えば、松本伊智朗編（2017）『「子どもの貧困」を問いなおす――家族・ジェンダーの視点から』法律文化社を参照

引用・参考文献

阿部彩（2008）『子どもの貧困――日本の不公平を考える』岩波新書

阿部彩（2014）『子どもの貧困Ⅱ――解決策を考える』岩波新書

阿部彩・村山伸子・可知悠子・鳫咲子編著（2018）『子どもの貧困と食格差――お腹いっぱい食べさせたい』大月書店

青砥恭（2009）『ドキュメント高校中退――いま、貧困が生まれる場所』ちくま新書

朝日新聞取材班（2018）『増補版　子どもと貧困』朝日新聞出版
浅井春夫・松本伊智朗・湯澤直美編（2008）『子どもの貧困――子ども時代のしあわせ平等のために』明石書店
子どもの貧困白書編集委員会編（2009）『子どもの貧困白書』明石書店
松本伊智朗編（2017）『「子どもの貧困」を問いなおす――家族・ジェンダーの視点から』法律文化社
道中隆（2009）『生活保護と日本型ワーキングプア――貧困の固定化と世代間継承』ミネルヴァ書房
中塚久美子（2012）『貧困のなかでおとなになる』かもがわ出版
『大原社会問題研究所雑誌』２０１８年719・720号「特集　貧困と世論」法政大学大原社会問題研究所
『週刊東洋経済』２００８年5月17日特大号「子ども格差――このままでは日本の未来が危ない」東洋経済新報社
ユニセフ（2017）『イノチェンティ　レポートカード14　未来を築く：先進国の子どもたちと持続可能な開発目標』
山野良一（2008）『子どもの最貧国・日本――学力・心身・社会におよぶ諸影響』光文社新書

第12章

子どもの「声」と子どもの貧困

──子どもの権利の視点から

…長瀬正子

はじめに――チャリティ（慈善）と権利をめぐって

この10年間、子どもの貧困は、多くの人々に認識されるようになってきた。そして、これらの問題に対するアクション、学習支援や子ども食堂といった子どもの貧困問題に対する人々の支援も広がりつつある。筆者は、そのパワーとスピード感に勇気をもらい、敬意を表する気持ちをもつと同時に、若干の違和感をも覚えてきた。

繰り返し頭に浮かぶのは、イギリスの社会人類学者のロジャー・グッドマンによる「チャリティ（慈善）対市民としての権利」の記述である▼1。グッドマンは、日本社会において最も「社会的に排除されたひとびと」として児童養護施設で生活する子どもに着目し、日本でのフィールドワークをもとに、英国との比較を通して日本の児童養護施設の特徴を明らかにした。複数あげられた日英の異なる点のひとつに、チャリティ（慈善）の取り扱いがある。グッドマンは、「施設は、寄付金・食品・医療・玩具のような形のチャリティ（慈善）を受け入れるべきだろうか。それとも、自分の責任でなく社会的養護を受けることになった、みずから『市（国）民』としての『権利』主体である子どもに、十分な財源や金品を国家が支給すべきであろうか？」と問う。グッドマンによれば、日本のほとんどの施設が受け取っているチャリティ（慈善）は、イギリスでは慎重に検討されているという。それは、チャリティ（慈善）が、子どもの自尊心や尊厳を奪うと考えられているからだという。グッドマンの指摘は、子どもの貧困問題の解決をめぐって抜け落ちてはならない視点を与える。一つには、子どもをどのようにまなざすかということ。慈善の対象か、あるいは権利の主体かという子ども観、子どもに向き合う大人の姿勢や視点である。そして、もう一つは子どもの困難な状況を引き起こした社会の側の問題、国家および社会が引き受けるべき課題を思考する視点である。

「目の前にいる子どもたちの問題をなんとか解決したい、自分たちができる何かをしたい……」。人々の思いには熱量とパワーがある。だからこそ、私たちは一度立ち止まって考える必要があるのではないだろうか。それらの行為は、真の意味で子どもの権利を保障するものといえるだろうか。もし、それらの行為が子どもの自尊心や尊厳を奪うことにつながっているとしたら、子どもの力をより奪う結果をもたらしてはいないだろうか。日本社会の構造を注視していく姿勢も欠かすことはできない。貧困は、子どもや当事者の努力によって克服されるべきものではないはずだ。貧困を生み出す社会の構造そのものを問い、それを改善していく方策を探る必要がある。

グッドマンは、チャリティ（慈善）との対比に権利をあげる▼2。子どもの権利に関する国際条約に1989年に国連子どもの権利委員会により採択された子どもの権利条約がある▼3。二度に渡る世界大戦以降も繰り返し子どもが犠牲となる世界情勢のなかで、〝かわいそうだ〟とか、〝恵まれない子どもに何かしなければ〟という観点のみならず、子どもの生存や発達の権利の侵害であると認識して、各国内での権利保障と国際協力を義務づけたものである（荒牧 2009: 5）。世界人権宣言等すべての人間・個人に保障される基本的人権の権利の主体に子どもを位置づけ、個別的・具体的に定められている。

条約において子どもの権利は、生きる（生存）・育つ（発達）・まもられる（保護）・参加するという四つに大別され表現される。なかでも、第12条の意見表明・参加の権利は、権利条約の最大の特徴である。第12条は、子どもが自分にかかわることについて意思・意向や意見を自由に表明することができること、大人はそれらを聴き、年齢や成熟にしたがって尊重することを示す。また、意見表明・参加の権利は、権利条約の一般原則のひとつに位置づく▼4。これは、意見表明・参加の権利はそれ自体でひとつの権利を定めているというのみならず、他のあらゆる権利の解釈および実施においても考慮されるべきであることを強調するものである。第12条は、ただ子どもを保護される存在におかない。力ある存在、「声」を発することのできる存在に位置づける。ここで、「意見」とは、言葉による表現のみを指さない。〝VOICE〟、すなわち「声」とも言われるが、泣くこと、絵を描くこと、踊ること等、子どもが大人や環境に働きかける表現すべてを意味する▼5。

子どもの権利と貧困にかかわって、国連総会は、子どもたちが経験する貧困の特殊さにかんがみ、子どもの貧困とは「単にお金がないというだけでなく、権利条約に明記されているすべての権利の否定と考えられる」との認識を示している▼6。経済的困窮は、子どもの様々な不利に結びつき、最も深刻な場合には、生きる・育つ・守られる・参加するというすべての権利を奪う。なかでも、貧困は、「声」を失わせる。声と力と権利をもつ人間としての貧困者の視点から貧困の意味を問いなおしたイギリスの貧困研究者ルース・リスターは、貧困を「不利で不安定な経済状態としてだけでなく、屈辱的で人々を蝕むような社会関係」として理解する必要があることを強調する（Lister 2004=2011: 21）。「容認できない困窮」は、貧困状況にある人々の社会関係において、軽視、屈辱、恥辱やスティグマ、尊厳および自己評価への攻撃、〈他者化〉、人権の否定、シチズンシップの縮小、声を欠くこと、無力をもたらす（Lister 2004=2011: 21-22）。発展途上国の複数の子どもの参画の実践をもとに子どもの参加論を体系化したロジャー・ハートは、貧困に加え、差別と無力観の経験が重なったときに、子どもの自分に対する感覚および何かを変えようとする力が大きく打撃を受けることを指摘している（Hart 1997=2000: 30）。すなわち、貧困な状況で子どもが生きるということは、子どもであることに加え、貧困であるという二重の意味で「声」を出しにくい状況におかれることを意味する。

本稿は、子どもの権利のなかでも、子どもの意見表明・参加の権利の視点から子どもの貧困問題をとらえる。貧困な状況を生きる子どもの「声」がどのように失われているのか、「声」を出しにくい状況におかれているのかを述べる。そして、そのような状況にある子どもが「声」を取り戻すために、すなわち、貧困な状況を生きる子どもの権利を保障するためには何が必要であるのかを検討する。子どもの貧困問題が一定の社会的認知を得た現在、私たちはこれから何に価値を置き、何を指針としながら歩みをすすめていけばいいのかを検討する試みとしたい。

1　失われる「声」

ここでは、子どもの貧困問題の当事者、そして社会的養護で育った当事者の「声」をめぐる語りから、その生活世界を紹介することから始める▼7。時に、子どもの「声」は、表出されないまま、その内側に沈みこんでしまう。あるいは、人々が了解しづらい方法で表出される。社会的養護の当事者の「声」に注目するのは、子どもが社会的養護に至る背景に、保護者である大人・家族の貧困の問題が密接にかかわるからである▼8。そして、社会的養護という公的・社会的支援を受けた後にもなお、当事者の「声」が失われているとしたら、それは、家族の貧困に加え、公的・社会的制度が十分に機能しなかったことを意味する▼9。当事者の「声」をめぐる状況は、これら日本社会における子どもの貧困が、いかに当事者の「声」を失わせているのかを浮き彫りにする。

(1) 表現されない「声」

この子たちに教えてあげたいのは「助けて」って言えるようになろう、ってこと▼10

この言葉は、17歳で2児の母である結衣さんのものだ。家庭環境が荒れていた子ども時代、唯一「くつろげる場所」だった子どものための居場所で現在はスタッフとして働く。この言葉は、当時をふりかえって、今居場所にやってくる子どもに向けて伝えたい思いを問われた際に語られたものだ。居場所のスタッフは、結衣さんが「本当に困っていたときに」助けてくれたという。だからこそ、「助けて」という思いを伝えてくれたなら、その子どもの力になりたいと考えている。「助けて」と発信することは、自らの危機を脱していく最初の言葉である。この言葉を発するところから、子どもをめぐる状況は変化する可能性がある。結衣さんは、その経験があるからこそ、子どもたちに「助けて」と発することを願うのではないだろうか。

「助けて」という「声」を発するためには、自分が現状に対してどう感じているのか、という自身の気持ちや感情が軸となる。次の語りは、長期間に渡って自分の気持ちを我慢していたことにすら気づいていなかった当事者の言葉である。「助けて」と発する際に軸となる感情が失われているのだ。傍で聴こうとする大人がいることで、彼女は初めて自分の気持ちに気づかされる。

私、親が死ぬかもしれないとわかっても、泣けなかったんです。泣きそうになっても涙が出ないんですよ。別に泣かんと思ってるわけではないんですけど、からだがストップしちゃうんですよ、グッと。

……ある時、ホーム長と話をしていて、「泣いてもいいねんで。なんで我慢してるの」て言われて。「私、我慢してたんだ。泣いてもいいんだ」って思って。その時、初めて声出して泣きました。ホーム長は何も言わず、ずっと背中をさすってくれていました。「泣いてもいいんだ。泣くほどしんどいことをしてきてたんだ。自分、がんばってたんだ」。初めて気づきました[11]。

自分の感情に正直であったならば、生きていくことはより過酷になってしまう。そのような環境においては、感情はより否定され、麻痺させて過ごすことになる。次の語りは、虐待による痛みを押し殺していたなかで、安心できる環境を得た途端、感情が湧き起こってきたことを伝える。

過去がフラッシュバックしてくることもありました。それまでは、殴られたままで痛みを感じていなかったんです。痛いと感じていると、もっとつらくなるし。でも、そういうことを耐える必要はなくなり、しかもちゃんとご飯も出てくるという生活のなかで、感情が突然吹き出してきて苦しかったです[12]。

自分の感情をないものにしていく。その背景は、痛みを我慢するという虐待のある日常を生き延びていくためだけではない。イギリスで貧困な状況にある子どもへのインタビュー調査から子どもにとっての貧困の経験を明らかにしたテス・リッジは、貧困状況にある子どもが精一杯親を守ろうとしていること、親の状況に気を遣う思慮深さがあることを指摘する（Ridge 2002=2010: 269-270）。次の当事者の語りは、当事者本人が、行き場のない母の状況を誰よりも理解し、必死で母を守ろうとしていたことを伝える。ここで優先されているのは、本人ではなく母の気持ちである。転校等自分自身にも影響を与えるプロセスや生活上の様々な局面においても、本人の気持ちは表出されない。

僕は、お母さんにすがるしかなかったんで。「イヤ」とはなかなか言えなかったでしょうね。……いつも母親の顔色うかがいながら、怒られないようにいたので。母親のしんどさはずっと聴いてて。「わたしの味方は○○だけ」「裏切らないでほしい」ってずっと言われ続けてきた。…暮らし始めて2、3か月で、すでに内縁の夫との関係性はダメになってたんですよ。でも、お母さん自身行き場がなかった。だから、嫌いな人であっても一緒に暮らし続けるしかない。お金もないし、頼れる人もいない。ものすごく孤独だった。そんななかで「○○だけは……」っていうメッセージは強くなったと思うし、僕もよりその期待に応えるようになっていった気がします。信頼を寄せる唯一の相手が僕しかいないんだったら、僕が傷つけてしまったらこの人はダメになるって▼13。

「声」という言葉で表出されない気持ちは、時に暴れるという行動をもたらす。次の当事者の語りは、自身が置かれた環境と学校の友だちとのギャップに「うらやましい」と思い、それが得られなかったことへの怒りが湧き上がり、暴力となって他者に対して向けられる。彼の語りからは、生活が安定したからこそ湧き起こった疑問や怒り、その一つひとつを丁寧に聴き取る大人の重要性を感じさせる。

僕はキレやすくて学校にもあまり行けませんでした。僕と同じことをしても、過去の友達は親に殴られたりしないということにキレてたんです。友達がすごくうらやましかったんです。すぐに喧嘩するので、友達もあまりできなかったし、普段からやりきれないストレスで、イライラしていました。とにかく暴れたかった。そんな僕の話を、園の先生は聴いてくれました▼14。

気持ち、そして感情は、「声」を発するための源泉である。しかしながら、当事者の多くは、感情をおさえこまざるを得ない、あるいは自分より他者の感情を優先せざるを得ないような環境を生きてきている。それは、自分がどう感じているのか、という自分自身を形作る基本的な感覚を失っている状況にあるといえよう。それは、「声」そのものを発することを難しくさせる。当事者の相談は、「わき上がる」ものであること、「自分から発することができないことが特徴的」と指摘されるのは、このような背景にもよる▼15。

(2)「声」をさまたげるもの

「声」を発するためには、相手となる他者の存在を必要とする。他者の存在をどう捉えるのかは、自分自身をどのようにまなざしているのかという自己評価の影響を受ける。自己評価は、「声」を支える土台のようなものだ。

以下では、当事者の「違う」と感じさせられた経験に注目していく。「普通になりたい」とは、多くの当事者によって発せられる言葉である▼16。次の語りは、自身が施設で育っていることを周囲に伝えられず悩んでいたことを語ったものだ。多くの当事者に重なる悩みである。

高校は施設の子がほとんどいなかったので、言えなくて悩んでました。悪く思われたくない、かわいそうって思われたくない……って。……「立ってる土俵が違う」ってことで、子どもが悩まなくていいようになったらよいなって思います▼17。

彼女の語りは、「違う」と感じさせられる経験が複数あったことを伝えるものだ。それは、「土俵」と表現されるほどに積み重ねてきた経過がある。そして、その経験が、本人が自身を表明するときの妨げになっている。

当事者の「違う」と感じさせられる経験は、他者によって「かわいそう」、「恵まれない」といった枠に一方的におしこめられるような経験である。それは、リスターの指摘する〈他者化（Othering）〉のプロセスと重なる▼18。〈他者化〉とは、「非貧困者」が「貧困者」を〈他者〉として構築するプロセスのことを指す（Lister 2004=2011: 147）。力のある非貧困者は、「非貧困者」と「貧困者」の間に線をひく（Lister 2004=2011: 148）。リスターは、この「線」が、自然発生する線ではなく、「救済に値しない」経済的お荷物、憐みの対象といった様々にネガティブな価値判断が染みついていること、それが個人と個人、そして制度のレベルにおいても形成されていることを強調する（Lister 2004=2011: 146-152）。「非貧困者」によってつくられた当事者に対するイメージは、当事者の自己に投影される。それは、スティグマとして当事者に内面化され、「恥」の意識をもたらしてしまう。そうした恥辱の経験は、自己評価という自分自身についての感じ方を痛いほど傷つけ、自尊心を奪うことにもつながる（Lister 2004=2011: 175）。

「違う」と感じさせられることに対し、当事者はただそれを引き受けるのではなく、さまざまな戦略で対応する。

一つは、「同じ」であることへの努力という戦略である。リッジは、子どもたちが、服装を重要視し、自分たちの仲間に溶け込むような「正しい」外見を維持するために相当な努力をしていることを明らかにしている（Ridge 2002=2010: 134-141）。周囲と同様にファッショナブルな衣服を着ていることが、仲間関係を維持することにつながり、いじめや社会的排除を回避することにもつながるからだ。周囲と「同じ」であるための努力は最大限になされる。日米の社会的養護の当事者の交流をすすめるＩＦＣＡ（International Foster Care Alliance）は、「Normalcy 当たり前の生活」という概念を紹介し、そうした努力は、本来当事者に依拠するのではなく、社会の側に求められるべきであることを訴える[19]。

もう一つは、自ら非当事者との間に一定の距離をつくることである。それは、「氷の壁」と表現される[20]。「氷の壁」とは、当事者が他者を信頼する際の壁、警戒心を表現した造語である。もちろん、当事者同士にも壁は存在するのだが、非当事者に対する壁はより高く、相談することを難しくさせるという。「氷の壁」は、当事者が自ら望んで築いたというものではなく、自らが異質な存在として感じさせられ、自分を守るための自己防衛としてもってしまったものである。次の語りは、その背景を言及するものである。

根底は、「親に捨てられた」っていう思いは大きい。「親に子どもは育てられる」っていう日本の社会的な家族像があるなかで、親と生活できないのは異質なわけやから。そこでのアイデンティティのマイナスの部分ってすごいやろうなって思う。根深いものがあって。自分の生きている意味が揺らぐよね。だって、生まれたときから揺らいでるというかね。生まれるヒストリー自体が[21]。

この語りは、日本社会における家族観も、当事者が〈他者化〉される経験になっていることを伝えるものだ。異なる家族像を生きることは、「アイデンティティのマイナス部分」と表現される。そして、その前提と「違う」と感じさせられたプロセスが当事者の生死をも揺るがすような否定的な経験となっている。

このことは、21名の社会的養護の当事者に対するインタビュー調査から永野咲が明らかにした「生の不安定さ」、「アイデンティティの根幹にある『生まれ』と『生きる』ことのゆらぎ」とも重なる▼22。当事者が抱える異質さは、望んで得たものではなく抱えざるを得なかったものだ。「違う」と感じさせられる経験の蓄積は、自己評価を傷つけ、他者との関係性に隔たりをもたらす。自らを守るために築いた壁は、「声」を発すること、助けを求めていく際の妨げともなる。

2　「声」をいかに支えるのか――大人と社会に求められるもの

子どもの貧困、社会的養護の当事者の「声」は、「声」が失われていくプロセスと背景を伝える。暴力や家族の貧困によって「声」の源泉ともいえる感情が失われ、「声」を発する土台そのものが崩されていること、さらに、公的・社会的支援の渦中においても「違う」と感じさせられる経験の蓄積が他者との関係性に隔たりをつくり、「〈声〉の欠如」はもたらされていた。それは、まさにリスターが指摘する貧困がもたらす「関係的・象徴的」側面、「屈辱的で人々を蝕むような社会関係」が表れていたといえよう(Lister 2004=2011: 21)。貧困な状況を生きる子どもの意見表明・参加の権利は奪われている。子どもの権利を構成する四つの柱のひとつ、権利条約の原則に位置づく権利が損なわれているのだ。まずもって、私たちは、「声」がどれほど失われているのか、そして、「声」を受け取る大人との間にもどれほどの距離がもたらされているのかを自覚する必要があるだろう。そのうえで、これ以上「声」を奪わないために、そして、「声」を取り戻すために何が求められるのかを検討する必要があるだろう。

（1）失われた「声」を取り戻すために

当事者の「声」を、なぜ取り戻す必要があるのか。貧困な状況を生きる子どもにとって、意見表明・参加の権利がなぜ重要なのかを考えさせるものに、上間陽子の「願い」をめぐる論考（上間 2017b）がある。上間は、沖縄の貧困状況に生きる若い女性たちに、時に必要な支援を検討しながら、その「声」を聴き取ってきた（上間 2017a）。女性たちと日常を共有しながらなされたフィールドワークとインタビューは、失われていた当事者の「声」を引き出し、可視化されづらい当事者の視点、生活世界を描き出している。

上間は、「願い」という当事者の思いを手がかりに、当事者の意思決定とその実現がどのようになされるのかを説明している。恋人からＤＶを受けながらも妊娠し出産した二人の女性、鈴乃さんと優歌さんの事例を紹介し、当事者が「願い」を口にすることの難しさとそれを解きほぐすために必要とされるものを伝える。同じ境遇にあった二人だが、鈴乃さんは看護師になる夢を実現しキャバクラを辞め、優歌さんはキャバクラを続ける。二人の人生は、「願い」を発することができたか否かにより水路づけられていた。優歌さんは自分の「願い」がありつつも周囲に「わからん」としか発せなかった一方で、鈴乃さんは「願い」を発し自身の夢をかなえた。二人の事例は、私たちに、子どもにとって、殊に貧困状況を生きている子どもにとって「声」を取り戻すことがなぜ必要なのかを投げかける。

「声」を発することは、子どもが今ある状況を脱していく可能性をもたらす。他の権利を保障する契機をつくりだすのだ。現在、子どもや当事者が活用することのできる社会資源は、増えつつある。「声」の発信は、社会資源につながる可能性をもたらし、子どもの生きる・育つ・守られる権利を保障するきっかけとなる。筆者は、意見表明・参加の権利の保障は、生きること、育つこと、自分自身をまもることを、自身で獲得していくときの土台をつくりだすと考えている。それは、子どもが今ある状況を脱していくときの礎となる。

しかしながら、これらのプロセスを、子どもはただ一人で行うことはできない。「声」の発信は、常に応答する大人を必要とする。上間は、二人の「選択」の背景に、本人を取り囲む人間関係のネットワークの有無に着目する。鈴乃さんには彼女の「願い」と「選択」を見守り続ける大人が存在した一方で、優歌さんはそうした人間関係を持っていなかった。ゆえに、上間は、自分の「願い」を口にすることのできる環境、それを発しても承認されるという見通しが必要であることを訴える。施設で育った当事者の進学という「願い」の実現において、筆者も同様のことを指摘している▼23。当事者の「願い」を聴き取り、その「願い」を応援する大人の存在、そして、その人間関係のネットワークがつなげた社会資源の有無が、進学の継続と卒業の達成に影響を与えていた。子どもが「声」を取り戻すためには、発せられた子どもの「声」をどう聴き取ることができるのかという大人側の力量が問われる。

(2)「声」を支え、持ちあげること

表出されない「声」をいかに聴き取り、寄り添うのか。

この点において、社会的養護の実践から学ぶ点は多い。「ありのままの自分を受け止めてくれた」、「職員との出会いがあったからこそやってこれた」という思いは、多くの当事者によって語られる。15人の児童養護施設で育った当事者への継続的なインタビューをもとに、援助された経験の意味を明らかにした伊部恭子は、施設職員により支えられた経験が、当事者が生きるうえでの力になっていることを伝える▼24。

それらは、決して特別な援助や支援方法ではなく、何気ない日常生活で大切にされた経験である。このような経験は、当事者を再度、社会的排除状態に陥ることを防ぐ。児童養護施設で生活する子どもの生活過程を「脱出」という概念を用いて説明した谷口由希子は、援助者と子どもとの信頼関係の構築が子どもを再度排除状態に陥らせない要素になることを指摘する▼25。

これらのことが伝えるのは、当事者の失われた「声」の回復は、大人との協働によりなされるということだ。それは、意見表明・参加の権利が「聴かれる権利（rights to be heard）」と解釈される所以である▼26。国連子どもの権利委員会において「聴かれる権利」は、子どもと大人相互の尊重にもとづく情報共有と対話を含む、子どもと大人の意見（views）がどのように考慮されて結果を形作るのかを学ぶ、進行中のプロセス（ongoing process）と定義している▼27。日本に最初に「聴かれる権利」という解釈を紹介した許斐有は、意見表明・参加の権利の保障には、まずもって身近な大人との関係性が基盤にあることを問いかけた。そのうえで、大人側の資質、子どもについての深い理解と洞察力、子どもの気持ちを受けとめるための感性と人権感覚が不可欠であることを指摘している▼28。このプロセスにおいて、子どもへの尊重・敬意（リスペクト）は欠かすことができない。リスターもまた、貧困の「不利で不安定な経済状態」には再分配を、「屈辱的で人々を蝕むような社会関係」には承認と尊重・敬意（リスペクト）が必要であることを繰り返し伝えている（Lister 2004=2011: 269-270）。子どもの権利の視点においても、貧困問題の改善においても、尊重・敬意（リスペクト）は不可欠の要素といえよう。

もう1点重要なのは、子どもが現在置かれている状況を理解するための手がかりを与える、子どもとの情報共有である。子どもの商業的性的搾取に取り組む国際ＮＧＯエクパットは、子どもの参加を左右するものに、①子どもに提供される情報の量、②文化的な要因、③コミュニティ・組織・社会における権力関係と少女やマイノリティに対する差別、④若者参加に対するおとなの意識・受容・支援等をあげている▼29。ハートの子どもの参加論においても、子どもに提供される情報の有無が子どもの参加と非参加を決定づける（Hart 1997=2000: 41-50）。子どもへの情報提供は、自分や家族に起きている出来事を理解することを助け、「声」にならない思いに言葉を提供するものである。それは、自らの生活、ひいては人生に参加していく土台をつくりだす▼30。こうした情報共有のプロセスを学びという形で展開するアプローチもある▼31。これらは、子ども自身が、自身の置かれた状況を権利と結びつけて理解することを助ける。自らに課せられた困難が、自身の責任ではなく、まして単純に親の過失や責任でもなく、社会の構造的な課題によるものだと学ぶ機会は、本人の恥辱や自己否定的な思いを転換していくのではないだろうか。アメリカやカナダにおいては、こうした学びのプロセスの延長線上に当事者の「声」を政策に届ける活動もなされ、制度としても位置づく▼32。政策立案のプロセスにおいても、子どもの「声」が取り入れられ、子どもの「声」が活かされた制度を構築する必要があるだろう。

一方で、大人との関係性は、子どもの権利を奪う危険性とも常に隣り合わせだ▼33。かつて子どもの「声」を聴くために始められた全国児童養護施設高校生交流会が頓挫してしまった歴史がある▼34。子どもの「声」は、大人にとって好ましいものばかりであるとは限らない。子どもの「声」を聴くことは、大人の姿勢や有り様そのものが問い直され、変革を迫られることでもある。高校生交流会の頓挫は、子どもの「声」を聴くことを実質的に保障していくことの難しさを伝える。大人が子どもの「声」を受け入れられない場合、大人は、容易にその「声」を聴くのを辞め、かつ「声」を出せない仕組みにすることができるからである。現在、アドボカシーという第三者が必要とされる所以はここにある▼35。

（3）「声」を奪わない社会をつくる

子どもの「声」を失わせる貧困そのものを生み出す社会構造への働きかけも忘れてはならない▼36。貧困を生み出す社会構造そのものへの指摘は、国連子どもの権利委員会においてもなされる。第3回総括所見においては、不平等な資源配分を改善すること、子どものウェルビーイングが保障されるように家族を支援することの必要性が指摘され、その改善が促される▼37。

権利条約は、条約という法形成により国に対する義務付けを通して子どもの権利を保障するところに特徴がある（荒牧 2009: 9-10）。そのうえで、子どもの権利を保障するための国、そして親・家族との関係、それぞれの役割が明らかにされる。子どものケア・発達のための親および家族（環境）を重視する一方、親への支援の必要性も国の役割として明確に打ち出す▼38。ここで、国の支援とは、端的に子育て世帯を支援する政策を検討することのみを指さない。貧困そのものを緩和していく視座、雇用労働の改善および所得の再分配を含む社会保障の充実といった親が子育てをする基盤そのものを整えることも含む。

しかしながら、現在の子どもの貧困対策は、権利条約の示す方向性とは逆に、子どもの努力と親の責任を強化する性質をもつ。湯澤（2017）は、所得の再分配の強化や雇用労働の改善によって貧困率を低減させる政策が、子どもの貧困対策として検討されていないこと、そのような貧困を生み出す構造は不問にされたまま、一連の家族の努力や子どもの意欲の醸成が全面に押し出されていることの課題性を指摘する。ここで指摘される家族に依存した社会のありようは、今ここで始まったことではない。日本における児童虐待対応制度の特徴を海外との比較により明らかにした根岸弓は、日本の制度が保護的な視点を強く持つものであることを明らかにしている▼39。虐待対応には、虐待が発生した家族を支援するという「家族支援」か、家族を「逸脱者」とみなし子どもの保護に価値を置くのか、そして、子どもの人生をどう捉えるのかという社会の価値判断を背景にもつ。根岸の知見は、現在の制度が「家族支援」の視点に加え、子どもが人生を作っていく主体であるという視点も不在であることを明白にする。

社会のありようは、私たち一人ひとりの意識とも深くかかわる。一人ひとりの意識と法制度や社会資源は、互いに影響を与え合いながら存在している。それは、権利条約批准直後に、カナダ・オンタリオ州の冊子を参考にし、権利主体の子ども観を目指しながら、児童養護施設で生活する子どもに子どもの権利を伝える目的で全国の自治体により作成された『子どもの権利ノート』が、当時の法制度や社会資源の限界により保護的な子ども観が全面に出されたものに変容してしまったことにも象徴される▼40。ただ、そのように変容した『権利ノート』であっても、施設におけるケアの枠組みを改善させた。施設職員に自らの子ども観とケアの変革をせまり、管理・指導する対象であった子どもは、個別性に基づき声を聴く主体へとその位置づけを変えたのである▼41。正当な資格を持つ主体として認知させる力が権利にはある（大江 2004: 22)。

社会正義を求める勇敢な人々が立ち向かう最初の敵は、自らのなかに潜む差別意識であるという（藤原 2017: 55-56)。家族規範も、子ども観も、暗黙知として私たちの内に横たわる。私たち一人ひとりが、こうした規範から自由になることがまずは求められている。先行する実践もある。家族を支援し、子どもの「声」を引き出し、子どもをただ受け身の存在におかない営みは、すでに始められている▼42。

２０１６年６月、子どもの権利の理念が盛り込まれた児童福祉法が施行された▼43。日本は、権利条約を批准後20年以上経過してようやく、子どもの権利を保障するためのスタートラインに立った。子どもの虐待や子どもの貧困が社会的な課題の俎上にあがるなかで、今まで可視化されることすらなかった子どもの存在が浮き彫りになった。家族のなかに埋もれていた子どもの存在が浮かび上がってきたなかでの、児童福祉法の改正である。私たちは、子どもの権利という理念が国内法に位置づけられたことが、今後の日本社会にどのような影響を与えていくのかを注視していく必要があるだろう。

注

1　グッドマンは、ベリジとブロディ（Berridge and Brodie 1998: 94）の研究を引用しながら述べる（グッドマン 2006: 49）。

2　もっとも恩恵ではなく権利が必要であるという視点は、グッドマン固有の指摘というよりは、20世紀における人々の闘いの末に獲得されたものである。小川政亮（1964）「第3章　社会保障の権利」『権利としての社会保障』勁草書房、120〜122頁

3　２０１９年２月時点で、アメリカを除く１９６か国において批准されており、日本は、１９９４年に１５８番目の批准国となった。全54条で構成される。

4　他の一般原則は、差別の禁止に対する権利、生命及び発達に対する権利、子どもの最善の利益の第一義的考慮である。ユニセフ子どもの権利条約「子どもの権利条約」一般原則（https://www.unicef.or.jp/about_unicef/about_rig.html）

5　子どもの商業的性的搾取に取り組むＮＧＯにおいても、演劇や描画は子どもの声を表現する方法として位置づく（ECPAT International 1999=2001）。Hart（1997=2000）においても、子どもの参画のための様々な方法や手段に描画やコラージュ、地図づくり・模型づくりがあげられる。また、保育分野において、子どもを主体として位置づける加藤繁美は、子どもの表現するすべての行動を子どもの意見表明として捉え、その声をいかに保育者が聴きとげるかを重視する（加藤繁美 1994; 2014）。

6　ユニセフ（2007）「国連総会、〝子どもの貧困〟の強力な定義を採択」（https://www.unicef.or.jp/library/pres_bn2007/pres_07_02.html）

7　具体的には、過去５年間、２０１３年以降の出版物、ＣＶＶ・長瀬（2015）、加藤・上間・鎌田・金城・小田切（2017）、「社会的養護の当事者の語り　My Voice My Life」42号までのインタビュー記事を参照した。上記連載は、２０１５年５月より『月刊福祉』（全国社会福祉協議会）で連載され、現在も継続中。上記のうち、「声」に関連

した語り、支えられた経験に焦点をあてた。

8　妻木（2011）では、児童養護施設で育った当事者の家族が、経済的困難・貧困や家族構成の不安定・不定形さ、家族関係の困難さといった重層的な困難を抱え持った家族であること、入所に至るプロセスにはそうした困難と不利のそれぞれが原因となりながら、分かちがたく絡み合い蓄積されていく過程であると指摘している。ゆえに、谷口（2011）は、児童養護施設を、「排除状態にある子どもが、児童養護施設を介して貧困の再生産を断ち切り、生活を立て直していく」場として位置づける。

9　松本（2007：47）は、社会的養護の当事者を「わが国で最も社会的不利を負っている存在であり、その状態はわが国の諸矛盾の集中点である。子どもの貧困の諸要素の、集約点でもある」と位置づける。「子どもの貧困の最も見えやすい姿」であり、「子どもが家族と社会の支援のなしで、いわばむき出しの個人として社会に相対するときに直面せざるを得ない不利と困難の現実」を引き受けていることを指摘する。

10　加藤・上間・鎌田・金城・小田切（2017）では、冒頭で3名の当事者の方の語りが紹介される。そのうちの一人、結衣さんの言葉である。

11　さくらさんの言葉。山縣文治（2015）「My Voice, My Life：社会的養護当事者の語り（vol.1）」、『月刊福祉』98巻5号、２０１５年5月、78～81頁

12　和喜さんの言葉。林浩康（2018）「My Voice, My Life：社会的養護当事者の語り（vol.36）」、『月刊福祉』１０１巻第4号、２０１８年4月、70～73頁

13　スダチさんの言葉。長瀬正子（2018）「My Voice, My Life：社会的養護当事者の語り（vol.43）」、『月刊福祉』１０１巻11号、２０１８年11月、74～77頁

14　海里さんの言葉。谷口純世（2017）「My Voice, My Life：社会的養護当事者の語り（vol.30）」、『月刊福祉』１００巻10号、２０１７年10月、72～75頁

15　例えば、ＣＶＶ・長瀬（2015）では、当事者スタッフCさんから、当事者からの相談にかかわっての特徴が次のように述べられる。「『相談があります』って言って相談はこうへんと思う。ＬＩＮＥだったら、『Zくん、今しんどいねん』ってとんできたりする。……でも、（何がしんどくてどうしたいのかこっちから聞かないと）分からない（Cさん・当事者スタッフ）」。一方、弁護士のDさんは、「当事者の相談は、窓口を設けたら出てくるものじゃなくて、日常のかかわりであったり、そういうなかでわき上がってきたり、『最近、どうしてる？』とか、まめに定期的に声かけることで拾われていく。自分から発することができないことが、特徴的」と話す。

16　林浩康（2017: 73）「My Voice, My Life：社会的養護当事者の語り（vol.32）」、『月刊福祉』１００巻12号、２０１７年12月でも触れられる。ＣＶＶ・長瀬（2015: 40-41）においても指摘されている。

17　愛さんの言葉。谷口純世（2016）「My Voice, My Life：社会的養護当事者の語り（vol.18）」、『月刊福祉』99巻11号、２０１６年10月、86～89頁

18　リスターは、貧困の関係的・象徴的側面である「屈辱的で人々を蝕むような社会関係」がどのようなものであり、それが当事者の尊厳をいかに奪うのかを説明するために〈他者化〉について詳細に説明している（Lister 2004=2011: 146-152）。

19　ＩＦＣＡは、毎年日米の当事者が交流する際に共通のテーマを設け、当事者が、日米それぞれの現状を踏まえ語りあう。２０１７年度の共通テーマにあげたのは、「Normalcy 当たり前の生活」であった（IFCA 2017）。そこでは、日米の当事者が、「当たり前」を感じられなかった経験、「当たり前」をなくしていく必要性について語り、文章をまとめている。

20　ＣＶＶ・長瀬（2015）では、当事者が、非当事者に対して「氷の壁」をつくることが次のように語られる。「当事者でない人に対する不信感は、基本的に高い。氷の壁が当事者だったら1センチで、当事者じゃなかったら5センチという感じ（Ｂさん・当事者スタッフ）」。

21　当事者スタッフＡさんの言葉。ＣＶＶ・長瀬（2015: 40）

22　永野（2017）は、次の3つの側面から当事者の抱える困難さを丁寧に伝える。それは、「①「生」が混乱すること：自身の「人生」のアイデンティティやルーツがゆるがされること、②「生」が否定されること：保護者等からの抑圧によって、自身の「生命」が否定されること、③「生」が不明であること：自身の「生まれ」の状況が明らかでないこと等が背景に存在する」である。

23　児童養護施設で育った12名のライフストーリーから当事者の進学企図とその継続の背景を明らかにした長瀬（2011a）は、当事者の努力のみでは進学の継続と卒業の達成はなされないことを示している。

24　伊部（2018）は、当事者に「ふりかえって、生きていくなかで『力をもらったこと』、『支えになっていること』」を尋ねている。その応答のうち入所中の思い出や記憶で今も支えになっていることを、ｉ）自分のために何かを「与えてくれた」・「してくれた」、ⅱ）「尊重してくれた」・「自分らしくいられた」、ⅲ）「偏見がない人がいてくれた」、ⅳ）「したいことができた」・「自分で選択できた」とまとめる。

25　谷口（2011）は、社会的排除状態にあった子どもが、児童養護施設という公的・社会的支援の機関を経ること

で排除状態から脱することを「脱出」という概念で説明している。長期間の児童養護施設でのフィールドワークとインタビュー調査をもとに、入所・施設での生活・退所という当事者の時間軸に沿って、「脱出」がいかになされるかを明らかにしている。

26　一般的意見12号（General Comments No.12, 以下GC12）では、意見表明・参加の権利を「意見を聴かれる子どもの権利」と位置づける。なお、一般的意見とは、国連子どもの権利委員会において、「条約のさらなる実施を促進し、かつ締約国による報告義務の履行を援助するために」（子どもの権利委員会暫定手続規則73条）作成される文書のことをいう。一般的意見は、締約国の選挙によって選ばれた委員で構成される条約機関が、多数の締約国報告書を審査してきた経験にもとづいて採択した正式な文書であり、国際人権法の発展の重要な要素を構成するものである。そこに示された見解は、厳密な意味での法的拘束力こそ有しないものの、条約の規定に関するひとつの権威ある解釈として、締約国の政府や裁判所等によって正当に尊重されなければならない。

27　This term has evolved and is now widely used to describe ongoing processes, which include information-sharing and dialogue between children and adults based on mutual respect, and in which children can learn how their views and those of adults are taken into account and shape the outcome of such processes. (GC12,3)

28　許斐の意見表明・参加の権利の解釈には、カナダ・オンタリオ州で１９８４年に制定された「子ども家庭サービス法（Child and Family Service Act）における、子どもの「自己にかかわる重要な決定が行われる際には」、自分の意見や考えを表明する機会を保障している機会が基盤となっている。大人は、まず子どもの声に謙虚に耳を傾けること、表明された意見はできる限り尊重する姿勢、子どもが考えたり判断したりする前提のための情報の提供、子ども自身が考え、判断するような自己決定の機会を保障していくことが重要であることを指摘する。

29　子どもの商業的性的搾取の世界会議においては、子ども・若者が会議の参加者として位置付けられている。１９９６年ストックホルムでの会議において、各国からやってきた若者が、この問題の解決にあたって、子どもの声を聴くこと、若者が貧困と商業的性搾取の被害者となることのない社会をつくるために「行動のための課題」を実行するよう迫ったことにはじまる。本稿で紹介する子どもの商業的性的搾取に反対する若者の国際行動（ＩＹＰ ＡＳＥＣ（International Young People's Action against Sexual Exploitation of Children））が行った調査研究による。研究の目的は、①子どもがプロジェクトに参加する能力を記録する、②子どもの参加を得るために使われている方法を明らかにする、③若者参加の多様な形態を描写する、④子ども参加の経験において、助けになるものと妨げになるものを明らかにすることである。子どもの貧困の影響は、③コミュニティ・組織・社会における権力関係と少女やマイノリティに対する差別に含まれる問題の一つにあげられている。

30 近年、児童相談所や児童養護施設等において始められたライフストーリーワークも同様の意義がある。それは、子どもが自らの人生における事実を養育者と共有し、子ども自身の物語を紡ぎなおすプロセスである（楢原 2011）。精神保健福祉分野においては、ＮＰＯぷるす・あるはによる精神疾患のある親の状況を理解することを助ける絵本の取り組みがある（ぷるす・あるは https://pulusualuha.or.jp）。

31 子どもの権利とともに暴力防止のスキルを伝えるＣＡＰ（Child Assault Prevention）プログラムは、子ども自身が暴力を防止していけるようロールプレイ等子どもにわかりやすい方法で提示する（ＣＡＰセンター ＪＡＰＡＮ編（2004）『ＣＡＰへの招待』解放出版社）。大阪市西成区にある子どもの居場所こどもの里では、エンパワメントの会という子ども自身の感情と言葉をつなげていくワークが月に1回実施されている（こどもの里『２０１４年度こどもの里事業報告書』73～75頁）。大阪市西成区にある西成高校では、高校生自身が自らの問題を学び、権利とともに理解する総合学習が実施されている（肥下 2009）。内田（2011a）では、同和教育に熱心に取り組む教員との出会いから、自分の生活をふりかえり現在は施設職員となった当事者のＪさんが紹介される。内田（2011a）は、Ｊさんが受けた同和教育の背景に部落解放教育運動があることを指摘している。

32 アメリカにおいては、そのような学びのプロセスを当事者団体が担い、子どもや若者の「声」が政策に届ける仕組みも存在している（IFCA 2017）。また、畑・大谷・菊池（2018）では、カナダにおけるアドボカシーの仕組み、当事者の声を政策に届けるプロセスが詳細に紹介されている。

33 谷口（2011: 240）は、援助者がよかれと思って行う支援であっても、子どもとの合意形成がされない、あるいは子どもへの説明を怠ってしまった場合、援助者との信頼関係が失われ、結果として「脱出」が阻害されることを指摘する。情報提供のない参加は、時に大人が子どもを利用することにもつながりかねない。ハートは、そのような参加を「操り参画」「お飾り参画」「形式的参画」とし、意見表明・参加の権利を保障するものとみなしていない（Hart 1997=2000）。

34 かつて児童養護施設で育つ子どもの声を聴く試みに、全国児童養護施設高校生交流会の活動があった。１９８８（昭和63）年に鳥取県で第1回目の高校生交流会が行われて以降、全国の活動は第10回まで続けられた。高校生交流会は、「児童養護施設で生活する高校生同士が自らの生活について語り合い、自己発見を通して、施設生活をとらえなおし、自己実現を図るための一助をめざす会」であり、「参加施設職員にとっても、高校生の気持ちに触れる貴重な研修となっている」として高く評価されていた。それは、単に子どもが語り合う場を保障するのではない。子ども自身が交流することによって肯定的なアイデンティティの形成を行うことや、職員がそれを聴くことで自らの実践を振り返ること、子どもが主体となって施設を変革させていく試みでもあった。しかし、第7回高校生交流会福岡大会後に、参加した高校生が体罰を告発し、新聞社によって報道されるという事件を契機に、高校生交流会は質的に単なる交流の場、遊びの場へと変容させられてしまう。詳細は、内田（2011b）を参照のこと。

35 栄留（2015）が参考になる。

36 藤原（2017）は、子どもの貧困を生み出し続ける社会構造は、日本社会における経済構造と税・社会保障といった再分配制度にあることを指摘する。そして、子どもの貧困対策は、貧困を生み出す構造に異議を申し立て、貧困そのものの解消をめざす必要があること、そのためにはジェンダー平等の視点が不可欠であることを訴える。

37 ２０１０年6月に出された国連子どもの権利委員会総括所見パラグラフ66・67による。「社会支出がＯＥＣＤ平均よりも低く、貧困が増加し、子どものウェルビーイングおよび発達のための補助金および諸手当が整備されてこなかったこと」に懸念を示し、「子どもの貧困を根絶するために適切な資源を配分する」ことを勧告している。加えて、「親は子育ての責任を負っているために労働の規制緩和および流動化のような経済戦略に対処する能力が制約されている」ことを考慮に入れることを指摘し、「子どものウェルビーイングおよび発達にとって必要な家族生活を保障することができているかどうか」を監視するよう促している。

38 荒牧（2009: 8-10）によれば、「子どもの人格の全面的で調和のとれた発達のためにふさわしい家族環境（代替的な環境を含む）のもとで成長すべきであるという理念に基づいて、家族形成・関係維持にかかわる権利が保障されている」という。具体的な条文は、第5条父母の責任、権利及び義務の尊重、第18条子どもの養育及び発達についての父母の責任と国の援助である。

39 根岸弓（2015）は、児童虐待対応制度を評価するための『「参加」』の権利スケール」を考案し、国際比較から日本の制度的特徴を明らかにしている。制度の有り様が、「保護」あるいは「家族支援」に重点が置かれるかによって変わること、「家族支援」に置かれる場合も家族の変容に力点を置くのか、子どもの人生設計に置くのかで性質が異なってくることを示している。そして、今後、虐待対応を親の行動変容への支援、子どもの人生設計への支援と捉えるのであれば、子どもと家族が制度に「参加」していくことができるよう改正していく必要があることを指摘している。

40 『権利ノート』は、施設等で育つことが決定した際に子どもに配布される小冊子である。社会的養護で保障される権利を伝え、それがまもられない時の権利擁護システムを伝えるという二つの役割を担う。多くは、施設等と児童相談所が協力し、自治体の主管課により発刊される。長瀬（2005）では、２００４年当時の全国の自治体で発刊された『権利ノート』のテキスト分析をとおして、その特徴を明らかにした。なお、『権利ノート』はその後改訂・改定され、内容的にも変化しつつある。長瀬（2016; 2018）を参照のこと。

41 それは、体罰をともなう従わせる威圧的な指導から、子どもの声を聴き対話する方法へ、集団指導から一人ひとりの子どもをみる個別性を大切にした支援という変化のプロセスでもあった（長瀬 2010）。

42 田中（2015）、大江・山辺・石塚（2013）、鴻巣（2018）などが参考になる。

43 子どもの福祉を保障するうえでの基盤となる子どもや家族への基本的な姿勢や価値を提示し、その責任の所在と実施体系を示す第1章の総則（第１条児童福祉の理念、第２条児童育成の責任、第３条原理の尊重、第１節国及び地方公共団体の責務）の大幅な改正である。

引用・参考文献

阿部彩（2009）「子どもの人権と貧困」『部落解放』第615号、２００９年6月、4～12頁

荒牧重人（2009）「子どもの権利条約の成立・内容・実施」喜多明人・森田明美・広沢明・荒牧重人編『逐条解説 子どもの権利条約』日本評論社

Committee on the Rights of the Child, United Nations (2009). General Comment No.12, The Right of the Child to be Heard.

ＣＶＶ・長瀬正子（2015）『社会的養護の当事者支援ガイドブック』Children's Views and Voices

ECPAT International (1999). "Chapter1 The Right to participate" ECPAT International "Standing up for ourselves", UNICEF. (IYP ASEC／国際エクパット（2001）エクパットジャパン関西翻訳「私たち自身のために立ち上がって――若者の参加権概念と実践に関する研究」「人権教育」編集委員会編『人権教育』第14号、明治図書出版、103～125頁

エクパット・ジャパン・関西（2007）『子どもの回復力を支えるために――フィリピンの子ども虐待・搾取に取り組むＮＧＯから学んだこと』

栄留里美（2015）『社会的養護児童のアドボカシー――意見表明権の保障を目指して』明石書店

藤原千沙（2017）「新自由主義への抵抗軸としての反貧困とフェミニズム」松本伊智朗編『「子どもの貧困」を問いなおす――家族・ジェンダーの視点から』法律文化社

Goodman, Roger（2000）*Children of JapaneseState: Changing Role of the Child Protection Institution in the contemporary Japan*, Oxford University Press（ロジャー・グッドマン著、津崎哲雄訳（2006）『日本の児童養護――児童養護学への招待』明石書店）

Hart, A. Roger（1997）. *Children's Participation*, UNICEF.（ロジャー・ハート著、木下勇・田中治彦監修、南博文監修、IPA（子どもの遊ぶ権利のための国際協会）日本支部翻訳（2000）『子どもの参画――コミュニティづくりと身近な環境ケアへの参画のための理論と実際』萌文社）

平野裕二（2004）「子どもの権利条約の実施における『権利基盤型アプローチ』の意味合いの考察」子どもの権利条約総合研究所編『子どもの権利研究』第5号、78～85頁

畑千鶴乃・大谷由紀子・菊池幸工（2018）『子どもの権利最前線 カナダ・オンタリオ州の挑戦』かもがわ出版

肥下影男（2009）「『反貧困』を軸にした人権総合学習の取り組み」『部落解放』第615号、２００９年６月、24～33頁

平野裕二（2006）「いま求められる『権利基盤型アプローチ』」『解放教育』36巻2号、２００６年2月、44～50頁

平野裕二（2010）「子どもの貧困・格差への国際的関心、高まる――国連・子どもの権利委員会第三回総括所見の特徴と課題」『部落解放』第638号、２０１０年12月

伊部恭子（2018）「社会的養護経験者が語る『支えられた経験』とその意味：15人への生活史聴き取りを通して」『福祉教育開発センター紀要』第15号、35～56頁

IFCA（2017）「IFCAFoster Care Alumni Project（ＩＦＣＡユースプロジェクト）特集：社会的養護と当事者参画」第5号、Youth Publication Spring/Summer 2017、ＩＦＣＡ

IFCA（2018）「IFCAFoster Care Alumni Project（ＩＦＣＡユースプロジェクト）特集：ノーマルシーと社会的養護」第6号、Youth Publication Spring/Summer 2018、ＩＦＣＡ

IYP ASEC／国際エクパット（2001）エクパットジャパン関西翻訳「私たち自身のために立ち上がって――若者の参加権概念と実践に関する研究」「人権教育」編集委員会編『人権教育』第14号、明治図書、103～125頁（ECPAT International（1999）Chapter1 The Right to participate）

柏木智子（2017）「『子ども食堂』を通じて醸成されるつながりの意義と今後の課題――困難を抱える子どもの参加と促進条件に焦点をあてて」『立命館産業社会論集』第53巻第3号、２０１７年12月、43～63頁

加藤彰彦・上間陽子・鎌田佐多子・金城隆一・小田切忠人（2017）『沖縄子どもの貧困白書』かもがわ出版
加藤悦男（2016）「子どもの貧困問題を子どもの権利の視点から捉えることの有効性」子どもの権利条約総合研究所『子どもの権利研究』第27号、２０１６年2月、48〜56頁
加藤繁美（1994）『シリーズ新保育論　保育者と子どものいい関係』ひとなる書房
加藤繁美（2014）『記録を書く人　書けない人――楽しく書けて保育が変わるシナリオ型記録』ひとなる書房
木村草太（2018）「子どもの権利――理論と体系」木村草太編『子どもの人権をまもるために』晶文社
喜多明人・吉田恒雄・荒巻重人・黒岩哲彦編（2001）『子どもオンブズパーソン――子どものＳＯＳを受けとめて』日本評論社
子どもの権利条約ＮＧＯレポート連絡会議（2011）『子どもの権利条約から見た日本の子ども（国連・子どもの権利委員会第３回日本報告審査と総括所見）』現代人文社
鴻巣麻里香（2018）「『子ども食堂』の可能性と課題――そろそろ「おとなの貧困」を語りませんか」『季刊保育問題研究』第292号、２０１８年8月、23〜37頁
許斐有（2000）「子どもの権利擁護システムの必要性と課題――児童福祉分野での子どもの権利保障実現に向けて」『社會問題研究』49巻3号、143〜164頁
許斐有（2001）「子どもの権利の実質的保障に向けて――児童福祉分野における意見表明権の意義」原田信一教授古稀記念論集刊行委員会『現代社会福祉学の理論と実践』みづほ出版社、90〜112頁
Lister, Ruth（2004）POVERTY, Polity（ルース・リスター著、松本伊智朗監訳、立木勝訳（2011）『貧困とはなにか――概念・言説・ポリティックス』明石書店）
松本伊智朗（1987）「養護施設卒園者の『生活構造』――『貧困』の固定的性格に関する一考察」『北海道大学教育学部紀要』第49号、43〜119頁
松本伊智朗（1997）「子どもの権利と低所得・貧困――子どもの権利条約第27条「生活水準への権利」にかかわらせて」『社会福祉研究』第70号、98〜109頁
松本伊智朗（2007）「子ども：子どもの貧困と社会的公正」青木紀・杉村宏『現代の貧困と不平等――日本・アメリカの現実と反貧困戦略』明石書店、45〜66頁
松本伊智朗・清水克之・佐藤拓代・峯本耕治・村井美紀・山野良一（2010）『子ども虐待と貧困――「忘れられた子ども」のいない社会をめざして』明石書店

松本伊智朗（2013）『子ども虐待と家族――「重なり合う不利」と社会的支援』明石書店
松本伊智朗編（2017）『「子どもの貧困」を問いなおす――家族・ジェンダーの視点から』法律文化社
望月彰（2012）「子どもの権利条約と『新システム』」『あいち保育研究所研究紀要』第3号、27〜45頁
永野咲（2017）『社会的養護のもとで育つ若者の「ライフチャンス」――選択肢とつながりの保障、「生の不安定さ」からの解放を求めて』明石書店
長瀬正子（2004）「社会的養護のもとで暮らす子ども・若者の参加――児童養護施設における子どもの権利擁護の取り組みに注目して」、『社会問題研究』、第54巻第1号、61〜82頁
長瀬正子（2005）「児童養護施設における子どもの権利擁護に関する一考察――『子どもの権利ノート』の全国的実態とテキスト分析を中心に」『社会福祉学』第46巻第2号、42〜51頁
長瀬正子（2011a）「第4章　高学歴達成を可能にした条件――大学等進学者の語りから」西田芳正・妻木真吾・長瀬正子・内田龍史『児童養護施設と社会的排除』解放出版社
長瀬正子（2011b）「児童養護施設における子どもの権利擁護に関する実証的研究：『子どもの権利ノート』に焦点をあてて」２０１０年度大阪府立大学大学院社会福祉学研究科博士学位論文
長瀬正子（2016）「全国の児童養護施設における『子どもの権利ノート』の現在――改訂および改定の動向に焦点をあてて」『社会福祉学部論集』第12号、73〜92頁
長瀬正子（2018）「子どもに『権利を伝える』ことの一考察――全国の改訂された『子どもの権利ノート』を中心に」『愛知県立大学教育福祉学部論集』第66号、57〜65頁
楢原真也（2015）『子ども虐待と治療的養育――児童養護施設におけるライフストーリーワークの展開』金剛出版
根岸弓（2013）「児童虐待対応制度の基本構造とその意味――親と子の主体化を基準とする分析モデルの提唱」『社会福祉学』第54巻第2号、32〜43頁
根岸弓（2015）「児童虐待対応制度の評価指標の構築と経験的適用の国際比較からみえる日本の制度的特徴」『社会福祉学』第56巻第3号、29〜43頁
日本弁護士連合会（2011）『子どもの権利条約・日弁連レポート問われる子どもの人権――日本の子どもたちがかかえるこれだけの問題』駒草出版
大江ひろみ・山辺朗子・石塚かおる（2013）『子どものニーズをみつめる児童養護施設のあゆみ――つばさ園のジェネラリスト・ソーシャルワークに基づく支援』ミネルヴァ書房

大江洋（2004）『関係的権利論――子どもの権利から権利の再構成へ』勁草書房
大阪府立西成高校（2009）『反貧困学習――格差の連鎖を断つために』解放出版社
大澤真平（2017）「子どもの貧困という視点」『教育福祉研究』第22号、15〜27頁
Ridge, Tess (2002). *Childhood poverty and social exclusion: From a child's perspective*, The Policy Press.（テス・リッジ著、中村好孝翻訳・松田洋介翻訳・渡辺雅男翻訳（2010）『子どもの貧困と社会的排除』桜井書店
園崎寿子（2006）「ＳＡＦＥプログラム――子どもの安全を子ども自身が守るために」『解放教育』第36巻第2号、２００６年2月、35〜43頁、明治図書出版
田上時子・エクパットジャパン関西（2001）『知っていますか？ 子どもの性的虐待一問一答』解放出版社
武田信子（2015）「貧困と幸せを考える」『世界の児童と母性』第79号、２０１５年10月、11〜18頁
田中聡子（2015）「子どもの貧困に抗うための実践」埋橋孝文・矢野裕俊『子どもの貧困／不利／困難を考えるⅠ――理論的アプローチと各国の取組み』ミネルヴァ書房
谷口由希子（2011）『児童養護施設の子どもたちの生活過程――子どもたちはなぜ排除状態から脱け出せないのか』明石書店
妻木進吾（2011）「第1章　頼れない家族／桎梏としての家族――生育家族の状況としての家族」西田芳正・妻木真吾・長瀬正子・内田龍史『児童養護施設と社会的排除』解放出版社
内田龍史（2011a）「第6章　児童養護施設生活者／経験者のアイデンティティ問題」西田芳正・妻木真吾・長瀬正子・内田龍史『児童養護施設と社会的排除』解放出版社
内田龍史（2011b）「第7章　児童養護施設生活者／経験者の当事者活動への期待と現実」西田芳正・妻木真吾・長瀬正子・内田龍史『児童養護施設と社会的排除』解放出版社
上間陽子（2017a）『裸足で逃げる』太田出版
上間陽子（2017b）「願いを口にするまでの長い道のり」加藤彰彦・上間陽子・鎌田佐多子・金城隆一・小田切忠人『沖縄子どもの貧困白書』かもがわ出版
山野良一（2017）「子どもの貧困対応における福祉と教育の連携の現状と課題について」子どもの権利条約総合研究所『子どもの権利研究』第28号、２０１７年2月、43〜51頁
山野良一（2018）「貧困――子どもの権利から問う、子どもの貧困」木村草太編『子どもの人権をまもるために』晶文社

屋代通子（2007）「当事者としての子どもの権利」小林美智子・松本伊智朗『子ども虐待――介入と支援のはざまで』明石書店、127～143頁
吉田祐一郎（2016）「子ども食堂活動の意味と構成要素の検討に向けた一考察――地域における子どもを主体とした居場所づくりに向けて」『四天王寺大学紀要』第62号、355～368頁
湯澤直美（2013）「『子どもの貧困対策の推進に関する法律』の制定経緯と今後の課題」『貧困研究』第11号、2013年12月、50～60頁
湯澤直美（2014）「子どもの権利保障としての『子どもの貧困対策』」『社会運動』408号、2014年3月、40～42頁
湯澤直美（2017）「子どもの貧困対策と家族主義の克服」松本伊智朗編『「子どもの貧困」を問いなおす――家族・ジェンダーの視点から』法律文化社

「本当の貧困探し」のわな——あとがきにかえて

本シリーズの企画が立ち上がってから、二年半近くが経過した。手元のメモを振り返ってみると、最初の構想を練り、編者間での議論を重ね、全5巻の構成と執筆者案が固まるまでにおおよそ一年を要している。それから各巻ごとに編者を中心とする数回の研究会を持ち、原稿の執筆を開始した。刊行は予定より大幅に遅れた。この期間を通して、明石書店の神野斉さん、深澤孝之さんに大変お世話になっている。感謝申し上げたい。

本書は、「シリーズ・子どもの貧困」の第1巻であるのに、あまり子どもの話は出てこない。これは、編者間で確認されたこのシリーズの構成の考え方、つまり「貧困の話」から開始して「子どもの話」を経て「政策と実践の話」につなげる、という大きな流れに沿っているからである。そのため本書はほぼ「貧困の話」に終始している。この構成の意図と本書の試みが成功しているかどうかは、読者の判断にゆだねられる。ご批判を頂ければ幸いである。

ところで、貧困について話をすると、しばしば「それは本当の貧困なのか」という素朴な質問をぶつけられる。含意されていることは、いまの日本の貧困（例えば学者が騒いでるやつ）は大した問題ではなくて、「もっと深刻な貧困（例えば飢餓に近いイメージ）」が「本当の貧困」だという感覚である。また、貧困問題に取り組みたいと思う人が、個別の事象を前にして、これは貧困かどうかと思い悩むこともある。これもまた、貧困を考えるときに「本当の貧困」を基準にしたい、という感覚である。こうした感覚は、「本当の貧困探し」を招く。

もちろん、「本当のものかどうか」を問うことは大切である。権力の座にある人が発信する情報の真偽を問わなければ、民主主義が危うくなる。これは歴史を振り返っても今の社会を見ても、身に染みる現実である。きれいに加工されたデータを使う論文を読んで、味付けと盛り付けの巧妙さに感心する。しかし食材たる加工前の生データが「ほんもの」であるかどうかを考察する力がなければ、学問は衰退する。そう考えれば「本当の貧困」に思いを巡らせることも、一概に否定すべきではないのかも知れない。ただし「本当の貧困探し」に仕掛けられた「わな」を知っていれば、である。「本当の貧困探し」には、大きく三つのわながある。

第一のわな。貧困を見逃してしまう。序章で述べたように、貧困は「必要」を充足する資源の不足・欠如である。不足している資源の種類や不足の程度、時間的長さ、先の見通し、他の不利との複合、こうしたことによって、貧困の深刻さには一定の幅がある。あわせて、貧困にならないように「頑張っている」ことがもたらす負の影響も、貧困問題として理解すべきである。例えば、ダブルワークで「貧困線」を超える世帯収入を確保しているひとり親世帯の親が過労で健康を壊す、子どもと過ごす時間を奪われるといったことは、貧困の現れ方ではないか。またそもそも、貧困による制約やあきらめ、恥辱といった感覚は、本人にしかわからない。「本当の貧困探し」は単一の貧困イメージを想定しがちなので、こうした貧困の幅や多様な現れ方、主観的な意味が見えなくなる。つまり貧困の現実的な姿を見逃す。

第二のわな。貧困が生み出される社会的過程が見過ごされる。「本当の貧困」は、深刻な「状態」としてイメージされる。例えば複数の状態が比較され、より深刻だと感じられる方が「本当の貧困」と判断される。従って、食事が期限切れの総菜か、二日間食べていないのか、それとも三日間なのか等々、比較するために状態像のあれこれを把握することに精力が注がれ、結果として貧困が生み出される社会的な過程への関心が後退する。また「状態」は変化していくものなので、実は深刻さの比較は難しい。この点も見落とされる。

第三のわな。問題を他人ごとにする。「本当の貧困」と「貧困ではない状態」の間にどれだけ大きな違いがあるかという点に関心が集中し、問題の連続性が見失われる。意識的かどうかは別にして、貧困者と非貧困者の間に分断線が設定される。したがって、自分の問題にならない。貧困の渦中にある人を「自分たちと異なったひとたち」として他者化し、対象として扱ってしまう。非難の対象か、憐れみの対象か、どちらにしても貧困の渦中にある人の誇りを傷つけ、問題を深刻化させる。

こうしてみると「本当の貧困探し」自体が、貧困問題を小さくみせ、社会的なからくりに目をつぶらせ、問題を他人ごとにする装置かも知れない。貧困問題を深めているようで、実は貧困から目をそらさせる。これで誰が得をするというのだろうか。

ところでまた、貧困について話をするとしばしば、お金で幸せは買えないですよねとか、お金がないから不幸なんて決めつけは良くないですよねといった「抵抗」にあう。お金で買える安心と安全はあってそれが幸せの基礎だろとか、別に誰かを不幸と決めつけたわけではなく社会の不公正の話をしているのだけどなぁとか、結局自分の話がお粗末なんだろなとか、心の中でいろいろつぶやくことになる。幸福は主観的な概念として使用されることが多いから、客観的な状態としての貧困との関係は、なかなか整理が難しい。

ただはっきりしているのは、お金があれば防ぐことができた不幸はこの世にたくさんある、という事実である。それもわずかなお金である。わずかなお金がないことをきっかけとして起こる不利と困難の連鎖。奪われる希望。傷つけられる誇り。いさかい。閉塞感とあきらめ。場合によっては死。貧困を議論することは、こうした事実をいつも心の隅におき、こうした事実の放置は不正義だと考え、こうした事実を容認しない、まっとうな民主主義社会を構想することではないのか。貧困を「劣った個人」の問題として扱う言説があふれているこの社会で、誰もが人間らしく生きる権利の問題、損なわれている権利を放置しない社会をつくる問題だと、言い続ける必要がある。

本書の序章の冒頭に著作を引用した江口英一は、1979年の大著『現代の低所得層』の序章の終わりに、カール・マルクスが『資本論』において、ベネティアの僧オルティスの言葉として「人民の幸福にとって無用な体系を立てるよりも、私は人民の不幸の原因を研究するだけに限りたい」という一節を引用していることを、紹介している。私もこの言葉を心にとめておきたい。不利を負った人の現実をどうにかしたいと思うことから、社会のあり方を考える。貧困研究の立場とはそういうものだろう。

松本伊智朗

2019年2月

どもの貧困II――解決策を考える』(岩波書店、2014年)、「QOLと貧困：QOLにお金は必要か」猪口孝監修、村山伸子・藤井誠二編著『QOLと現代社会――「生活の質」を高める条件を学際的に研究する』(明石書店、2017年) など。

中塚久美子(なかつか・くみこ)【第11章】
朝日新聞大阪本社生活文化部記者。子どもや家族、ジェンダーを中心に取材。2014年から専門記者（子ども、貧困)。主な著作に『貧困のなかでおとなになる』(かもがわ出版、2012年)、『増補版 子どもと貧困』(朝日新聞取材班、朝日新聞出版、2018年)、『貧困問題最前線――いま、私たちに何ができるか』(大阪弁護士会編、明石書店、2018年) など。

長瀬正子(ながせ・まさこ)【第12章】
佛教大学社会福祉学部講師。専門は社会的養護、児童福祉。主な著作に『社会的養護の当事者支援ガイドブック――CVVの相談支援』(共著、Children's Views and Voices、2015年)、「全国の児童養護施設における『子どもの権利ノート』の現在――改訂および改定の動向に焦点をあてて」『社会福祉学部論集』第12巻、2016年、「子どもに『権利を伝える』ことの一考察――全国の改訂された『子どもの権利ノート』を中心に」『愛知県立大学教育福祉学部論集』第66巻、2018年など。

鳥山まどか（とりやま・まどか）【第６章】
北海道大学大学院教育学研究院准教授。専門は教育福祉論。主な著作に「家計に見る女性の困難――生活再生貸付利用者へのインタビュー調査から」『教育福祉研究』第18号、2012年、「借金問題のいま」『季刊家計経済研究』第102号、2014年、「子育て家族の家計――滞納・借金問題から考える」松本伊智朗編『「子どもの貧困」を問いなおす――家族・ジェンダーの視点から』（法律文化社、2017年）など。

鈴木佳代（すずき・かよ）【第７章】
愛知学院大学総合政策学部准教授。専門は社会階層論・ライフコース論。主な著作に「米国の未婚シングルマザーに関するディスコースとその反証――Promises I Can Keep（2005）が示唆するもの」『教育福祉研究』第17号、2011年、「高齢者サロンのプログラム内容に関する質的分析――包摂と介護予防をめざして」『総合政策研究』第18号、2015年、「家族・社会関係とQOL：生活の質を高める『人との関わり』とは」猪口孝監修、村山伸子・藤井誠二編著『QOLと現代社会――「生活の質」を高める条件を学際的に研究する』（明石書店、2017年）など。

杉山　春（すぎやま・はる）【第８章】
ルポライター。児童虐待、家族問題、ひきこもり、自死などについて取材・執筆。主な著作に『満州女塾』（新潮社、1996年）、『ネグレクト――真奈ちゃんはなぜ死んだか』（小学館文庫、2007年）、『ルポ虐待――大阪二児置き去り死事件』（ちくま新書、2013年）、『家族幻想――ひきこもりから問う』（ちくま新書、2016年）、『自死は、向き合える』（岩波ブックレット、2017年）、『児童虐待から考える――社会は家族に何を強いてきたか』（朝日新聞出版、2017年）など。

辻　智子（つじ・ともこ）【第９章】
北海道大学大学院教育学研究院准教授。専門は社会教育・青年期教育論。主な著作に『繊維女性労働者の生活記録運動――1950年代サークル運動と若者たちの自己形成』（北海道大学出版会、2015年）、「青年の学びと若者支援」社会教育推進全国協議会編『社会教育・生涯学習ハンドブック（第９版）』（エイデル研究所、2017年）、「戦後農村における生活改善と女性」佐藤一子・千葉悦子・宮城道子編『<食といのち>をひらく女性たち』（農文協、2018年）など。

阿部　彩（あべ・あや）【第10章】
東京都立大学人文社会学部人間社会学科教授。専門は貧困・社会的排除論。主な著書に『子どもの貧困――日本の不公平を考える』（岩波書店、2008年）、『子

◉**執筆者略歴**（執筆順、【　】は担当）

川村雅則（かわむら・まさのり）【第1章】
北海学園大学経済学部教授。専門は労働経済学。主な著作に「北海道保育者調査に見る現代の保育労働者状態」垣内国光編『日本の保育労働者――せめぎあう処遇改善と専門性』（ひとなる書房、2015年）、「タクシー労働をめぐる問題」太田和博ら編著『総合研究　日本のタクシー産業――現状と変革に向けての分析』（慶應義塾大学出版会、2017年）、「官製ワーキングプア問題の現状と課題」社会政策学会編『社会政策』第8巻第3号（ミネルヴァ書房、2017年）など。

山内太郎（やまうち・たろう）【第2章】
札幌国際大学短期大学部准教授。専門は社会福祉学。主な著作に「北海道におけるホームレスの現状と課題」『札幌国際大学紀要』第44号、2013年、「長期在住高齢者から見たA市での生活」『教育福祉研究』第20号、2015年など。

小尾晴美（おび・はるみ）【第3章】
中央大学経済学部助教。専門は労働社会学。主な著作に「地方自治体の非正規職員の職務内容と労働条件――東京都A区区立保育園の事例より」社会政策学会編『社会政策』第1巻第4号（ミネルヴァ書房、2010年）、「保育所における保育労働者の職務内容と知識・技能習得過程」垣内国光編『日本の保育労働者――せめぎあう処遇改善と専門性』（ひとなる書房、2015年）、「フォーマルなケア供給体制の変化とケア労働への影響――保育士の非正規雇用化に揺れる公立保育所の職場集団」『大原社会問題研究所雑誌』No.695・696（大原社会問題研究所、2016年）など。

大石亜希子（おおいし・あきこ）【第4章】
千葉大学大学院社会科学研究院教授。専門は労働経済学、社会保障論。日本学術会議経済学部会ワークライフバランス研究分科会委員長。主な著作に“Effect of Mothers' Nonstandard Work Hours on Children's Wellbeing in Japan.” in Ming-Chang Tsai and Wan-Chi Chen eds., *Family, Work and Wellbeing in Asia.* Singapore: Springer、「24時間週7日経済におけるワーク・ライフ・バランス」『大原社会問題研究雑誌』No.701（大原社会問題研究所、2017年）など。

丸山里美（まるやま・さとみ）【第5章】
立命館大学産業社会学部准教授。専門は社会学、ジェンダー論。主な著作に『女性ホームレスとして生きる――貧困と排除の社会学』（世界思想社、2013年）、『質的社会調査の方法――他者の合理性の理解社会学』（共著、有斐閣、2016年）、『貧困問題の新地平――〈もやい〉の相談活動の軌跡』（編著、旬報社、2018年）など。

◉編著者紹介（【　】は担当）

松本伊智朗（まつもと・いちろう）【はじめに、序章、あとがきにかえて】

北海道大学大学院教育学研究院教授。専門は教育福祉論、社会福祉論。雑誌『貧困研究』（貧困研究会、明石書店）編集長。主な著作に『子どもの貧困——子ども時代のしあわせ平等のために』（共編著、明石書店、2008年）、『貧困とはなにか——概念・言説・ポリティクス』（ルース・リスター著、監訳、明石書店、2011年）、『「子どもの貧困」を問いなおす——家族・ジェンダーの視点から』（法律文化社、2017年）など。

湯澤直美（ゆざわ・なおみ）【はじめに】

立教大学コミュニティ福祉学部教授。専門は社会福祉学、ジェンダー論。主な著作に『危機をのりこえる女たち——DV法10年、支援の新地平へ』（共著、信山社、2013年）、『親密性の福祉社会学——ケアが織りなす関係』（共著、東大出版会、2013年）、『「子どもの貧困」を問いなおす——家族・ジェンダーの視点から』（共著、法律文化社、2017年）、『転げ落ちない社会——困窮と孤立をふせぐ制度戦略』（共著、勁草書房、2017年）など。

◉編集代表紹介

松本伊智朗　「編著者紹介」と同じ。

シリーズ 子どもの貧困 ❶

生まれ、育つ基盤——子どもの貧困と家族・社会

2019年3月30日　初版第1刷発行
2021年3月5日　初版第2刷発行

編集代表　松本伊智朗
編著者　松本伊智朗
湯澤直美
発行者　大江道雅
発行所　株式会社　明石書店
〒101-0021　東京都千代田区外神田6-9-5
電話　03（5818）1171
FAX　03（5818）1174
振替　00100-7-24505
http://www.akashi.co.jp

装丁　清水肇（プリグラフィックス）
装画　後藤美月
印刷・製本　モリモト印刷株式会社

（定価はカバーに表示してあります）　ISBN978-4-7503-4789-9

貧困研究

『貧困研究』編集委員会［編集］【年2回刊行】

A5判／並製／本体価格 各1800円＋税

編集長　松本伊智朗

編集委員　湯澤直美　山田篤裕　垣田裕介　阿部彩　岩永理恵　五石敬路

日本における貧困研究の深化・発展、国内外の研究者の交流、そして貧困問題を様々な人々に認識してもらうことを目的として2007年12月に発足した貧困研究会を母体に発刊された、日本初の貧困研究専門誌。

Vol.1　特集　貧困研究の課題

Vol.2　特集　流動社会における新しい貧困のかたち

Vol.3　特集　現代日本における貧困の特質をどうとらえるか

Vol.4　特集　日韓における地域の社会的包摂システムの模索　ほか

Vol.5　特集　日本の貧困は「地方」にどう立ち現れているか　ほか

Vol.6　特集　子どもの貧困と対抗戦略　ほか

Vol.7　特集　生活保護制度改革に向けて　ほか

Vol.8　特集　震災と貧困　ほか

Vol.9　特集　大阪の貧困

Vol.10　特集　先進7ヶ国における社会扶助の給付水準の決定および改定方式　ほか

Vol.11　特集　子どもの貧困と教育の課題

Vol.12　特集　貧困政策を検証する　ほか

Vol.13　特集　貧困研究のフロンティア　ほか

Vol.14　特集　いま〈最低生活保障〉を問う　ほか

Vol.15　特集　アベノミクスと格差・貧困　ほか

Vol.16　特集　地域が抱える健康・貧困リスク問題への学術的視点　ほか

Vol.17　特集　社会不安に揺れる欧州とアメリカ　ほか

Vol.18　特集　生活再建と貧困・復興格差　ほか

Vol.19　特集　生活困窮者支援事業の現在

Vol.20　特集　子どもの貧困の現状と政策的課題の検討

Vol.21　特集　労働と貧困

Vol.22　特集　貧困と住宅

Vol.23　特集　中高齢者の貧困・社会的孤立　ほか

Vol.24　特集　最低賃金引き上げのための運動論・政策論　ほか

Vol.25　特集　コロナ禍と貧困

——以下、続刊

〈価格は本体価格です〉